U0632958

市场与观念的考验

——女大学生就业实况调查

张抗私 丁述磊 ／ 著

The Test of Market and Concept

Survey of the Employment Status of Female University Students

中国财经出版传媒集团

经济科学出版社
Economic Science Press

序　言

　　"女大学生就业难"是劳动力市场上一个严峻的问题，也一直备受学术界的关注，"女生求职难""劳动力市场性别歧视""玻璃天花板""玻璃峭壁"等困扰着女大学生的就业和职业生涯的发展。随着市场经济的日益深化，所谓理性雇主对雇员的选择越来越"重利轻义"，女性就业及经济和社会地位越来越堪忧。尽管对性别就业、工资、保障和职业发展差异的研究由来已久，对性别歧视的实证检验也非常成熟，但是针对大学毕业生群体以及婚恋、生育等女性自身因素对就业差异的影响研究还尚显薄弱。鉴于此，深入研究女大学生就业难的现状、成因及其影响因素，促进女大学生充分就业，保障她们的经济利益，对劳动资源最优配置，更对社会经济的和谐发展均具有积极的意义。

　　本书非常荣幸地得到了国家社会科学基金项目"女大学生就业难问题的成因及相关政策研究"（10BJY032）的支持，研究团队收集了大量资料，对前期研究成果进行了梳理，并做了长时间的田野调查，在此基础之上，几番推敲，并运用调研数据进行一系列计量分析和数理检验，深刻剖析了当前女大学生就业难以及就业性别差异的真实原因，为有效改善女大学生就业质量提出了政策建议。本书认为：性别在女大学生就业搜寻过程中起到负面作用，且男女生在就业搜寻的影响因素差异很大；个人素质和意愿是影响女大学生就业质量的最重要因素；产业结构对就业总量没有产生明显影响，并与就业结构互为牵拉作用；就业性别差异明显，女大学生更容易受到性别歧视；学校声望高低也是用人单位进行筛选大学生的重要信号；户籍、生育、实习经历、就业指导等因素也会显著影响女大学生就业质量；家庭收入、父母职业等家庭因素会显著影响女大学生就业意愿；高校扩招政策应当循序渐进，开放多元化选择路径，确保高等教育稳定发展。

本书分为四篇共九章。第一篇为研究背景与理论基础，包括第一章至第三章，包括导言、研究背景、理论基础；第二篇为性别、就业搜寻与女大学生就业质量，包括第四章至第六章，主要研究性别差异与大学生就业、女大学生就业搜寻研究、性别如何影响大学生就业质量；第三篇为女大学生就业难的成因，包括第七章至第八章，主要分析女大学生就业影响因素，家庭、学校、产业结构与地域选择对女大学生就业的影响；第四篇为结论与政策含义，即第九章。在研究方法上，本书注重将理论分析与实证研究相结合，以经济学理论为依据分析性别对大学生就业的影响，辅助社会学的角度，围绕"女大学生就业难"的一系列社会影响因素深入剖析，各部分内容相互衔接，逐次递进。

本书由张抗私统筹撰写和修改，其中第一、第二、第三章由博士生丁述磊和刘翠花执笔，其他章节内容分别由盈帅、班晓娜、高东方、王振波、于晗等博士生提供了相关论证，博士生丁述磊、赵婷、冀洋、谷晶双和琚琼承担了部分文字的校对工作，在此感谢团队各位成员的精诚合作，在这个研究过程中，大家付出了辛勤的汗水，也在思索、切磋和大量的论证过程中体会到了踏踏实实做研究的乐趣，并且取得了一定程度上的学术成绩，为你们感到由衷的欣慰！感谢经济科学出版社齐伟娜社长，是您的鼓励，让我们最终把已是几年前的成果重新做了删补和修正，促成了今天的书稿，感谢赵蕾编辑和围绕著作出版台前幕后操劳的各位朋友们，是你们严谨忘我的工作使得本书能够顺利出版。

书稿付梓之际，心情紧张又满怀期待，我们的研究还有相当多的问题，特别是越到后期越发现诸多重要问题竟没有深入展开，诚恳希望学术界同行多多给予批评和指正。研究之路崎岖漫长，坚定地走下去，一定会领略无限风光。

张抗私

2018 年 3 月

目 录

第三篇　女大学生就业难的成因

第四篇　结论与政策建议

第一篇 ┃ 研究背景与理论基础

第一章

导　言

第一节　女大学生就业现状

我国女大学生就业难问题已经连续多年成为社会关注的热点，引起了社会各界的广泛关注，本书分别从经济学、社会学、心理学、政治学等角度对女大学生就业难问题进行了广泛和深入的研究。所谓"女大学生就业难"，主要体现在：其一，女生不能就业或就业不理想；其二，相对于男生而言，女生择业时间相对较长、工作单位相对较差、工资待遇相对较低，承受的心理压力相对较大。当前，研究解决女大学生就业难这一课题具有重大现实意义，积极促进女大学生就业有助于维护社会稳定，有助于产业结构调整和促进经济增长，也有助于政府职能和社会观念的转变。通过女大学生就业难这样一个现实，政府以及全社会对女大学生就业形成一个共识，就业难并非洪水猛兽，政府需要出台各种政策和法规促进女大学生就业，从而给女大学生顺利就业提供良好平台。

随着高校扩招的步伐加快，女大学毕业生总量逐年提高，而适合她们的社会就业岗位却相对有限，因此造成女大学生就业总量的供给相对过剩的状况。2010年，全国妇联妇女发展部首次公开发表《女大学生就业创业状况调查报告》。调查显示，被访女大学生平均投出9份简历才可能得到一次面试或笔试的机会，56.7%的被访女大学生在求职过程中感到"女生机会更少"；91.9%的被访女大学生感到用人单位存在性别偏见。2010年8月，中国政法大学发布的《当前大学生歧视状况的调查报告》指出，性别歧视是各类就业歧视中最严重的一种，43.27%的大学生被访者遇到用人单位明确要求是男性。麦可思研究院公布的《2014年中国大学生就业报告》显示，80%的学生在求职过程中遭遇性别歧视，34%的女生有过多次被拒绝的经历，调查中77.3%的男生及91.8%的女生认为女大学生求职比男生难，与同龄的文科、财经及师范院校女生相比，理工科女生面临更为沉重的就业压力。女大学生就业难除了体现在就业率方面，还体现在就业的工资水平、福利待遇等质量方面。据中国社会科学院社会学研究所"中国大学生就业、生活及社会价值观追踪调查"2014年度数据显示，男女毕业生的平均初职月薪差距明显，总体男毕业生初职月薪平均高出女生543元，普通本科男女毕业生之间差距最大达到939元。男女毕业生的就业率和月薪水平差距反映出大学生就业领域的性别分层现象。性别在就业上的差异性日益凸显，女大学生就业难问题成为无法回避的社会现实，就业是否顺畅直接关系到女大学生生存和发展问题，也直接关系两性平等以及社会的公平与稳定。

国外劳动力市场中，女大学生就业难也是一个很突出的现象，美国女大学生协会在2012年的一项调查中发现，美国女性在接受大学教育方面已经获得了和男性相同的地位，而且在过去的20年间，女性从事管理等专业的工作机会也在不断增加，但女大学生能够充分进入那些待遇好、地位高的行业的概率仍然比很小。国际劳工局（2016）的报告显示，男性的劳动参与率普遍高于女性，即使接受同等的教育，男性的劳动参与率也高于女性。在日本，尽管女大学生的比率在逐年增加，但各行业在招聘时对女大学生敬而远之，女大学生的就业率每况愈下。从求职、录用人数和供需比率看，女生是1∶0.61，而男生为1∶1.43，有差不多40%的女大学生找不到工作。在韩国，女大学生比男大学生的就业机会少，而且结婚后大多被迫辞职，女大学生大多从事秘书、服务员和一般办事员等工作，很难进入管理阶层，性别歧视现象严重，女大学生成为就业的弱势群体。

可见，大学生就业的性别差异普遍存在于国内外的劳动力市场，女大学生在就业中往往处于不利地位。概括来说，女生在劳动力市场中的不利地位有三种形式。第一，获得职位的机会不均等。性别因素增加了女大学生就业搜寻的次数，她们在搜寻工作的过程中受到了性别的负面影响。第二，性别工资差异，即"同工不同酬"。随着我国市场化程度的提高，男女生之间的工资差异有不断扩大的趋势，王美艳（2005）、郭凤鸣和张世伟（2010）证实了歧视是造成性别工资差异的主要原因。此外，李利英和董晓媛（2008）发现企业在性别工资差异中也起着非常重要的作用。第三，就业分割。我国劳动力市场中市场歧视和性别偏好使得女性的非正规就业比例高于男性，职业性别分割现象明显。

关于就业性别差异，经济学和社会学的研究由来已久。从经济学的角度研究性别问题源于20世纪60年代女权运动的兴起和新古典经济学理论的发展，特别是在20世纪90年代以来，经济学家越来越注重从性别平等的角度分析性别差异和就业平等。具体来看，经济学者主要从理论效用最大化的角度来解释性别差异，研究视角有以下三种。第一，比较优势是劳动分工的思想基础，男性劳动参与率高是因为其具有市场性工作的优势，而女性具有家务劳动的比较优势，使得她们更多地参与到家庭生产中来。第二，搜寻与雇用成本。尽管劳动力市场上并不是所有的雇主都有歧视偏好，但只要存在这样的雇主，女性的搜寻成本就高于男性。叶文振（2002）发现，劳动力市场对女大学生歧视的主要原因是高雇用成本，女大学生一入职就面临着生育问题，其单位不得不为此支付直接或间接成本。第三，人力资本理论。伊兰伯格和史密斯（2011）指出男性或女性之所以对自己的时间和收入采取不同的分配方式，是因为他们不仅考虑到当前，还为了将来能持续的就业，获得更多的报酬。同时，明塞尔（1974）发现女性人力资本的折旧率也要高于男性。这都说明女性的人力资本投资风险更小，回报更高。

社会学者认为性别差异带着历史文化传统、社会习俗和教育教化等的深刻烙印，有着浓重的社会属性，主要包括正统社会学性别理论和女性主义性别理论两个理论导向，虽然不同流派之间的理论存在差异，但都认同性别差异不是天生的，而是在男权文化中形成的顽固性别观念。近年来，关于就业性别差异新的研究视角不断出现，包括心理学、政治学等不同学科的观点。心理学上，对性别差异的研究建立在以生物学上的先天性理论为基础。从心理学视角，两性差异主要体现在三个方面。第一，认知上的差异，即智力水平的高低。研究表明，男性和女性在认知上基本相当，但在智力结构方面，女性知觉速度更快。第二，情绪上的差异，情绪是指对行为过程的生理评价反应。研究表明，女性更多地感受负面情绪，男性除了感受负面情绪，也重视对正面情绪的宣泄，这也是女性在求职过程中遭遇挫折时会有更多挫败感和情绪低落的原因。第三，自我实现的差异。根据马斯洛需求层次理论，自我实现是需求的最高层次。研究表明，一般而言，女性的自我实现动机水平低于男性，且女性的自我实现动机在人生的不同阶段波动大于男性的波动，特别是女性生育、哺乳期的存在使得劳动时间出现断裂带，重心会更多偏向家庭，这是部分用人单位出于利益最大化考虑少招或不招女生的主要原因。

性别与政治权利关系密切，许多研究政治权力关系的学者都指出性别对政治关系的影响。1969 年，西方女性主义者米利特（Millet）在《性的政治》中指出，男女两性的关系是一种政治关系，男性通过性别政治来支配女性，因此性别政治是维护"父权制"的基础。20 世纪 70 年代，伴随着西方女权主义运动的发展，政治学家用社会性别理论对这种男性主导的政治学进行了批判和重建。1971 年，阿芒德森（Amundsen）在《沉默的大多数：妇女与美国民主政治》一书中认为，女性政治地位低是由于她们的经济依赖，并呼吁开展妇女政治运动，运用民主政治来改变社会机制中的性别歧视，维护就业中的合法权益。1995 年北京世界妇女大会以来，许多国家和政府通过实施各种积极措施和政策矫正性别偏见，政治学家越来越多地关注对促进性别平等的政府政策研究，强调政府应尽可能制定促进性别公平的政策，保障两性在就业中得到平等的待遇和发展。总之，无论是从经济学、社会学，还是心理学、政治学视角出发，女大学生就业难问题已经引起了国内外学者广泛地关注和思考。

人们普遍认为女大学生的择业观、择业心理以及传统的性别观念，致使她们较男大学生就业困难。然而，性别到底在大学生就业中起到多大作用，是否能成为一个独立的影响因素？是表现在最终的结果，即找不到工作或找不到理想的工作，只能退而求其次？还是表现在过程，即女生要花费更多的时间、精力来谋求一份同男生一样的工作？求职过程中的外生变量是什么？以及对市场与社会的深刻影响是什么？毕业院校类型、性别等因素是否会对毕业生就业状况产生显著影响？当前女大学生就业问题的现状如何？有哪些因素会影响到女大学生就业？女大学生对就业问题的看法如何？女大学生就业难的原因是什么，她们是否面临就业歧视问题？女大学生就业困难是否有大学生自身的原因呢？女大学生就业意向如何？哪些因素决定了女大学生的就业选择？国内外的一些学者都对此做了调查研究，其中，有对特定地区的大学生就业调查，也有对大学生就业的个案进行调查，更多的是从金融危机对大学生就业群体的整体影响角度进行研究。近年来，少有对全国大规模的大学生就业进行实地调查、访谈及分析。已有的研究，更多的是关注女大学生自身就业问题，或者是大学生群体就业问题的一般分析，极少有对大学生两性就业的对比研究以及对各类女大学生就业问题的深入分析。我们认为，要想正确考察与认识当前的大学生性别就业问题，以及女大学生就业困难的真实原因，必须进行全国大规模的实地调查与访谈，以实证分析来论证经验分析的结论，可能会发现一些别样的结论，或许这些结论会对大学生本人、政府、家庭、社会产生一些有益的启发，以帮助我们更好地解决女大学生就业问题。

第二节　内容安排及研究方法

总结我国女大学生就业难的理论研究经验和实证分析成果，本书总共分为四篇。从结构上来看，第一篇为"研究背景与理论基础"，包括第一章导言、第二章研究背景、第三章理论基础；第二篇为"性别、就业搜寻与女大学生就业质量"，包括第四章女大学生就业为什么难、第五章女大学生就业搜寻研究、第六章性别如何影响大学生就业质量；第三篇为"女大学生就业难的成因"，包括第七章女大学生就业影响因素分析，第八章家庭、学校、地域选择与产业结构对女大学生就业的影响；第四篇为"结论与政策建议"，第九章为结论与政策建议。

从内容上来看，第二章研究背景，主要介绍国内外有关女大学生就业难的文献、研究意义、调研对象和调研阶段，并系统详尽地阐述了本书中实证分析的数据来源。

第三章理论基础，概述了女大学生就业难问题中的性别歧视理论，包括个人偏见歧视和垄断歧视理论、工作搜寻理论、社会角色分配理论，从而奠定了研究的理论基础。

第四章女大学生就业为什么难，是从性别差异入手，以全国范围实地调研数据为依据，针对男女大学生就业性别差异、基层就业意愿和女生专属性问题三个方面进行研究，并利用 logistic 回归分析方法考察各种相关因素对大学生心理感受及就业决策的影响程度，证实了就业性别歧视的存在。在此基础上，进一步剖析了女大学生婚恋、生育等女性专属性因素对就业的影响。有助于认识大学生就业性别差异和性别歧视等事实，更有利于准确把握大学生，尤其是女大学生就业的困境，从而为帮助和解决该问题提供对策依据。

第五章女大学生就业搜寻研究，是在工作搜寻的理论基础上，结合构建的多元排序 Logistic 模型，对全国 63 所大学的调查数据进行实证分析，探讨了女大学生就业搜寻的显著性影响因素。并指出男女生就业搜寻的影响因素差异很大，机遇、技能的掌握、吃苦进取、工作能力、观念文化和年龄等因素对女大学生就业搜寻起着正向作用；而影响男大学生就业搜寻的因素为学生干部、人际关系、实习经历、政治面貌和体貌特征。最后，在实证研究的基础上提出了构建男女平等的就业环境，提高女大学生综合素质和提升高校就业服务能力等对策建议。

第六章性别如何影响大学生就业质量，是从女大学生就业评价指标体系入手，依据国内外关于大学生就业质量、劳动力市场、国家就业政策、社会传统观念等的研究成果，以科学发展观、和谐社会为指导，构建了学校、市场、个人素质和意愿、家庭、政策和社会六个二级准则，共计 120个指标项的女大学生就业质量全口径评价指标体系。根据实地调查数据，运用主成分分析法进行了实证检验，得到了影响女大学生就业质量的二级准则指标权重排序，并指出个人素质和意愿是影响女大学生就业的最重要因素，为大学生个人充分认识市场，有准备地应对就业提供了参考。

第七章女大学生就业影响因素分析，主要从布劳和邓肯职业地位获得模型的理论视角出发，基于全国 63 所高校大学生就业影响因素数据，运用因子分析方法以及旋转后的因子负荷矩阵法来分析自致因素、先赋因素和社会因素如何影响女大学生的就业。实证研究的结果显示：对于女大学生就业最有影响的是自致因素，其次是先赋因素，影响程度最小的是社会因素。

第八章家庭、学校、地域选择与产业结构对女大学生就业的影响，首先从家庭因素的视角，根据费孝通的差序格局理论，并从代际传递效应在差序格局中以血缘作为纽带的理论观点解释，运用独立样本 T 检验的方法来分析家庭因素的差异如何影响不同高校女大学生的就业意愿。其次，根据 logistic 数据回归分析和访谈的结果发现，无论是基于学历还是性别因素，来自非全国重点院校的毕业生均比来自全国重点院校的毕业生感受到的就业歧视概率要大，用人单位以学校声望为信号进行筛选，使非全国重点院校的毕业生特别是女大学生感受到更多的就业歧视。再次，引入斯托克夫指数构建向量自回归模型，对 1979～2010 年我国产业结构、就业结构与城镇登记失业率的数据进行实证检验，分析我国产业结构与大学生就业结构互动关系中存在的问题。最后，指出了地域选择是影响女大学生就业难易程度的重要因素，基于劳动力市场分割的视角，分析了三种劳动力市场分割模式对大学生就业地域选择的影响与制约，同时通过构建劳动力市场分割的 Logistic 模型，利用抽样调查数据，得出了性别、专业、生源地、学历等因素对大学生就业地域的选择具有显著影响。

第九章结论与政策建义，是从女大学生、企业、政府、人才市场、高校等主体角度来分析面对女大学生就业难的问题应该采取的措施及相关结论，并得出了针对有关工作搜寻、女大学生就业指标评价体系、产业结构和就业结构以及女大学生就业影响因素等研究结论。在此基础上，提出了分别从女大学生自身、高校教育制度、有关政府制度、企业招聘和就业扶持等角度的对策建议。

参考文献

[1] 郭凤鸣、张世伟：《国有部门与非国有部门的性别工资差异》，载于《数量经济技术经济研究》2010 年第 12 期。

[2] 李利英、董晓媛：《性别工资差异中的企业效应》，载于《经济研究》2008 年第 9 期。

[3] 王美艳：《中国城市劳动力市场上的性别工资差异》，载于《经济研究》2005 年第 12 期。

[4] 叶文振：《女大学生的"同民同工"——2002 年大学本科毕业生就业调查的启示》，载于《中国人口科学》2002 年第 6 期。

■■■第二章

研究背景

第一节　文献回顾

　　国内外有关大学生就业问题特别是女大学生就业难问题的文献回顾研究较为充分，在本节中，我们首先介绍国外有关大学生就业和女大学生就业难的理论及文献研究，奠定对女大学生就业难问题的基本认识；其次将视线转向我国国内文献研究综述，并从经济学、社会学、心理学等角度对大学生就业问题以及从女性劳动参与、性别隔离、性别收入差异等角度对女大学生就业难问题进行广泛和深入的研究。

一、国外研究综述

1. 有关大学生就业的文献回顾

　　国外学者对就业问题的研究开始较早，已有不少学者关于就业问题提出了很多著名理论，有劳动力市场分割理论、教育过度理论、人力资本理论、供给—需求理论、就业能力理论、职业生涯理论、创业教育理论与实践等，通过对这些理论与实践的回顾和思考，可以看出，这些理论均可以解释大学生就业难的问题。

　　有关劳动力市场分割理论。是美国经济学家多林格尔和皮奥里于20世纪60年代提出的，该理论将劳动力市场分为一级劳动力市场和二级劳动力市场。一级劳动力市场的工作工资水平高、福利待遇好、就业稳定、晋升空间大等。因此，一级劳动力市场的工作要求较高，同时雇主对女性工作能力的怀疑和歧视，导致雇主倾向于雇用受教育程度较高、工作经验丰富的男性，因此大量女性"拥挤"在二级劳动力市场中相对较少的以女性为主导的职业中，工资收入处于较低水平。而在二级劳动力市场上工资水平相对较低、工作环境不稳定、晋升机会不对等，因此一级劳动力市场中的求职者宁可失业，也不愿意去二级劳动力市场找工作，这也就解释了高校大学毕业生不愿意去基层就业的原因。

有关就业能力理论。哈拉尔德（Harald Schomburg，2000）认为高等教育体制内存在的教学内容僵化，专业设置不合理等问题，导致大学毕业生的就业能力不足，这是导致大学毕业生失业的主要原因。他们提出对大学在校生开展职业辅导，以提高毕业生的就业能力，减少大学生失业。保罗（Paul Kellernlmannr，2000）认为，在澳大利亚，学校教育中获得的能力和生活中所需的能力有较大的差别。

有关过度教育理论。理查德（Richard，2004）将大学生失业问题归结为教育过度的结果，认为一个人或者社会拥有的能力和技能超过其岗位要求与所需，从而没有达到教育者的目标和期望。这些教育过度者基本是刚毕业进入劳动力市场的大学生，由于社会中存在过多的受教育者，造成大学毕业生这一群体就业的压力，使得其就业难度增大。

有关人力资本理论。沃尔什将个人投资教育的成本与工作后取得的收益比较，计算投资教育的净收益，通过对不同教育层次受教育者的成本与收益对比分析，证实了教育投资作为一般资本所具有的特点，并结合劳动经济学用保留工资来研究和解释大学生择业与失业问题。人力资本是劳动者身上所具备的两种能力，一种是通过先天遗传获得的，是由个人与生俱来的基因所决定；另一种能力是后天获得的，也是最主要的能力，是由个人努力经过学习而形成的。贝克尔（Becker，1964）在《人力资本》一书中反映了他的主要观点，认为人力资本投资的目的不仅要考虑当前的经济收益还要考虑未来的收益。唯一决定人力资本投资量的最重要因素就是这种投资的有利性或收益性。同样，亚当·斯密（1776）在《国富论》中指出，学习一种才能，须受教育，须进学校，学习的时候固然要花费一笔费用，但这种费用可以得到偿还，赚取利润。原因是从劳动者个体来说，大学生接受了高等教育，其人力资本含量和劳动生产率也就得到提高，相应地，在劳动力市场上人力资本含量高的劳动者更容易获得较好的工作和待遇，这是其内在人力资本价值的表现，这样就可以偿还之前进行人力资本投资的费用，甚至获得更多的好处。

有关供给—需求理论。安德鲁（Andrew Dabalena，2001）通过对尼日利亚的大学教育和劳动力供给的研究，认为尼日利亚的大学教育和劳动力供给之间存在严重脱节。因此，要解决尼日利亚大学生的就业问题，必须在学校和雇主之间进行足够的沟通，使得教学的改进能满足市场需求。哈拉尔德（Harald Shcomburg，2000）则认为，在德国，大学生从校园到社会的过渡变得更为困难，过渡期变得越来越长，专业和工作不对口的学生失业的风险越来越大。此外，乔治（George Liagouras，2003）指出，希腊的就业问题正是由于高学历毕业生的供给增加和对这种供给有效需求不足造成的。

有关职业生涯理论。面对就业难题，西方学者以心理学为基础产生了职业生涯理论。帕森斯、霍兰德（1986）提出人职匹配理论，认为人的特性决定着未来职业岗位，应将个性与职业特点结合起来选择；雷伯曼、汉纳（2000）研究发现，学生所处的社会环境和家庭环境对未来的职业选择有决定性影响，这与经典的人职匹配理论个性由先天决定的观点不同；舒伯于20世纪50年代提出了完整的生涯辅导理论，依据一套系统的辅导计划，通过对个人及各职业的了解，在辅导人员的专业引导下，对自身职业生涯进行规划与选择。如今职业生涯辅导理论已扎根美国、英国、加拿大等西方国家的学校教育，成为学校就业辅导的重要组成部分。

有关创业教育理论对就业的解释。创业教育，也被称为"企业家精神教育"或"创业精神教育"，是指进行创办企业所需要的创业意识、创业精神、创业知识、创业能力及其相应实践活动的教育，它是高等教育发展史上一种新的教育理念。创业教育兴起于美国，1947年哈佛大学提供了第一门创业课程《新创企业管理》，为了解决失业，积极促进就业，大力发展创业教育，以创业带动就业的教育制度纷纷建立。德国、日本、英国、瑞典、俄罗斯、印度等国，纷纷建立起形式多样的创业教育模式。1995年，联合国教科文组织在《关于高等教育的变革与发展的政策性文件》中完整阐述了创业教育的概念，指出创业教育包括两个方面内容：求职和创造新岗位。从深层次来看，创业教育本质上是为了培养具有创新能力的人才，为社会经济、文化等方面发展提供人才。从浅层次来看，一方面，国外经济增长的引擎使得创业教育功不可没；另一方面，创业教育起源于国民的教育提升，更是就业形势的一种促进，它是高级的就业形式。近20年来，创业已经成为各国经济增长的重要动力，创业教育越来越成为学者研究的重点领域。

有关促进大学生就业指导方面的措施，世界各国和各个地区也开展了很多工作。例如，美国高校所有开展职业咨询和就业指导的人员都需要经过严格的资格认证，并参加行业协会组织的系统培训，致力于就业指导专业化、职业化建设；中国香港和美国高校重视对毕业校友的资源开发，为毕业生建立职业与人际关系网络；英国高校极为重视信息工作，把信息支持协同到了培养过程、招生设置、辅助专家咨询、个性化就业指导、远程教学、个体能力与性格解析等领域。1996年，香港8所公立院校联合建立了共同使用的"联校职位信息系统"（JIJIS），为学生提供统一的就业资料。

2. 有关女大学生就业难的文献回顾

关于女性就业难，19世纪以来中外学者对该问题的研究未曾有过间断，学术界对性别差异的渊源追溯、性别歧视成因的分析，以及性别歧视市场和社会影响的计量研究等方面都做出了贡献，涉及的理论主要有劳动力市场性别隔离理论、拥挤理论、性别双元序列过程理论、女性主义理论、社交网络理论等。此外，更有学者从社会学的角度切入，对性别歧视的传统、文化及习俗等成因深刻剖析，进一步拓宽了该问题的研究范围，该领域的研究将当前女大学生就业难作为劳动力市场中的主要问题之一。

关于性别隔离理论，邓肯（1955）最早运用指数化，也即邓肯指数来衡量劳动市场中的性别隔离程度。吉布斯（Gibbs，1965）规范了性别隔离的定义，认为性别隔离是指在劳动力市场中，男性和女性雇员被分配、集中到不同的行业或职业，从事不同性质的工作，从业者在各行业或职业中的性别比例呈现失衡的状态，且其进入和升迁的通道被大部分单一性别的人口所垄断。查尔斯和格伦斯基（Charles，Grusky，1995）进一步指出劳动力市场性别隔离主要包括水平隔离和垂直隔离。水平隔离是指女性难以进入某些被视为男性主导的职业或行业，如以体力劳动为主的职业（司机、搬运工）；拥有较高的社会声誉、强调技术性的工作，如医生、律师、大学教授。而有些工作被认为是"女性的工作"，通常是类似家务劳动或是看护性质的工作，如家政服务、护士、幼儿园老师以及大多数的服务业。

垂直隔离是指同一行业，男性通常处于较高的职位和拥有丰厚的薪酬，而女性则处于较不需要技术的底层职位，薪酬低且不易升迁。即使同样一份工作，雇主也会通过运用一些隐蔽的方式造成男女性同工不同酬，如通过具体划分工作内容或者将同一工作冠以不同名称，从而导致男女薪酬不同，这也是当前大学生就业中通常面临的"同工不同酬"的理论解释之一。

关于劳动力市场中性别隔离的形成可以用拥挤理论来进行解释。福西特（Fawcettm，1917，1918）和埃奇沃思（Edgeworth，1922）分别提出拥挤假说理论，伯格曼（Bergman，1971）将此假说理论做了形式化处理。该理论认为现实中职业隔离、特别是按照性别形成的职业隔离是存在的。有的学者认为，职业性别隔离的形成是由于某些特定行业为了降低工资、故意拥挤政策所造成的。男性和女性被普遍认为存在先天或后天的差异，女性的能力差，其可以选择的就业岗位相对有限，她们人为地被挤进某种诸如操作简单、技术要求低的工作，因而工资报酬较低。反过来，这种较低工资又促使她们对于此类企业具有更强的吸引力。女性拥挤在某种特定类型的行业，最终导致职业性别隔离的形成，而且这种隔离现象很难消除，女性也很难跳出性别隔离的圈子。

关于性别双元序列理论是由莱斯金于1990年最先提出，该理论认为，劳动参与经济活动是按照一定的序列进行的，这种序列过程的不断强化，导致职业性别化分工形态的建立，最终形成职业性别隔离。根据博弈论的观点，人们对风险的态度包括风险爱好、风险中立、风险厌恶三种。而大部分女性是风险厌恶者，在拥有不确定性条件的情况下，女性偏好选择预期效用较低，但收益相对稳定的职业，雇主也根据其性别印象和企业特点选择劳动力，因而这种双向选择便出现了"女性职业"，如护士、纺织和教育等职业。

关于女性主义理论是从社会与家庭中男性和女性的低位考虑性别隔离的形成。著名的女性主义学者波伏娃（1998）在其《第二性》中指出，女人并不是生就的，而宁可说是逐渐形成的。她把性别构建分为两个方面：一是妇女所拥有的身心和心理是被构建出来的，二是妇女所面临的社会和文化也是被构建的，这两方面的相互作用强化了妇女的从属地位。其后的女性主义学者弗里丹（B. Friedan，1988）提出了"性政治"概念，确立了男权制的社会结构形式，她认为女性的禀赋影响其职业选择。正面的女性禀赋，如灵巧、耐心、从事家务劳动的比较优势等，使得女性多从事教师、护士、导购员、保姆等职业；负面的女性禀赋，如体力不足、不愿出差或面对危险、缺乏数理方面的能力等，使得女性在管理人员、科学家、警察、飞行员等职业中所占的比重较低；其他方面的禀赋，如忍耐能力强、能够接受较低工资、愿意做全职家庭主妇等，使女性更倾向于从事单调的、简单的工作。因此，女性被赋予的某些"先天禀赋"限制了她们的职业选择，从而导致就业性别隔离的形成。

关于社交网络理论，许多社会学者研究了生育和抚养孩子对男女社交网络的影响。霍克希尔德（Hochschild，1986）的研究同时证实：即使越来越多的妇女成为职业妇女，在控制了职业地位因素后，女性仍然承担着抚养和看护年幼孩子的主要责任，女性的社交网络在抚养和看护年幼孩子阶段显著缩小，一直到孩子上小学，女性的社交网络才恢复到生育前的水平，而男性所受到的影响要相对短暂和轻微得多。蒙克等人（Munch et al.，1997）研究表明：养育孩子时的女性在社会结构网络中的信息流和物质流获得方面处于不利地位，从而导致女性总体上在就业信息、工作经验等方面相对男性较低，而劳动力市场上的雇主和雇员都是充满经济理性的。一方面，对于所需经验丰富岗位责任较多的职业和职位，雇主更倾向于考虑男性；另一方面，女性由于考虑到自身工作的阶段性和由此导致的信息和经验的相对不足，更多的是到边缘部门工作，也较少有得到提拔的机会。

在就业性别歧视的研究中，古典经济学家约翰·穆勒（1991）主张男女之间"完全平等原则"，支持"允许妇女担任到那时为止仍然为男性继续垄断的所有职责和职业"；马克思主义创始人之一恩格斯（Engels，1972）将女性的从属地位和资本主义的发展相联系，坚持认为女性走出家庭，参与有酬劳动，才能获得自由；女权运动作家吉尔曼（Gilman，1892）坚信女性走出家庭更充分地参加就业就能产生解放效应。也有人认为，妇女报酬低是由于习俗和公众观念、妇女在就业中的从属性、缺乏工会的支持、生活标准较低、未受过良好的教育、可选择的就业机会少造成的。布朗芬伯伦纳指出，买方垄断、工会和雇主歧视对差别性工资有影响，认为由于预期少数群体与多数群体的人在一起工作会引起劳工冲突，提高成本，从而雇主准备向少数弱势群体（如女雇员）支付较低的歧视性工资。约翰·穆勒（1991）从女性权益出发，指出除身体的强壮程度外，两性应该完全平等、互为独立的状态，除非他们是由于感情而选择对异性表现出依赖。同时，他认为规范男强女弱的原则是错的，且阻碍社会的发展。贝克尔（1971）的研究表明，歧视使歧视者和被歧视者同时蒙受损失，歧视者也会因没实现利润最大化而迟早会被竞争市场所淘汰。

此外，从家庭角度来考虑就业中性别因素的作用，明赛尔（1974）指出，特别是对于妇女来说，市场工作、非市场工作和闲暇之间的决策尤为重要，她们实际工资的提高会增加非市场活动时间的机会成本。贝克尔（1971）提出了替代传统劳动供给理论的时间配置通论，率先发展了有关时间配置、婚姻和生育率的经济分析。在劳动的性别分工研究上，贝克尔（1971）认为劳动分工确定比较优势，妇女专业于家务生产，因此，妇女劳动参与增加会降低从结婚中得到的利益，从而引起离婚率的上升，结婚率下降；哈特曼（1993）指出在市场经济中，这种比较优势的性别分工，或多或少会使女性在经济上依赖于丈夫，从而导致女性家庭决策地位下降；布劳和费伯（2000）认为这种性别分工并不利于妇女，即使这样的专业化在许多方面是具有效率的，但未必能使家庭效用达到最大化。

随着研究的不断深入，学者们用"统计性歧视"来解释女性在求职中不利地位的产生以及工资差异的由来；并用垄断理论等其他研究来解释性别差异和工资差别。菲尔普斯（Phelps, E. S., 1972）认为，性别、婚姻状况、种族等特征成了雇主在决定雇用时所采用的廉价筛选指标；菲利平和伊奇诺（Filipin & Ichino, 2004）指出，即使男女得到了相同的教育，在很多情况下女性职业都被"玻璃天花板"所限制，特别是在高技术水平下，他们从一个人力资本和人力特征非常相似的同一个样本中发现主体期望占平均实际的性别差异工资约10%，这造成女性在劳动力市场上常受到"统计上的歧视"。此外，阿尔钦和凯赛尔（Alchian, A. A. & Kessel, R. A., 1962）认为，垄断行为会引起其他企业进入或政府保护竞争政策的干预，因此，多数群体与少数群体在雇用中相互分隔的现象和工资差别仍会存在。

二、国内研究综述

1. 国内有关大学生就业的研究

随着高校扩招政策的不断推进，大学毕业生就业难、起薪低等问题愈演愈烈，吴要武、赵泉（2010）研究发现，扩招后入学的本科毕业生失业率上升了 5.11 个百分点；常进雄、项俊夫（2013）指出，扩招政策对大学毕业生就业产生了一定程度的负面影响，但与高中学历者相比，大学毕业生失业率仍保持在较低水平；蔡海静、马汴京（2015）定量评估了扩招政策对大学毕业生就业的异质性效应，研究发现因扩招而获得大学录取机会，其大学文凭主要扮演着"敲门砖"的角色，显著降低了缺乏工作经验的新毕业生的失业概率，但未能明显改善其就业质量。文丰安（2009）指出，由于我国高等教育的大众化基本是在原有学科专业框架内发展起来的，几乎所有的高校学科专业随着大众化规模的扩张而增长，未能很好地考虑到未来经济、科技和社会产业结构发展及人才市场的预期需要，专业设置存在一定的盲目性，因而也加剧了大学生在就业过程中面临专业不对口、就业满意度低等就业难题。刘曙刚（2007）认为，我国高校专业设置没有完全市场化，大学生的就业指导工作还停留在表层，缺乏专业化的就业指导工作队伍，由此也进一步导致了大学生就业率低等问题。此外，国内有关大学生就业问题的研究多是从经济学、社会学、心理学等角度，为大学生就业选择的行为寻找依据，并对造成当前"大学生就业难"问题的原因进行深层次挖掘和分析。

从经济学角度，国内一些学者主要是从供给需求、劳动力市场分割、职业搜寻、人力资本投资等方面进行分析大学生就业问题。文东茅（2003）从教育的供给与需求角度，认为教育有限的和渐进的社会需求与居高不下的个人需求及高校的专业设置却与社会需求严重脱节，影响了大学毕业生的就业。利用劳动力市场分割理论，赖德胜（2001）将大学生不愿去次要劳动力市场归结于主次要劳动力市场找到工作的可能性、社会保障及制度性流动成本的巨大差异。孟大虎（2011）、王威海（2012）认为，城乡、地区、行业及不同所有制企业之间存在着差异巨大的分割性收益，及我国教育体制过强的城市指向性和专业专用性人力资本，造成大学生就业竞争加剧。从职业搜寻角度，丁小浩（2003）、门瑞雪（2010）认为，受家庭经济条件状况和所学专业的影响，大学生在就业选择上的约束条件不同，"先就业，再择业"的方式只是一部分大学生的最优选择，另一部分大学生以自愿性失业继续进行职业搜寻是理性选择。借助于人力资本投资理论，朱生玉、周晓蕾（2010）得出大学生及家庭人力资本投资程度对大学毕业生就业地区、就业单位、就业起薪等就业期望产生较大影响，并且提出用人单位会根据大学生受教育水平及层次（即人力资本投资程度）对毕业生能力进行筛选。

一些学者从社会学方向切入，对大学生就业过程中的公平公正问题展开讨论，研究较多的是从就业歧视尤其是女大学生就业方面进行就业难的阐述。耿红路、任启芳（2008）将女大学生就业难的原因归于两方面：一是由于女性生理和心理特征造成的性别差异因素；二是由于不公平的社会偏见导致的性别歧视造成女大学生就业难。也有学者认为社会资本、家庭资本对大学生就业选择行为也产生一定影响。如徐伟（2009）指出，现阶段我国还处在经济转型时期，劳动力市场不成熟、不完善，使得以家庭背景和社会关系为核心的社会资本对大学生就业的影响在相当长的一段时间内扮演着非常重要的角色。在人情关系显得格外重要的中国，部分大学毕业生在就业过程中大肆运用人情社会中的关系网络，导致大学毕业生就业机会不均，间接限制他人流动等现象出现。范其学（2013）从家庭收入状况和社会资本存量角度对大学生的择业行为及偏好进行剖析，得出家庭经济社会地位高的大学生多选择去工资高、风险大、机制相对灵活的企业工作，而家庭条件差、社会资本较小的大学生则多选择去稳定的党政机关工作；同样，刘清宇（2015）认为家庭经济基础较殷实的大学生受到的制约较小，就业地域和就业范围也会更广，家庭背景会对大学生就业状况产生极大的影响。

一些学者从心理学角度分析认为，大学生择业观和就业意向是影响大学生就业的门槛问题，大学生在择业过程中的选择行为很大程度上取决于自身的观念和期望，因此有些学者从心理学角度，对大学生就业意向与择业观进行研究。刘春雷（2011）从对就业前景的态度、就业地域的选择、意向单位的选择、对月薪的要求、毕业后的选择去向、择业标准等方面来全面或者有选择性的进行分析，探究当代大学生择业动机、就业心理存在的特征及对大学生就业选择的影响。胡毅（2010）研究发现，就业心理问题已经成为除学习压力、情感困惑和人际关系之外影响高校大学生心理的第四大因素。如王季桃（2006）认为，大学生就业存在自卑心理严重、自我同一性混乱以及严重的抑郁心理等心理问题。张思泰（2009）认为大学生就业存在焦虑、自卑、依赖、盲从、攀比、悲观、低就、自负、冷漠、懈怠和畏难等不良情绪。在就业意向方面，彭晓华（2011）通过对2009届毕业生进行就业意向调查，得出当前大学生就业意向方面存在一些倾向性：过分注重个人价值的实现和自身发展而忽略社会价值的实现；偏好于大城市或沿海发达地区；对未来就业前景比较乐观；择业自主性不高等。杨江涛（2010）认为，大学生就业选择行为中表现出很强的功利心理、安全心理，思想过于保守、缺乏竞争意识等，并试图从文化方面对这些多样化特点进行剖析。

从以上的国内外文献研究可以看出，国外大学生就业属于青年就业，它更属于就业的一部分，因此，国外的理论和实践更多偏重于就业的整体理论与实践研究，针对大学生就业的研究比较少，而是偏于青年就业。但是，国外对于就业的研究，更多的是关注国民的创业教育，以创业带动就业，就业属于经济体系中的一个部分。而国内的大学生就业问题的研究，偏重于研究大学生就业本身，大部分学者通过对就业的调查和研究，分析了大学生就业难的原因，并相应给出了对策建议。但是全国性的大面积调查还是少数，因此缺乏对全国大学生就业的整体判断和分析。另外，对于女性大学生就业难问题的讨论也应该放在大学生就业的总体中来加以考虑和分析，这样通过男性大学生和女性大学生的对比来考察就业的性别差异问题，才能使问题的分析更具有全面性。

2. 国内有关女大学生就业难的研究

目前，国内有关女大学生就业难的研究以定性为主，定量不足。关于定性研究是用经济学解释性别歧视的性质、效率、现象等。郭正模（1994）运用经济学理论对各类"劳动歧视"现象进行剖析，指出随着用工制度的改革、劳动力要素流动和企业经营权的独立化，劳动歧视具有向市场体制转化的过渡性质。张抗私（2005）对个体歧视偏好及统计性、非市场性歧视进行实证的成本分析，论证歧视在被歧视者蒙受损失的同时，歧视者根本无法实现利益最大化，还要支付昂贵的机会成本和惩罚性成本，同时从传统观念、家庭、生理、法律等方面来阐述性别差异成因及歧视的后果。黄钦琳（2009）对性别歧视的效率进行了分析，认为社会将女性的贡献所需成本转移到企业账目下，导致女性就业率低。定量研究论证了就业中是否存在性别歧视现象以及性别歧视在市场中的作用程度。王美艳（2005）利用中国社会科学院五城市调查数据，显示男女工资差异主要由同类行业内工资差异引起，认为歧视是造成性别之间的工资差异的主要原因。朱琪（2008）从实证角度证明，人体人力资本差异、劳动力市场歧视行为、女性的共同禀赋以及劳动力市场分割特征和行业特征是造成男女工资差异的最主要因素。

近年来,社会学家、经济学家、公共管理研究者、女性学研究者从多方面探究女大学生就业难现象的原因、背景及有效对策。王一兵(2005)采用半参数有序 Probit 模型分析女大学生的就业满意度,与标准有序 Probit 模型进行了比较,发现前者明显优于后者。胡永远、余素梅(2009)通过调研数据,分别采用 Logisitic 回归方法和生存模型进行了实证研究,得出性别显著降低了女生就业的机会比率,延长了女性的失业持续时间的结论。金林(2007)用调研的某高校数据,运用多元 Logistic 回归分析方法进行分析,得出在所有被考虑的自变量相同的情况下,学生能否成功就业与性别、籍贯、是否为党员以及英语水平的高低等因素密切相关。对于女大学生在就业中受到歧视的原因,叶文振、刘建华、夏怡然、杜鹃(2002)在对女大学生是否"同民同工"问题进行多变量的统计模拟,得出性别确实会减小女大学生落实就业单位的概率,并且与女性生理特征相关联的高劳动成本、对女大学生的统计性成见,及"重男轻女"的思想是用人单位歧视女大学毕业生的主要原因。但是并非所有的学者都承认"女大学生就业难"和"性别歧视"之间的关联性。岳昌君、文东茅、丁小浩(2003)就大学生就业中性别歧视问题进行实证研究,从就业率、工作性质、工作起薪和求职付出进行比较,得出大学生就业中并不存在明显的性别歧视,其在起薪方面的区别主要是由所学专业、从事职业等方面的差异造成的。

此外,随着性别收入差距的不断扩大和歧视女生现象的不断增加,不少学者从女性劳动参与、性别隔离、性别收入差异等角度来分析女大学生就业难问题。在女性劳动参与方面,张车伟和吴要武(2003)运用全国第五次人口普查数据,得出女性的劳动参与率远低于男性,女性劳动参与率在 35~39 岁达到峰值后开始下降,45 岁以后下降的速度更快,而男性劳动参与者虽然也在 45 岁以后开始下降,但下降幅度要小得多。蔡昉和王美艳(2004)运用 Probit 模型和多项 Logit 模型估计哪些人退出劳动力市场。实证结果发现,由于女性和男性在承担社会义务和家庭事务上存在一定的劳动分工,从而在参与还是退出劳动力市场的抉择上,女性比男性更容易选择退出劳动力市场。姚先国和谭岚(2005)通过对我国城镇已婚妇女劳动参与决策进行分析,认为在经济转型中传统"男主外女主内"的家庭分工模式并没有像假设的那样，随着政府在就业中强制作用的取消而起主导作用，已婚妇女劳动参与决策越来越多地取决于自身的人力资本存量。

在女大学生就业性别隔离方面，许多学者主要从纵向隔离、横向隔离和工资性别差异的角度来分析我国大学生性别隔离的现状。谭琳和卜文波（1995）分析得出我国目前的职业、行业中的性别隔离现象依然明显存在。与男性相比，女性就业者以更高的程度聚集在农、林、牧、渔业或服务性工作，这些职业的特征是技能低、报酬少、劳动时间长，并且劳动强度大；而在社会地位和报酬较高的管理阶层，即使国家机关、党群组织和企事业单位负责人中，女性的聚集程度很低。易定红和廖少宏（2005）从男女生性别收入不平等问题出发，认为我国职业性别隔离程度较低，但产业内部的性别隔离程度较高，并且在不同产业内还存在继续扩大的趋势，不同地区的产业性别隔离也不尽相同。姚先国和谢嗣胜（2006）通过建立拥挤假设模型，得出如果终止职业隔离，劳动力资源重新配置，男女劳动力边际生产力水平相等，那么，职业分布的性别构成、男性女性工资报酬、经济总产出就会发生相应变化。

关于性别收入差异产生的原因，目前我国学者主要关注人力资本积累和性别歧视对性别收入差异的影响。王美艳（2005）运用计量方法对城市劳动力市场上性别工资差异进行了分解，得出男女工资差异主要是由行业内工资差异引起，由于两者的行业分布不同带来的工资差异不大，歧视是造成性别之间工资差异的主要原因，人力资本起的作用很小。李实和马欣欣（2006）分析了由于不同的性别职业分布导致的性别歧视，揭示了性别歧视性因素是职业所导致的性别工资差异的最主要原因。姚先国和李晓华（2007）使用分位数回归分解方法研究我国工资性别的变化趋势时，提出性别工资变化趋势在不同的分位数上表现形式不同，1988～2002年男性比女性得到了更多的经济回报；葛玉好（2007）、黄敬宝（2008）发现，女生在经验回报率和经验年限分布方面处于劣势地位，在教育回报率和教育年限分布方面的境况并不差，甚至在教育回报率方面处于优势地位。该研究结果表明，解决男女生工资不平等的问题，应该重视女性在工作中的升迁问题，提高退休年龄也是有利于解决男女工资不平等的问题。

女大学生就业难还与我国传统性别观念误导有关。斯坦福大学姬薇教授（1997）在其"互动理论"中指出，人们对不同的性别具有不同的行为期望，从而造成了制度化的平等，形成了两性间的显著差异。李春玲

（2008）从性别观念角度分析了性别角色的刻板印象，认为一个典型的男性形象是刚强、独立、胆大、冒险、智慧；而刻板印象中的女性则是温柔、内向、仔细、情感细腻、胆小、依赖。传统性别观念的这种角色期待，在一定程度上塑造了女生的自我角色，同时也削弱了女生的事业心和成就欲望，由此也造成了男性群体对女性社会参与的排斥，对妇女工作能力的怀疑。于是面对就业压力，女大学生们不是为就业打基础，而是甘愿逃避现实，回归家庭做个贤妻良母；而用人单位也认为女性迟早要回归家庭，她们对成功的追求不如男性持久，由此也都造成了女大学生就业难问题。

此外，不少学者还从法律角度来解释女大学生就业难问题。朱懂理（2004）从法学角度分析了产生就业性别歧视的原因是：我国劳动力市场不健全，人才机制缺乏，有关劳动就业的法律法规尚未完善，各方面的监督监管缺位以及劳动力供给大于需求。李谨（2011）指出，目前我国《劳动法》《妇女权益保障法》虽然规定了男女的平等就业权，对女大学生面临的性别歧视问题起到了积极的矫正作用，但这些法律法规原则性较强，对性别歧视的内涵和范围界定不清，缺乏操作性和具体的法律责任规定。娄耀雄（2004）提出规范我国劳动力市场，特别是就业招聘市场，对于违规或歧视女性、排斥女性的用人单位给以相应地处罚，并提出尽快制定"反就业歧视法"的有关建议。余秀兰（2011）进一步论述了市场和就业歧视之间的关系，认为劳动力市场出现的性别歧视现象是不可能通过市场自身调节加以解决的，必须通过法律法规等外在强制手段，实现实体制度与程序制度两方面的构建，才有可能实现真正的公平，构筑我国平等就业权的保护体系。

根据以上文献的梳理，该领域目前对于大学生就业的性别差异、女大学生就业差别因素或受到歧视的影响因素等经验研究还尚显薄弱。基于此，本书撰写课题组在国家社会科学基金的支持下，对全国63所大学毕业生进行了直接的问卷调查，从就业性别差异的理论评述与实际数据比较切入，分析女大学生就业及女生专属性问题对就业的影响。实地调查数据为依据的统计与分析，有助于认识大学生就业性别差异、女大学生就业歧视等事实，更有助于准确认识大学生、女大学生就业难的原因，从而为帮助和解决该问题提供经验研究的依据。

第二节　数据来源

本书实证分析的数据主要来源于东北财经大学课题组对我国大学生就业状况问卷调研汇总结果，整个调研过程共分为六个阶段。

1. 第一阶段，2010 年 6 ~ 7 月

这一阶段，本课题组收集和整理国内外有关就业、青年就业、大学生就业著作数十本，相关的专题论述论文资料几百篇，相关的就业报告十余个，相关的就业调查问卷十余套，另外，课题组购买了大量的书籍资料。根据以上资料进行文献梳理和工作思路梳理，总结并归纳了国外成熟市场经济国家的就业理论和促进就业的相关文献，国内研究的现状和国内目前的经济、社会现状及环境，完成了详细调研设计方案及课题研究大纲。

2. 第二阶段，2010 年 8 ~ 9 月

课题组成员进行详细、反复的问卷设计论证，共设计四套问卷。问卷在经管之家网站上面向全国发布，进行试调查。问卷试调查后，进行了修正，最后确定问卷的最终四个版本：其一，面向大学生的就业调查问卷一套，共设计了 46 道题，其中第 46 题包含 30 个选题；其二，面向企业的就业调查问卷一套，共 40 题，其中第 40 题包含了 30 个选题；其三，面向人才市场的就业调查问卷一套，共 31 题，其中第 31 题包含了 30 个选题；其四，面向政府的就业调查问卷一套，共 29 题，其中第 29 题包含了 30 个选题。设计完毕，课题组进行了大量的问卷印刷和组间问卷分配与准备工作。

3. 第三阶段，2010 年 10 月至 2011 年 2 月

面向除了大连地区以外的全国调查。在课题主持人的指挥下，课题组进行了调研分组，并实施了路线安排和调研预算计划。课题组共分成三组：第一组，调查成都、重庆、长沙、武汉、南京、杭州、上海等地；第二组，调查北京、呼和浩特、郑州、开封、西安、太原、兰州等地；第三组，调查沈阳、长春、吉林、哈尔滨、深圳、广州、珠海等地。另外，

2011 年 3~6 月，对大连地区的学校及招聘会现场进行了问卷调查。

从总体来说，问卷调查与访谈工作于 2010 年 10 月底至 2011 年 6 月末对东北地区、华东地区、华中地区、西部地区、华北地区、华南地区和西南地区七大区域的各类型大学、各企业、各人才市场、各政府部门，进行全国大规模的问卷调查。

具体来说，本课题组共调查全国 63 所高校的大学生，调查对象是全国重点院校、区域性知名院校以及其他普通院校的大学生，共发放问卷 6220 份，回收有效问卷 5694 份，有效回收率为 91%。

具体调查的大学如下：东北地区有大连理工大学、东北财经大学、辽宁师范大学、大连民族学院、辽宁大学、沈阳师范大学、鲁迅美术学院、中国医科大学、东北大学、黑龙江大学、哈尔滨工业大学、哈尔滨医科大学、吉林大学、东北电力大学、东北师范大学；华东地区有华东师范大学、东华大学、华东政法大学、上海交通大学、复旦大学、上海财经大学、浙江财经学院、杭州电子科技大学、中国计量学院、浙江大学、南京农业大学、南京大学、东南大学、南京农业大学、南京财经大学；华中地区有郑州大学、河南大学、中国地质大学（武汉）、华中师范大学、武汉大学、武汉理工大学、湖南师范大学、湖南大学；西北地区有兰州大学、兰州交通大学、甘肃农业大学、兰州石化技术学院、西安交通大学、西安电子科技大学、西安建筑科技大学、西安外事学院；西南地区有重庆大学、四川大学；华北地区有太原理工大学、太原科技大学、北京大学、清华大学、中央财经大学、北京邮电大学、内蒙古大学、内蒙古师范大学、内蒙古农业大学；华南地区有中山大学、广东外语外贸大学、华南理工大学、华南师范大学、暨南大学、深圳大学。

另外，课题组还走访了部分高校就业指导中心负责人，进行了大学生就业问题的详细访谈，包括辽宁大学就业指导中心、沈阳师范大学就业指导中心、鲁迅美术学院就业指导中心、东北师范大学就业指导中心、吉林大学就业指导中心、黑龙江大学就业指导中心、哈尔滨医科大学就业指导中心、华南理工大学招生就业指导处、深圳大学就业指导处、河南大学就业指导中心、北京大学就业指导中心、兰州大学就业指导中心、内蒙古大学就业指导中心、内蒙古师范大学就业指导中心、西北大学就业指导中心、西北工业大学就业指导中心、西安交通大学就业指导中心、山西大学就业指导中心、太原科技大学就业指导中心、中国地质大学生就业指导中心、武汉理工大学华夏学院就业指导中心。

在各招聘会现场，由于企业招聘繁忙，很多企业拒绝抽出时间做问卷，即便这样，课题组仍然取得了企业问卷 88 份，并现场对 33 家企业进行了访谈并做了访谈记录。由于大量地在招聘会现场取得问卷，政府问卷仅 9 份，访谈对象 9 个，并做了访谈记录。获得的人才市场问卷 13 份，访谈对象 10 个。

4. 第四阶段，2011 年 3~4 月

大面积调研工作结束，课题组进行问卷分组、编号及数据录入，获得了初步原始数据。一共四套数据：其一，面向大学生的数据汇总表，由于其数据充分，因此主要以分析此项数据为主；其二，面向企业调查的数据汇总表，88 份问卷数量较少，稍作数据分析；其三，面向人才市场的数据和汇总表，人才市场的问卷为 13 份，数量较少，不作具体分析，只作访谈分析；其四，面向政府调查的数据汇总表，由于政府问卷数量太少，因此不作分析，主要以访谈为主。同时，汇总五套访谈记录：其一，面向大学生的就业访谈记录；其二，面向企业的就业访谈记录；其三，面向政府的就业访谈记录；其四，面向人才市场的就业访谈记录；其五，面向高校就业指导中心的访谈记录。

5. 第五阶段，2011 年 5~7 月

对各套问卷数据，利用 SPSS16.0 软件进行数据处理分析，形成初步的 1 个总调研报告，称之为大学生就业调研报告（分性别）。另外，形成 3 个数据分析报告，分别是：其一，按学历区分的大学生就业问题的数据分析报告；其二，按生源地不同的大学生就业问题数据分析报告；其三，按学校类型不同的大学生就业问题的数据分析报告。在这一阶段的报告只是初步的数据分析，形成数据分析结果，基本的图表分析及简单的数据统计描述。

6. 第六阶段，2011 年 8 月至 2012 年 8 月

这一阶段的主要任务有：第一，继续完善大学生就业报告，补充资料和继续完善数据分析内容；第二，依托课题组数据，继续创作相关学术论文、著作并进行深入研究；第三，对全部课题进行总结和整理并形成最终

成果，进行课题结项。

第三节 研究意义

本书针对以上有关毕业生就业基本数据资料，以经济学为依据分析性别对大学生就业的影响，辅助社会学的角度，解析围绕"女大学生就业难"的一系列具体问题，为国家决策、大学教育、企业选择以及女大学生个人提供改进的借鉴，对当前积极促进女大学生就业，解决女大学生就业难问题具有重要的现实意义，主要体现在以下四个方面。

第一，积极促进女大学生就业有助于维护社会稳定。就业是社会稳定的基础，高校毕业生就业是关系到千万个家庭幸福的头等大事。女大学生就业问题直接决定了家庭对教育的人力资本投资，大学生就业问题的解决更是人力资源合理使用的一个重要课题。在后金融危机时代，最大限度地促进女大学生就业，对缓解大学生及家庭的焦虑和不安情绪，维护社会稳定有着至关重要的作用。

第二，积极促进女大学生就业有助于产业结构调整和促进经济增长。国外经验已经表明，第二产业和服务业是女大学生就业的主要产业，在中国当前服务业就业比重较低的现状下，促进大学生就业能够加快产业结构调整和升级，改变中国经济的增长方式和经济增长结构，从而带动更多就业岗位的增加。女大学生就业群体是青年就业群体中的一个重要组成部分，大学生就业群体具有高知识、高文化、学习能力强等特点，大学生就业群体加入到产业大军中，必定带来产业结构的重新调整和升级。

第三，积极促进女大学生就业有助于发挥人力资本投资潜在获益效应。大学生就业群体是宝贵的人力资源，这种人力资源的前期投资巨大，等待日后的人力资本投资回报。大学生就业群体主要的就业形式在于企业就业，通过企业吸纳大学生就业，通过企业内部劳动力市场的优化，可以使大学生前期的人力资本投资取得收益，并且有助于企业获得人才更新，从而给企业创造更多的经济价值。

第四，积极促进女大学生就业，有助于政府职能的转变和社会观念的转变。通过就业难这样一个现实，政府以及全社会对大学生就业形成一个共识，就业难并非洪水猛兽，政府需要出台各种政策和法规促进大学生就业，从而给大学生顺利就业提供良好平台。

参考文献

[1] 蔡昉、王美艳：《中国城镇劳动参与率的变化及其政策含义》，载于《中国社会科学》2004 年第 4 期。

[2] 蔡海静、马汴京：《高校扩招、能力异质性与大学毕业生就业》，载于《中国人口科学》2015 年第 4 期。

[3] 常进雄、项俊夫：《扩招对大学毕业生工资及教育收益率影响研究》，载于《中国人口科学》2013 年第 3 期。

[4] 丁小浩：《居民家庭高等教育开支及其挤占效应研究》，载于《北京大学教育评论》2003 年第 1 期。

[5] 范其学：《当前中国大学生就业现状分析——基于劳动力市场分割理论的视角》，载于《中国电力教育》2010 年第 5 期。

[6] 葛玉好：《工资分布的性别差异：分位数分解方法》，载于《上海经济研究》2007 年第 4 期。

[7] 耿红路、任启芳：《大学生求职过程中存在的统计性歧视及对策》，载于《统计与决策》2008 年第 1 期。

[8] 郭正模：《“劳动歧视”问题初探》，载于《经济科学》1994 年第 2 期。

[9] 胡永远、余素梅：《大学毕业生失业持续时间的性别差异分析》，载于《人口与经济》2009 年第 4 期。

[10] 赖德胜：《大学毕业就业难：现象、原因及对策》，载于《中国高等教育》2001 年第 10 期。

[11] 李实、马欣欣：《中国城镇职工的性别工资差异与职业分割的经验分析》，载于《中国人口科学》2006 年第 5 期。

[12] 刘春雷、于研：《大学生就业心理现状及其影响因素探究》，载于《人口学刊》2011 年第 6 期。

[13] 刘曙刚：《影响高校毕业生就业的因素分析及应对》，载于《中国高等教育》2007 年第 3 期。

[14] 孟大虎：《扩招以来我国大学毕业生的供给与配置状况报告——基于统计年鉴数据的分析》，载于《中国高教研究》2011 年第 9 期。

[15] 王美艳：《中国城市劳动力市场上的性别工资差异》，载于《经济研究》2005 年第 12 期。

[16] 王威海、顾源：《中国城乡居民的中学教育分流与职业地位获得》，载于《社会学研究》2012 年第 4 期。

[17] 文东茅：《高等学校教育质量与毕业生就业》，载于《现代大学教育》2003年第2期。

[18] 文丰安：《新时期影响大学生就业观形成的因素研究》，载于《国家教育行政学院学报》2009年第7期。

[19] 吴要武、赵泉：《高校扩招与大学毕业生就业》，载于《经济研究》2010年第9期。

[20] 徐伟：《非能力因素对大学生就业的影响》，载于《教育理论与实践》2009年第10期。

[21] 杨江涛：《大学生就业期望及影响因素的调查与分析》，载于《中南大学学报》（社会科学版）2010年第4期。

[22] 姚先国、李晓华：《工资不平等的上升：结构效应与价格效应》，载于《中国人口科学》2007年第1期。

[23] 姚先国、谭岚：《家庭收入与中国城镇已婚妇女劳动参与决策分析》，载于《经济研究》2005年第7期。

[24] 姚先国、谢嗣胜：《职业隔离的经济效应—对我国城市就业人口职业性别歧视的分析》，载于《浙江大学学报》（人文社会科学版）2006年第2期。

[25] 叶文振、刘建华、夏怡然、杜鹃：《女大学生的"同民同工"——2002年大学本科毕业生就业调查的启示》，载于《中国人口科学》2002年第6期。

[26] 易定红、廖少宏：《中国产业职业性别隔离的检验与分析》，载于《中国人口科学》2005年第4期。

[27] 余秀兰：《认同与容忍、女大学生就业歧视的再生与强化》，载于《高等教育研究》2011年第9期。

[28] 岳昌君、文东茅、丁小浩：《受高等教育者就业的经济学分析》，载于《高等教育研究》2003年第6期。

[29] 张车伟、吴要武：《城镇就业、失业和劳动参与：现状、问题和对策》，载于《中国人口科学》2003年第6期。

[30] 张抗私：《劳动力市场性别歧视研究述评》，载于《经济学动态》2005年第1期。

[31] 朱懂理：《促进就业与反歧视研究综述》，载于《中国劳动》2004年第2期。

[32] 朱琪：《性别工资差异的理论应用于实践发展》，载于《经济评论》2008年第4期。

[33] 朱生玉、周晓蕾：《我国大学生就业期望的调查与影响因素分析——基于中西部十省份的实证研究》，载于《现代教育管理》2010年第11期。

[34] Andrew, D., Bankole, Onib., and Olatunde, A., "Labor Market Prospects for University Graduate in Nigeria", *Higher Education Policy*, 2001, Vol. 12, 141–159.

［35］Becker, G. , " A Theory of the Allocation of Time", *The Economic Journal*, 1965, Vol. 75, 493 – 517.

［36］Bergmann, B. , "The Effect on Incomes of Discrimination in Employment", *Journal of Political Economy*, 1971, Vol. 79, 294 – 313.

［37］Charles, M. and Gruskry, D. B. , "Models for Describing the Underlying Structure of Sex Segregation", *American Journal of Sociology*, 1995, Vol. 12, 931 – 971.

［38］Ducan, O. D. and Ducan, B. , " A Methodological Analysis of Segregation Indexes", *American Sociological Review*, 1955, Vol. 20, 210 – 217.

［39］Edgeworth, F. Y. , "Equal Pay to Men and Women for Equal Work", *Economic Journal*, 1992, Vol. 32, 431 – 457.

［40］Filipin, A. and Ichino, A. , "Gender Wage Gap in Expectation and Realizations", *Labor Economics*, 2004, Vol. 12, 125 – 145.

［41］George, L. , "Aimilia Prutogerou and Yannis Caloghirou. Exploring Mismatches Between Higher Education and the Labor Market in Greece", *European Journal of Education*, 2003, Vol. 38, 413 – 426.

［42］Gibbs, P. , "Occupational Differentiation of Negroes and Whites in the United States", *Social Forces*, 1965, Vol. 44, 159 – 165.

［43］Harald, S. , "Higher Education and Graduate Employment in Germany", *European Journal of Education*, 2000, Vol. 35, 189 – 200.

［44］Hochschild, J. L. , "The New American Dilemmia: Liberal Democracy and School Integration", *The American Political Science Review*, 1986, Vol. 80, 324 – 325.

［45］Munch, A. A. , Gender, C. , Social, C. , "The Effects of Childrearing for Men and Women", *American Sociological Review*, 1997, Vol. 62, 509 – 520.

［46］Paul, K. and Gunhild, S. , "Higher Education and Graduate Employment in Austria", *European Journal of Education*, 2000, Vol. 35, 157 – 164.

［47］Richard, R. , Robert, S. , Randall, W. , "Search-theoretic Model of the Labor Market: A Survey", *National Burean of Economic Research*, 2004, Vol. 15, 121 – 128.

［48］Ridge, C. , "Interaction and Conservation of Gender Inequality Considering Employment American", *Sociological Review*, 1997, Vol. 29, 218 – 235.

▃▃▃ 第三章

理论基础

第一节　性别歧视理论

性别歧视现象普遍存在，但是由于性别歧视所涉及的方面超出了经济学研究范围，以及经济学家对歧视现象研究相对较晚，因而，到目前为止还没有形成统一的劳动力市场歧视理论。总的来说，有五种具有代表性的歧视理论。分别是个人偏见歧视理论、垄断歧视理论、就业隔离或排挤理论、双重劳动力市场歧视理论以及统计性歧视理论。

一、个人偏见歧视理论

个人偏见理论是由美国经济学家贝克尔提出的，旨在论证劳动力市场歧视现象。该理论把歧视当做歧视者的一种偏好或爱好，认为拥有个人偏见的歧视者愿意为歧视支付代价或者机会成本。例如，带有这种歧视的企业宁愿放弃生产率，即最大的产出和利润，也要满足这种偏好。这种偏好可以用歧视系数来衡量，即歧视系数表示某项经济活动中的非货币因素，可以是正值，也可以是负值，取决于非货币因素是"好的"还是"坏的"。当歧视系数大于零时，对于雇主来说，该系数表示非货币的生产成本；对雇员来说，该系数表示非货币的就业成本；对消费者来说，该系数表示非货币的消费成本。当歧视系数小于零时，则意味着"厚爱"而不是"歧视"，于是该系数就变成了生产（对雇主来说）、就业（对雇员来说）、消费（对消费者来说）过程中的非货币收益。个人偏见包括雇主偏见、雇员偏见以及消费者偏见。

1. 雇主偏见理论

如果一个雇主对女性抱有偏见，即使男性和女性具有相同的劳动生产率，他也会选择男性而不选择女性。如果女性想与相同条件下的男性竞争工作机会，她们必须接受更低的工资。接下来，用劳动力市场供求分析来理解该理论的思想。假设劳动力市场上的男性和女性（设为 A 类工人）具有相同的劳动生产率，如果所有雇主因某种原因都不喜欢女性员工，那么女性员工的均衡工资必然较低，因为工资相同就没有人愿意雇用他们。如果女性员工的相对工资是男性员工的 3/4、1/2 或 1 时，雇主也许会雇用她们，如图 3-1 所示。横轴表示女性工人的数量，如果没有歧视，对女性的需求曲线将是 D_1，如果歧视程度越大，那么对女性的需求曲线下降到 D_2，甚至是 D_3。

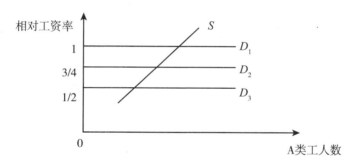

图 3-1 偏好一致的劳动力市场歧视

如果雇主歧视情感不一致，一些雇主的歧视程度弱，而另一些雇主的歧视程度强，此时对女性工人总的市场需求曲线如图 3-2 所示。相对工资为 1 时，水平部分表示对女性工人没有偏见的企业总需求；向下倾斜的需求曲线表示对女性工人具有歧视的企业总需求。越是向上，歧视程度越弱；越是向下，歧视程度越强。

以上说明，大多数雇员与女性雇员工资差别的大小受两个因素的影响。一是女性劳动力的多少。市场上女性的供给量越大，她们的相对工资就越低。二是雇主的歧视程度。如果市场上不存在性别歧视现象，需求曲线就具有完全弹性；反之，性别歧视现象越严重，女性的相对工资

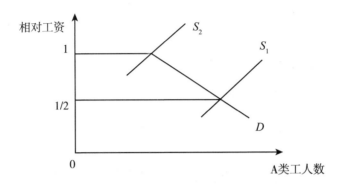

图 3 - 2　偏好不一致的劳动力市场歧视

就会越低。

在雇主偏见模型中，假定具有以下特点：利润的增加给雇主带来正效用，而不受欢迎的雇员进入给雇主带来了心理上的负效用。与经济学通常假设企业以追求利润最大化为目标有所不同，此模型中的雇主愿意分割利润来为理想的雇员支付高工资而避免与不受欢迎的雇员接触。这种偏好在雇主的心理工资 W' 和货币工资 W 之间产生工资差异，即 $W' = W \times (1 + D_i)$，其中，D_i 是指雇主 i 的歧视系数，衡量了怀有偏见的人用货币体现心理成本的不同。D_i 越大，雇主偏见越大，无歧视工资水平固定的条件下，其意愿支付的工资越来越多。

雇主偏好也可以写成雇主裙带关系模型，也就是说，当雇主不喜欢的雇员所表现的行为不能使他们满意的时候，他们愿意支付更高的报酬给那些他们喜欢的雇员。如果不受欢迎雇员所获得的货币工资高于雇主在心理上花费的成本，雇主愿意支付给他们喜欢的员工更高的报酬来避免雇用他们不喜欢的员工。也就业是说，雇主对于不喜欢的雇员群体支付低工资，而对喜欢的雇员群体支付较高工资。

雇主偏好模型的运用最为广泛而且通常被用来检验由于歧视导致的性别工资差异。然而，该模型自身也存在一定的局限性，即它不支持长期竞争性市场的平衡。如果雇主们没有歧视偏好，那么他们将专注于追求企业利润最大化，从而会选择用更低的工资雇用更多的不受欢迎的雇员，最终比那些有歧视偏好的雇主具备更低的生产成本。因此，完全竞争市场的长期平衡追求零利的假设意味着无歧视的公司将把存在歧视的公司驱逐出市场。

贝克尔（1974）意识到该模型的局限性，但是现实社会中并不是所有的经济部门都是竞争的。实际上，他认为，人们会期待着在一个更缺乏竞争的经济区域看到更多的歧视。产品市场上的垄断力量会促使雇主为了他们所喜欢的群体以高工资的形式花费他们的利润，而我们也期待在垄断行业中受雇主们欢迎的群体不断增加。

许多学者尝试在利润和性别收入差距之间找到某种积极的关系来评价这种理论模型。然而，该模型检验的难点在于，垄断力量的大小并不是单单通过利润来衡量。实际上，如果具有歧视偏好的垄断者从利润中支付更高的工资，将会使利润减少，并且可能导致利润与性别收入差距之间形成一种负相关的关系。

2. 雇员偏见理论

来自雇员的偏见是产生歧视的另一个重要原因。这除了有工作职位上的竞争因素之外，也可能具有要与有色人种在工作中发生接触的恐惧与厌恶。贝克尔的模型中，大多数工人都对有色人种持有偏见。白人男性因歧视偏好会远离对少数族裔或女性无歧视的雇主，这就会使无歧视行为的雇主感到如果想要留住白人男性工人，就必须支付比不采取歧视政策更高的工资。如果雇主采取种族和性别隔离政策来代替支付高工资政策，在法律上和经济上都是不可行的。所以，雇员的歧视态度与行为会使无歧视行为的雇主为雇用少数族裔和女性支付更高的成本。如果这种压力足够大，就会迫使雇主减少对女性和少数族裔的劳动力的需求量并降低其工资水平。

在雇员偏见模型中，如果雇员存在歧视偏见，并且他不得不和他不喜欢的群体一起工作，那么他的心理预期工资较正常水平偏高。雇员偏见越大，在无歧视工资水平固定的条件下，所预期获得的工资将会越来越少。

雇员歧视模型解释了不存在雇主偏见条件下也可能出现歧视的原因。根据雇员歧视偏好，可以推测男性在一家综合性公司（由男女共同组成）工作所要求的工资会高于全是男性的公司。因此，虽然是对女性没有偏见的雇主依旧会选择经营隔离女性员工的公司，因为这样就可以不用支付给男性更高的工资。如果女性雇员的工资更低，那么雇主们会选择拥有一家全是女性雇员的公司而不是全是男性雇员的公司。因此，平衡的条件是完全地隔离，而不是工资差异。

如果男性雇员只是在和女性同一岗位上时才要求更高的工资，但是对于女性是否会从事公司内部其他岗位并不在意，公司未必会进行整合，但是公司内部的职位将被隔离。这个修改模型的设定并不是要求所有公司在某一特定的岗位上必须是男性或者女性，而且也不一定导致全国性的职业隔离。同时，男性并不介意和女性一起工作，只是不愿意受到女性的管理。

该模型也可以被当作一种反馈机制。如果具有偏见的男性在综合类公司的生产率低于在性别单一公司的生产率时，雇用女性的边际成本也因此上升，也就是说，在一个全是男性的公司里，增加一名女性雇员所带来的收益比增加一名男性雇员少。所以，即使女性与男性拥有相同的生产率和人力资本禀赋，女性获得的工资依旧低于男性。

大量的实证研究，尤其是从事蓝领职业的女性角度研究，都支持雇员具有歧视偏好的观点。此外，一些正式的雇员歧视模型测试已经实施，以更好地研究不同性别就业和职业类型之间的关系。随着劳动力市场规模的扩大或者说女性员工比例的增加，在任意工资支付水平下维持一个隔离的工作场所变得越来越容易，然而，到目前为止，研究人员都没有找到雇员歧视的具体证据。

3. 消费者偏见理论

工资和职业歧视也可能由于消费者的缘故而产生。例如，一些消费者只喜欢白人男性所提供的服务，而在另一些场合只喜欢女性或少数族裔提供的服务。如果他们对白人男性的偏好扩大到比较大的社会职业范围，而他们对女性或少数族裔的偏好又仅限于熟练程度较低的社会服务职业范围，就会发生对女性和少数族裔的职业隔离。女性和少数族裔想要在具有顾客偏好的白人男性工作岗位上谋求职位，就要接受比一般白人男性更低的工资待遇或投入更高的人力资本。尽管消费者歧视意味着顾客要支付比不存在消费者歧视的条件下更多的成本，但他们却获得了可以自由享受歧视的效用。只要他们愿意并且有这样做的经济实力，他们就可以尽情享受这种歧视给他们带来的"满足"，这与雇主歧视不同，它只与效用有关，而与利润无关。

在消费者偏见模型中，如果消费者存在歧视偏好，那么对于他们不喜欢的群体所提供物品的预期价格是 P'，$P' = P \times (1 + D_k)$，其中，P 是指货币价格，D_k 为消费者 k 的歧视系数。D_k 越大，而货币价格固定不变的条件下，消费者为其偏见所支付的价格越来越高。

在 $P' = P \times (1 + D_k)$ 中，消费者在特定的场合具有个人偏见。其消费的目的是购买他们所偏好群体提供的产品或服务。因此，在这种情况下，企业为了保持盈利，将会顺应消费者的偏好减少不受欢迎群体的雇用或者降低其工资。例如，据调查研究发现，咖啡屋里的服务员一般是女性，而高档酒店的服务员一般是男性。

当所谓的"女性职业"或者无歧视工作是无限供给的，那么劳动力市场将会出现完全性别隔离，但是由歧视导致的性别工资差异也因此不会存在。事实上，在男性和女性都具有相同的生产率条件下，如果性别收入差异持续存在，雇主就会倾向于用"适合女性"的工作代替"不适合女性"的工作以减少劳动力成本，最终导致女性雇员需求增加，性别收入差异减少甚至消失。

消费者在特定的场合具有歧视偏好的观点已经得到大部分经济学家的认可，且消费歧视理论已经被当做种族收入和就业模式的解释已经在那些竞争场合中得到支持，但是该模型的正式检验很难找到数据的支持。

二、垄断歧视理论

劳动力市场上的歧视现象与劳动力市场运行有关。有些经济学家认为，劳动力市场不是完全竞争的，而歧视正是由个别企业垄断造成的。歧视的动机往往不是偏见，而是货币收益，这是因为垄断企业不会是劳动力市场上被动的工资接受者，他们有能力决定市场上的工资水平，这种市场运行的力量使制定具有歧视性的工资成为可能，歧视行为能为垄断企业增加利润。在垄断市场结构中，女性劳动者因为缺少可能选择的雇主，只能接受带有歧视的工资。

该理论的关键论点是，女性工资歧视导致女性劳动力的供给弹性小于男性劳动力的供给弹性。女性劳动力的供给弹性之所以小于男性劳动力供给弹性，主要有两个原因。第一，某些女性比男性在地域和职业方面流动少。由于非工作角色和非工作价值观，导致妻子因丈夫在某地工作，而无法到其他地方寻找工作。同样，由于职业分工，女性的就业机会和职业的选择面远远不如男性那样广泛。由于女性的这种地域和职业的不流动性，某一市场工资水平的变化所引起的职业变动，男性要比女性大，所以女性对工资变化的反应要小于男性，即女性的劳动力供给弹性小于男性。第二，女性劳动力供给弹性小于男性与工会有关。男性劳动者比女性劳动者更倾向于加入工会。由于工会可以建立统一的工资，使得劳动力供给曲线在该工资水平上完全具有弹性，限制了垄断雇主对劳动力市场的影响。在这类企业中，没有参加工会的女性劳动力供给弹性小于男性劳动力，由此导致对女性不利的工资差异。

三、就业隔离或排挤理论

性别把劳动力划分为非竞争性集团，形成和维持了某种性别垄断的职业或职业范围。例如，矿工由男性垄断，护士由女性垄断。在性别垄断下，实际上较好的职业或职位被男性垄断，从而女性劳动者受到歧视。

在西方，由于劳动力市场上女性和黑人受到歧视，因此有人提出了排挤理论。所谓排挤理论是根据简单的供求概念来分析女性和黑人限制在十分有限的就业范围内的后果的理论。图 3-3 可以帮助描述就业被隔离理论。

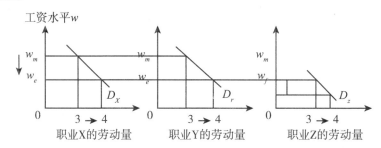

图 3-3　就业隔离下不同职业的劳动力需求曲线

为了便于解释该理论，先做以下假设：

（1）男性劳动者和女性劳动者数量相等，假定各有 600 万人。

（2）总的劳动力市场由三种职业 X、Y 和 Z 组成，每种职业具有相同的劳动力需求曲线。

（3）男女劳动者在劳动力特征方面完全一致，也就是说，两者在三种职业中具有相同的生产率。

（4）产品市场是完全竞争的，即需求曲线不仅反映边际收益产品

（MRP），也反映边际产品价值（VMP）。

（5）由于就业隔离，X、Y是男性从事的职业，而Z是女性从事的职业，即女性被X、Y职业排挤，限制在Z职业。

从图3-3可以看出，男性劳动力将在完全竞争的两个职业劳动力市场中平均分配，其结果是，X和Y两个职业劳动力市场中各有300万男性求职者，工资水平为w_m。尽管男性劳动力可以进入Z职业市场寻找工作，但是由于工资过低，他们也不会进入Z职业市场。Z职业市场工资水平之所以低于X和Y，是因为女性劳动者就业受到歧视，很难进入X和Y职业市场，导致600万女性劳动力拥挤在Z职业市场，从而获得更低的工资水平w_f。这种就业隔离的后果显然是男性以牺牲女性劳动力的收益为代价而获得了较高的工资水平。从图3-3中可以看出，女性获得的工资水平等于她们的边际劳动收益和她们对社会的贡献边际劳动价值，实际上由于被限制在职业Z中，她们的劳动力供给相对大于需求，从而使w_f低于w_m。

该理论认为，如果社会通过立法或其他方式改变人们的行为，人为地消除职业壁垒，这种歧视现象就必然会消失，高工资水平会吸引女性劳动力从Z职业向X或Y职业流动。如果这种转移对女性劳动市场来说代价很小的话，就会更加如此。只要劳动力在三种职业市场中流动，就将最终达到均衡状态。正如图3-3所示，如果有100万女性转移到X职业市场，另外100万女性转移到Y职业市场，400万女性留在Z职业市场，这时，所有职业市场都将会有400万劳动者，均衡市场工资率将达到w_e。显然，该均衡状态下的劳动力市场对女性劳动力就业是十分有利的，因为较之以前，平均工资水平上升了，而对男性劳动力则不利，因为工资水平下降了。

四、双重劳动力市场歧视理论

美国经济学家皮奥里（Piore，1978）提出了双重劳动力市场理论，又称二元劳动力市场理论。该理论把劳动力市场划分为两大非竞争部门：一级劳动力市场和二级劳动力市场。在一级劳动力市场中，工作所对应的是良好的工作环境、相对稳定的就业、相对较高的工资率，以及更多的就业机会，而在二级劳动力市场中的工作完全相反。同时，这两个相互隔离的市场之间的流动是非常有限的，劳动者想要从二级劳动力市场流向一级劳动力市场是非常困难的。

一般来说，能够进入一级劳动力市场的都是社会地位较高、较富有的社会阶层，而进入二级劳动力市场的通常是社会地位相对较低、较贫穷的社会阶层。由于两个劳动力市场是相互隔离的，一级市场的求职者宁愿等待就业机会也不愿意去二级劳动力市场工作，而二级劳动力市场上的失业者也没有能力进入一级劳动力市场。这种二元结构的劳动力市场理论，准确揭示了当前社会劳动力市场的基本状况。

从性别的角度来说，该理论认为，在劳动力市场上，大部分女性，尤其是从农村转移进城的女性劳动者，大都位于二级劳动力市场，进而导致了一种长期的性别歧视的存在。这种性别歧视的不断固化，进一步促使女性频繁进出二级劳动力市场，加大了女性就业的不稳定。

双重劳动力市场理论的优点在于它强调劳动力市场的隔离属性，强调制度和社会因素对工资和就业的作用，但是其并没有解释导致女性被排挤在二级劳动力市场上的本质原因。

五、统计性歧视理论

20 世纪 70 年代，菲尔普斯（Phelps，1972）提出了统计性歧视理论。该理论是指将群体中每一个个体所具有的特征当做该群体的典型特征，并利用这个群体特征作为雇用新员工的标准而产生的歧视。

所谓统计性歧视是由于信息的获得需要很长的时间和高昂的成本，甚至根本无法获得而引起的。具体来说，由于个人工作效率等信息很难准确把握，因此，追求利润最大化的用人单位总是倾向于雇用具有较高预期生产率的潜在劳动力从事替代成本较高的工作。于是，在劳动力市场上女性歧视现象普遍存在。用人单位往往通过预期女性受教育程度相对较低、工作经验缺乏和职业生涯较短等为由将女性排斥在劳动力市场之外，以降低潜在的风险和损失。即使具有相同生产率的男性和女性，也会由于其性别差异而受到不平等待遇。这种基于利润最大化的决策考虑，在"反馈效应"的作用下，形成了劳动力市场性别歧视循环圈。当女性由于不愿意接受低工资而选择不参与经济活动或者不进行人力资本投资时，用人单位更加强化了其原本对女性的刻板印象，在螺旋状循环效应下，女性的特征不断接近雇主对其预设的印象，歧视现象不断深化。

求职者和用人单位各自的信息筛选和评估在一定程度上导致统计性歧视的形成。对求职者而言，其自我评估不一定很准确，也就是说其可观测到的个人特征与本人的实际生产率之间往往出现不对称的现象。例如，女性由于长期受到传统思想的影响，因而在自我评估中往往低估自身的创造力。而对于用人单位，如果以求职者的个人资料和其所属的群体资料作为录用依据的话，通常会导致劳动力市场歧视的产生。因此，当同一群体成员之间的特征相似性越少，运用群体信息作为筛选依据所需要付出的成本越高，从而筛选错误的企业获利远小于筛选正确的企业。

在劳动力市场上，统计性歧视长期存在。由于用人单位对求职者的信息掌握并不完全，而获得更多的信息需要支付大量成本，追求利润最大化的雇主希望以最小的成本获得最大的效益，因而不会对所有求职者的信息进行全面了解。因此，在这种信息不对称的条件下招聘，雇主往往将求职者的群体特征代替个体特征，导致不利群体遭受歧视。例如，雇主会因女性整体职业生涯较短，而推断所有求职女性的职业生涯也较短。如果不利群体的总体典型特征随机扰动项越大，就说明该群体中个体差异越大，而利用群体特征作为筛选依据所付出的代价就越高。但是实际的社会生产中，由于不完全信息的存在，这种以群体代替个人的做法依旧是相对高效率的，且与雇主的利润最大化目标是一致的，也就是说，统计歧视依旧会存在。

在统计性歧视模型中，统计性歧视是需求理论中最后一个不依赖于偏见来解释收入差距的模型。这些模型并不都需要完整的个人生产率信息，但是在某些情况下需要提供不同群体之间未被观察到的与生产率有关的不同分布特征。一般来说，由于个人无法向雇主完全传递自己的生产率信息，雇主通常根据群体的平均生产率向其支付工资。或者，雇主制定了一个正确的能力评估体系，但是在这种情况下，可能导致员工为了应付评估而去获取不必要的人力资本积累，从而并不能完全客观地对某些低生产率群体进行评估。

首先，从一个简单的模型入手。该模型使各群体平均工资相同，因而可能被认为歧视不存在。然而，一般来说，个体所获得的工资并不是完全按照他的实际生产率来计算。假设有两个工人群体，标注为 i 和 j，两个群体的边际生产率不同，其分别为 MP_i 和 MP_j。当雇主熟知每个群体的平均生产率时，个人就无法直接向雇主传递自己的生产率信息。而雇主拥有各员工在生产率评估测试中的分数，并且知道这个群体的方差。同时，假设每个员工的测试分数都和他的边际生产率一致，该模型为再加上一个具有零均值的随机分布误差系数，表示如下：

$$T_i = MP_i + \varepsilon_i^m \qquad (3.1)$$
$$T_j = MP_j + \varepsilon_j^f \qquad (3.2)$$

式（3.1）和式（3.2）中，T 表示测试分数，是一个更可靠的生产率指标，其中 T_i 和 T_j 分别为 i 类工人（男性）和 j 类工人（女性）的测试分数；ε 为具有零均值的随机分布误差系数。

如图 3-4 所示，工资是群体平均边际生产率和测试分数的加权平均数，其中，在决定工资水平时，女性测试分数的权重比男性低。两个群体的工资和测试分数的平均数相同，但是测试分数高的女性获得的工资少于测试分数高的男性，而得分较低的女性却获得比得分较低的男性更高的工资。

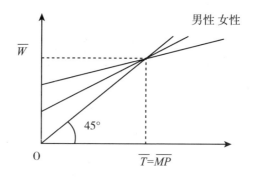

图 3-4　两性相同平均测试成绩下的统计歧视

在两个群体平均工资相同的情况下，如果不对模型进行一些修改，性别收入差距并不能被充分的解释。然而，假设一个群体同时拥有相对异质性的与生俱来的工作能力和相对异质性的测试能力，那么测试分数便更可靠。统计性歧视在不同测试成绩下表现出不同的特点，如图 3-5 所示，每个群体的平均工资都等于其边际产量，但是生产率是内生的。而且群体间的产量差别正是雇主刺激所致，具体表现为在工资上的差异。由于不同群体的平均工资水平固定不变，具有相同能力的不同群体会被支付不同水平的工资。这个修正的案例表明，禁止工资差距的政策能够

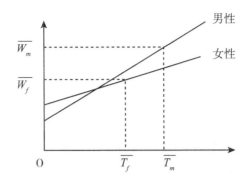

图3-5 两性不同平均测试成绩下的统计歧视

提高效率。

此外，统计性歧视模型还表明，无论是高生产率的工人（尤其是那些低收入群体中的）还是雇主都能从较好的评估机制中受益。然而，低生产率的工人却掩饰自己的能力，以使其工资达到所属群体的平均工资。一般来说，雇主会在群体平均生产率的基础上抽取一些额外的个体信息，这些信息可以帮助判断工人具有高效率的概率。例如，在一般情况下，已婚男性比未婚男性具有更高的生产率，那么为了得到更多的工资收入，已婚男性会倾向于让雇主知道自己的婚姻状况，而有些未婚的男性便会隐瞒自己的婚姻状况。

除了能力上的差异，另外一个导致统计性歧视的因素是在可靠性上的差异。可靠性是指对待工作的忠诚度。人们在争论雇主们总是喜欢选择男性员工的时候会提到女性员工的高流动率。如果在招聘和培训的成本上没有太大的差别，而一般女性员工的联络成本高于男性，因此，雇主更倾向于雇用男性。

六、不包含偏见的歧视模型

歧视偏好模型把偏见作为歧视的来源并不能充分解释社会中的性别歧视现象。同时，新古典经济学基本原则之一，即企业追求利润最大化，在雇主歧视模型中并不成立。因此，接下来展示的模型中，包括买方垄断模型、寻租模型和两部门模型，主要从不包含偏见的角度，分析企业利润最大化行为导致的歧视。

1. 买方垄断模型

在劳动力市场上，雇主通常不止一个，各个雇主通过联合组成买方联盟，而导致歧视产生。雇主联盟的成立也就意味着买方垄断的出现。例如，某一地区的医院通过集体协商统一支付给护士低于劳动力市场平均水平的工资。垄断力量的存在，使雇员议价能力丧失，他们所获得的工资水平低于完全竞争市场条件下的工资水平，且得到的就业机会也不断减少。如果垄断力量作用于以女性为主导的职业，那么便会导致性别工资差异加大。

与完全竞争市场不同，在垄断市场，企业的劳动力需求只占总需求的较少比重。在现有的工资水平下，劳动力的供给具有完全弹性。而在垄断条件下，由于垄断联盟是劳动力市场上的唯一买家，其供给曲线是一条向右上方倾斜的曲线。垄断性雇主每雇用一个新的劳动者，将会使整个劳动力市场的工资水平随之上升，从而雇主必须向之前雇用的员工支付和新员工一样水平的工资。因此，在利润最大化的驱使下，雇主只会提供比市场平均水平更低的工资，减少劳动力供给量。同时，在垄断市场上，劳动力群体供给弹性越大，其工资与完全竞争市场工作相比，下降的幅度越小。

在男性雇员具有偏见的垄断模型中，雇主具有垄断力量，而男性雇员不愿意与女性一起工作，且女性劳动供给弹性小于男性。在这种情况下，即使男性和女性有相同的生产率与人力资本禀赋，性别隔离现象和女性收入偏低这两种情形仍会同时出现，而纯雇员歧视的模型只会导致性别隔离的出现。

在经济学领域中，买方垄断模型也存在许多争议，其最主要的是，垄断力量基本不可能在全国范围内或者较长时期内起作用。随着时间的流逝，劳动力的流动性会增加，且全国性的垄断很难得到维持。此外，美国经济学家运用相关时间序列数据研究表明，女性的劳动供给比男性更有弹性，这一结论与雇员歧视垄断模型完全相反。也就是说，当垄断存在的时候，男性的工资更有可能被减少。然而，一个辩驳的观点指出，由于已婚女性通常偏好与丈夫在相同的区域内工作，其劳动力的流动要低于男性。因此，如果劳动力市场具有区域性，女性劳动力供给比男性更具有弹性这个假设就不成立。

2. 寻租模型

从垄断模型中可以得知，在经济活动中，一部分人可以联合起来通过损害其他人的利益来提高自身的福利水平。这种寻租行为主要通过两种方式进行：第一，向联盟之外的人提供低于边际产量的工资；第二，对影响联盟成员利益的群体实施监督。

经济学家克鲁格（Kreuger，1994）在探讨国际贸易保护主义政策形成原因时，首次提出了寻租的概念。他认为，人们通过竞相争夺进口权，从而获取进口垄断权的租金，这种竞争活动对社会是一个损失。在国际贸易中，如果白人集团在市场上力量足够强大，他们通过对雇用黑人的企业征收关税会使自身处境变好，并使长期的种族收入差距得以存在。然而，这个寻租模型也存在局限性，即它需要一些机制来强迫所有的白人雇主都实施这个关税协议，一旦某些白人雇主违反协议从中谋利，这种寻租格局也将因此瓦解。

在克鲁格模型的基础上，经济学家阿克洛夫（Akerlof，2002）的模型提供了一种关税强制机制。阿克洛夫认为，在小型市场中，每一个参与者都可能成为贸易伙伴，且社会的雇用规则是相对稳定的。在存在歧视的社会里，一个实施歧视政策的雇主不会有盈利，因为其他实行歧视的雇主会联合抵制与他进行交易。由于假设市场是小型的，因此甚至失去少数贸易伙伴都会给企业的利润带来很大的负面影响。

与贝克尔消费者歧视模型一样，阿克洛夫模型的有效性也是局限于要与假设条件一致。这个模型可能更适用于农村地区，因为那里的市场规模相对较小，不同利益集团可以相互监督。

阿克洛夫模型的另一个重要的特征是，实行监督的措施必须已经制定出来，并且被所有关联者知道并且接受。然而，在社会中有许多不同的群体表现出与之相反的行为。例如，客户关系会随着时间的流逝而改变，这甚至也一度在社会上得到普遍认可。

经济学家罗巴克（Roback）指出，个体对于他人的行为具有选择权。社会规范的遵守程序是一种公共产品（例如，在只雇用男性的规则中，遵守的代价便是工资差异的形成）。只有遵守规则的代价低于商品和规则服从的边际替代率时，人们才会接受这种规则。再者，这些社会规则只能在特定的群体中实施，并且必须被认为是必需的。例如，雇主群体中的一些成员认为必须遵循某项规则。这些群体会尝试在整个社会尽可能地提供这种公共产品,以使他们在获得利益的同时不需要负担全部的费用。因此,以上模型便是寻租的一个方面。寻租模型在种族歧视中的应用多于在性别歧视中的应用,因为,在社会中种族群体更加容易进行分离;而男性和女性都是来自一个家庭单位,他们在一定程度上共享收入和社会地位。

3. 两部门模型

两部门模型是由得瑞格(Doeringer)和皮奥里(Piore)提出,其对应双重劳动力市场歧视理论。劳动力市场分为一级市场和二级市场。一级市场以内部劳动力市场为主体,通常具有一套指导招聘的详细规则和程序,通过其工资制度和劳动力资源配置规则等进行调控,基本不依靠市场力量。而二级市场主要以外部劳动力市场为主,根据劳动的边际生产率和边际成本决定劳动力需求,并按照劳动的边际贡献值或市场工资支付报酬。

为什么是女性被排除在一些重要的工作之外而不是其他人呢?在贝克尔的模型中,这种歧视的出现是因为雇主、雇员、消费者对性别的偏见随着工作的不同而不同。另外的观点则认为可以用寻租理论来解释。寻租模型融合了这种可能性,即一些利益可能源于地位。如果是男性主宰一切,那么他们就可以为其自身保留重要职位,从这些职位中获得一些额外的权利和高收入。地位(或者说威望)在一定程度上必须是由工作因素决定,但不是为工作创造更多权利和收入。尽管没有严格的约束和管制。

两部门模型试图去解释为什么性别隔离会广泛存在以及女性的比例和性别收入差距两者之间的关系。在经典的双重劳动力市场模型中,存在主要和次要劳动力市场,雇用关系的类型很自然地改变工人的特点。主要劳动力市场包含了长期工作和稳定的内部晋升通道;在次要劳动力市场中,只有频繁更换的低收入的工作,而且培训需求低,没有晋升机会。尽管工人在做第一份工作时并无生产率上的差异,但是在次要劳动力市场的工人很难进入主要劳动力市场。例如,他们在次要劳动力市场中转换工作的模式可能会使主要劳动力市场的雇主对他们不感兴趣。

其他类型的模型同样也把第一次进入劳动力市场作为歧视发生的关键点。如果一开始只有极少量女性可以进入主要劳动力市场,那么拥有特权体质(包括由国家赋予的)和内部晋升通道的公司根本不可能大比例的雇用女性,甚至可能排斥女性的进入,尤其是女性的工作更换频率高于男性时（即使这些更换率和产量是无关的）。在双重劳动力市场上，限制女性进入高级劳动力市场即使没有任何附加的歧视行为，也会导致女性得到晋升或者进入高级领域的机会更少。然而，这些理论却无法解释为什么最初的雇用率会因为不同群体而不同。

两部门模型拓展了双重劳动力市场中"效率工资"的概念。效率工资是指工人的生产率会随着工资的提高而提高，以使性别雇用的差异成为该模型的一部分。然而，该模型假设男性和女性在离职率和顺从性上存在差异，而不是潜在的生产率的差异。同时也假设，在次要劳动力市场中发现偷懒者比在主要劳动力市场更有难度，因为在实际的生产过程中很难获得工人生产率的完整信息。因此，对于那些较少可能被发现的偷懒人，只有当主要劳动力市场中的工资福利大于次要劳动力市场工资福利时，他们才会选择进入主要劳动力市场（增加他们一旦被发现偷懒所带来的潜在损失以促使他们不会偷懒）。同时，高离职率导致了较高的工资福利（因为那些最有可能的离职者未来的预期收入流会比现在更低）。如果女性具有相对较低的劳动力附加条件，在主要部门的工作中，她们会要求比男性更高的工资福利。此外，如果女性比男性更加容易训练和管理，监督成本也比男性低，那么男性所获得的工资福利会更高。如果男性和女性从事同样的工作，那么要在同等的工作强度下使女性接受更多的监督和低工资是很难做到的。因此，要使女性接受监督和低收入，就需要形成两种不同类型的职位：一种是高监督和低工资，另一种是低监督和高工资。同时，雇主往往追求工资成本和监督成本最小化，所以在主要的工作岗位上，他们更愿意雇用男性，而将女性放在次要的职位上。在这种情况下，职业性别隔离和性别工资差异同时出现。

在以上两部门模型中，男性和女性是存在差异的，但不是生产率的不同。两性工资差异的根源在于雇主如何从工人身上获得最大回报的方式，并不是工人自身的差异。一项检验该模型的研究表明，女性工资的负面影响常常出现在大型工厂中，同时，在监督成本和工资之间取舍时，男性会比女性得到更多的权衡。

七、小结

20 世纪 60 年代早期，妇女自由运动的发展和平等就业机会法案的颁布推动了劳动力市场性别差异研究的发展。性别差异研究包括两类主要的分析方法：第一类是人力资本观点，解释了职业和报酬差异，强调妇女本身自愿的选择；第二类是各种劳动力市场歧视模型，解释了为什么同样合格的男性和女性获得不一样的报酬。从劳动力市场歧视角度来说，贝克尔（1957）是这一领域的开创者，他建立了劳动力市场歧视模型，把歧视概念化为偏好和个人偏见，认为劳动力市场上分别存在雇主、雇员和顾客三者的歧视偏好情况。他认为，歧视使歧视者和被歧视者同时蒙受损失，歧视者迟早也会因为没有实现利润最大化而被竞争市场所淘汰。菲尔普斯（1972）建立了统计歧视模型，把雇主歧视归因于一种动机来说明歧视持续存在的现象，认为在信息不完全的情况下，雇主歧视与利润最大化是相容的。他认为性别、婚姻状况、种族等特征成了雇主在决定雇用时所采用的廉价筛选指标。这造成女性在劳动力市场上常受到"统计上的歧视"。此外，他还注意到雇主是以招聘、雇用或培训等形式对他们的男性雇员进行人力资本投资的，发现通过雇用妇女（甚至在能以较低工资雇用时）来替换所有男性雇员并不是有利可图的。阿尔钦（1986）认为，垄断行为会引起其他企业进入或政府保护竞争政策的干预，因此，多数群体与少数群体在雇用中相互分隔的现象和工资差别仍会存在。妇女报酬低也可能是由于习俗和公众观念、妇女在就业中的从属性、缺乏工会的支持、生活标准较低、未受过良好的教育、可选择的就业机会少造成的。同时，买方垄断、工会和雇主歧视对差别性工资有影响，认为由于预期少数群体与多数群体的人在一起工作会引起劳工冲突，提高成本，从而雇主准备向少数弱势群体（如女雇员）支付较低的歧视性工资。

国内关于性别歧视的研究既包括定性研究，也包括定量研究。定性研究有两个观点：一是用经济学解释性别歧视的性质、效率、现象等。郭正模（1994）运用经济学理论对各类"劳动歧视"现象进行剖析。指出随着用工制度的改革、劳动力要素流动和企业经营权的独立化，劳动歧视具有向市场体制转化的过渡性质。张抗私（2005）对个体歧视偏好及统计性、非市场性歧视进行实证的成本分析，论证在被歧视者蒙受损失的同时，歧视者根本无法实现利益的最大化，同时还要支付昂贵的机会成本和惩罚性成本。二是从传统观念、家庭、生理、法律等角度来阐述性别差异成因及歧视的后果。黄钦（2009）对性别歧视的效率进行了分析，认为社会将女性贡献的所需成本转移到企业账目下，导致女性就业率低。

定量研究论证了就业中是否存在性别歧视现象以及性别歧视在市场中的作用程度。王美艳（2005）利用中国社会科学院五城市调查数据分析，认为歧视是造成性别之间工资差异的主要原因。卿石松等（2013）利用2006年中国综合社会调查数据，考察了职位隔离对性别收入差距的作用。研究结果表明，女性过多集中在职位"金字塔"结构的底层，41%的性别收入差距是由职位隔离导致的。宁光杰（2011）利用2006年中国健康与营养调查数据对劳动者的工资性别差距进行测定和分解，研究发现劳动者的工资性别差距主要是由收益率差异造成的，这在一定程度上反映了劳动力市场上存在的性别歧视现象，其中性别歧视主要表现在工龄方面，女性工龄收益率显著低于男性。张世伟等（2009）利用东北城市劳动力市场的微观数据，对男性与女性工资方程进行了分位数回归，并对回归结果进行了性别工资差异分解。研究结果表明，在工资分布的所有分位数上，东北城市劳动力市场上存在明显的性别工资差异。在工资分布的底端，性别工资差异一部分是由个人特征差异造成的，另一部分是由性别歧视造成的。随着分位数提高，性别工资差异不断缩小，但性别工资歧视程度不断扩大。陈昊（2013）利用2005~2009年中国工业企业出口贸易与女性劳动力就业水平的关系，对出口如何影响就业性别歧视进行了研究，发现出口加剧了低度持续出口企业的就业性别歧视，但在一定程度上有助于缓解高度和中度持续出口企业的就业性别歧视。

第二节　工作搜寻理论

一、工作搜寻的成本收益比较

工作搜寻会带来一些直接的和间接的成本。直接的成本包括交通费、邮费、电话费、报纸的广告费等。间接的成本（机会成本）则主要包括两个方面：一方面是在工作搜寻所花费的时间里一个人可能从事其他活动所带来的效用或收入；另一方面的机会成本则更加重要，这就是当一个人决定放弃当前已经得到的工作机会继续进行搜寻时所放弃的收入。不难发现，工作搜寻的成本主要是间接成本，由此可以推断，一些旨在降低工作搜寻的直接成本的政策对于工作搜寻并不会产生明显的影响，但间接成本的变化对工作搜寻过程却有重要的影响。失业保险金是典型的与政府政策有关的工作搜寻的间接成本控制措施。失业保险金降低了不接受工作机会而继续搜寻的成本，因此，理论上来说，如果失业保险金水平调低，进行工作搜寻的人和由此而产生的摩擦性失业就会相应减少。

二、工作搜寻的成本收益模型

既然工作搜寻既有成本又有收益，那么，简单的推理就可以告诉我们，最佳的工作搜寻次数出现在搜寻的边际收益与边际成本相等的时候。不妨用图 3－6 来说明工作搜寻最佳次数的决定。

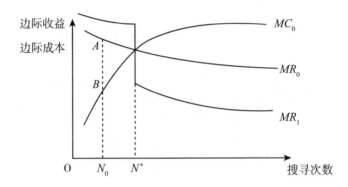

图 3－6　工作搜寻最佳次数的确定

在图 3－6 中，假定搜寻次数是连续的，然后可以分别用向上倾斜的 MC_0 和向右下倾斜的 MR_0 表示工作搜寻的边际成本和边际收益。不难找出一些原因来说明为什么工作搜寻的边际成本是递增的，而边际收益是递减的。边际成本递增的原因在于：第一，工作搜寻一开始总是从成本最低的机会开始；第二，工作搜寻时间越长，一个人已经拥有的工作机会的收入就越高，进一步搜寻的机会成本也就越高；第三，工作搜寻的时间越长，搜寻者越可能耗尽他的失业保险金和储蓄。边际收益递减的原因与此类似：第一，工作搜寻往往从最有希望的机会开始；第二，随着搜寻过程中得到的工资越来越高，进一步搜寻获得更高工资的难度也越来越大；第三，工作搜寻的时间越长，搜寻者在剩下的生命周期中享用更高工资的时间也会越来越短。

从图 3－6 来看，当一个人的搜寻次数为 N_0 时，工作搜寻的边际收益要高于边际成本，因此，他会继续搜寻，直到搜寻次数达到 N^* 时，搜寻的边际成本和边际收益相等，进一步搜寻不能让总收益继续扩大，这时的搜寻次数是最佳的。图 3-6 中的边际收益曲线和边际成本曲线是平滑的，这描述的是许多人继续进行工作搜寻的边际收益和边际成本。但是对于单个搜寻者来说边际收益曲线和边际成本曲线却不是平滑的。更为现实的情况是，当一段时间里没有新的工作机会时，搜寻的边际收益下降得很慢，但突然间，来了一个相当好的工作机会，这时进一步搜寻的边际收益下降至低于边际成本的水平，这种情况在图中用一条拐折的曲线 MR_1 表示。显然，搜寻者将在 N^* 次搜寻之后接受最后一个工作机会。

第三节　社会性别角色理论

一、社会性别角色因素分析

　　直到20世纪60年代，性别问题才得到社会科学领域的关注。社会学家对社会性别的研究主要包括两个理论向导：正统社会学性别理论和女性主义性别理论。正统的社会性别理论主要从社会角色、精神分析和性别分层三方面研究性别问题。根据社会角色研究性别问题主要体现在功能主义的相关研究中，即通过两性之间的功能互补，实现社会稳定；性别分层的理论思想源于马克思主义者，该理论强调社会资源在性别之间的非平衡配置会导致性别秩序的不平等；精神分析视角研究性别问题主要是根据弗洛伊德的性欲理论，强调男性和女性的气质是性成熟的产物。女性主义性别理论研究的主要内容包括探索女性受压迫的根源和机理，解放女性的价值抱负与谋求性别平等。在女性主义性别研究中，基本的逻辑起点为：在全世界范围内，女性是一个受压迫、受歧视的等级。
　　社会性别角色将女性的活动领域主要限制在家庭和私人空间，而过多地强调男性在社会经济活动中的作用，忽略了男性在家庭中所应该承担的家庭劳务。从历史发展来看，女性被长期束缚在家庭领域，没有与男性享有相同的选举权利、受教育权利以及就业权利，即使女性求职者获得了就业机会，她们从事的职业也普遍比男性从事的职业差，薪酬福利待遇水平低于相同劳动生产率的男性劳动者。

女性劳动者工资水平低于同等劳动生产率的男性劳动者，其原因主要有三个方面。第一，社会性别角色削弱了女性劳动者的事业进取心。在平均水平下，女性的进取心、拼搏意识都不如男性，就业动机及职业发展期望也低于男性。第二，社会性别角色将女性更多地限制在家庭领域，造成已婚女性社会网络松弛，使其社会资本低于男性。第三，市场中的性别歧视和社会性别排斥减少了女性就业机会和职业发展机会。

越来越多的研究发现在工资报酬上存在性别差异。这种职业分割的经济结果对女性来说就是低工资。女性通常被安排到那些劳动生产率和经验与其自身状况没有什么关系，且加班费和奖金的获得机会非常有限的岗位上。为什么女性不能进入工资更高的由男性控制的工作岗位呢？人们普遍相信，女性的社会角色使她们的职业生涯变得无足轻重。女性在很小的年纪就被教育她们的首要角色是做家庭主妇和母亲。在中国文化中，家庭内部的劳动分工通常是让女性留在家中提供家庭服务，如抚养小孩；相反，男性到市场中去寻找工作给家庭提供收入。然而，在20世纪，男性和女性的传统经济角色发生了巨大变化。双收入家庭现在是普遍现象，但是女性的工作仍然被认为是"第二位"的。一些经济学家认为，鉴于性别之间的劳动分工文化，女性选择了那些允许她们同时工作又从事家务劳动的职业。这样的职业通常只要求较少的教育和培训，从而她们的工资水平相对较低。

二、法律因素分析

目前，就业形式出现了新的问题：首先，中国基本经济制度和经济运行机制的重大变化对女性就业产生了巨大影响；其次，劳动就业制度发生的深刻变化也对女性就业产生了重大影响；最后，中国劳动力总体上供过于求也对女性就业带来不利影响，中国的相关法律已经不能适应新的就业形势的要求了。

由于中国的《劳动法》《妇女权益保障法》等关于维护妇女平等就业权的条款过于原则化，缺乏可操作性，这使得有关职能部门不作为，并给用人单位歧视妇女、逃避惩罚提供了可乘之机。例如，《妇女权益保障法》规定："国家保障妇女享有与男子平等的劳动权利。"此强制性规定必须有相应的法律责任来保障实施，否则就是形同虚设。在市场经济条件下，企业都是最大限度地降低成本，努力实现效益最大化，由于在国家现有的法律规范下，企业雇用一个男性可能比雇用一个女性付出更少的成本，因此，这种"性别亏损"是很多企业不愿意额外承担的，这使得女性劳动者在劳动力市场上处于不利地位。

此外，法律法规缺乏对性别歧视的具体评判标准。现有的法律对如何判定现实中用人单位是否对女性就业实施性别歧视，并没有给予界定。同时，中国的相关法律法规执法和监督力度不够，不能有效制止就业性别歧视行为。

三、小结

国外学者从社会角色角度对职业女性工作家庭冲突进行了大量研究，他们得到的观点基本一致，即女性逐渐从家庭走向劳动力市场，社会地位普遍提升，但是由于社会规范的压力和传统的角色期望，即使女性和男性获得相同的地位与报酬，职业女性仍然是家庭劳动的主要承担者，家庭劳动所占用的时间是造成职业女性工作家庭冲突的重要因素之一。传统的性别角色规定了男性劳动力主要负责工作，而女性劳动力主要负责家庭（Gutek et al.，1981），此外，男性更期待获得可观物质成功，而女性更期待关注主观生活质量（Evans et al.，1984）。近年来，性别角色的变化使得越来越多的女性走向劳动力市场，传统的家务与工作发生冲突，女性劳动者通常要比男性劳动者承担更大的压力。外出打工的女性劳动者并没有因为进入劳动力市场而减少对家庭的责任，然而她们既要兼顾家庭又要兼顾工作，如果女性劳动者在外工作时间增加，更容易造成工作与家庭的冲突（Gutek et al.，1991）。尤其是中年女性劳动者，她们通常承担四个角色：妻子、家庭主妇、母亲和雇员，不同角色发生关联时很容易引起角色冲突。工作与家庭角色冲突的程度与家庭的支持密不可分，丈夫的支持和理解能缓解来自家庭的压力，从而降低职业女性工作与家庭的冲突（Carlson et al.，2000；Bhave et al.，2010）。

国内学者从社会角色角度对职业女性工作家庭冲突问题的研究也越来越广泛。张抗私（2012）在研究劳动力市场性别歧视的深层透视原因时提出，尽管国家的法律对保障女性权益做出了明文规定，但"男尊女卑"的传统社会角色是导致劳动力市场上性别歧视最根本的原因。陈卫民（2002）

同样提出，传统的社会角色差异也是导致女性就业难的重要原因。国内其他学者根据不同年龄、不同职业、不同阶层的职业女性也进行了性别差异分析，得出了基本一致的结论，即认为职业女性的工作家庭冲突受到人口特征、社会文化、职业女性自身的社会角色价值观等因素影响，应该将社会性别意识与女性婚姻、家庭地位角度相联系，重点强调女性自身的独立人格和存在价值，摆脱传统性别歧视观念，促进女性全面健康发展。

参考文献

［1］陈昊：《出口是否加剧了就业性别歧视？——基于倾向评分匹配的再估计》，载于《财经研究》2013 年第 9 期。

［2］陈卫民：《中国城镇妇女就业模式及相关的社会政策选择——社会性别歧视的分析》，载于《中国人口科学》2002 年第 1 期。

［3］范元伟、郑继国、吴常虹：《初次就业搜寻时间的因素分析》，载于《清华大学教育研究》2005 年第 4 期。

［4］郭正模：《 "劳动歧视" 问题初探》，载于《经济科学》1994 年第 2 期。

［5］韩宏华、孟益宏： 《工作搜寻理论视角下的地方高校毕业生就业问题分析——基于扬州大学 2008 届毕业生的调查》，载于《黑龙江高教研究》2010 年第 5 期。

［6］李瑾、彭建章：《女大学生就业难影响因素及对策研究》，载于《河北师范大学学报》2011 年第 2 期。

［7］宁光杰：《中国的工资性别差距及其分解——性别歧视在多大程度上存在?》，载于《世界经济文汇》2011 年第 2 期。

［8］钱永坤：《搜寻理论与下岗职工再就业》，载于《中国矿业大学学报》2001 年第 1 期。

［9］卿石松、郑加梅：《 "同酬" 还需 "同工"：职位隔离对性别收入差距的作用》，载于《经济学》（季刊）2013 年第 2 期。

［10］王美艳：《中国城市劳动力市场上的性别工资差异》，载于《经济研究》2005 年第 12 期。

［11］谢康：《市场经济条件下信息搜寻行为与效益分析》，载于《数量经济技术经济究》1994 年第 10 期。

［12］张抗私、盈帅：《性别如何影响就业质量——基于女大学生就业评价指标体系的经验研究》，载于《财经问题研究》2012 年第 3 期。

［13］张抗私：《劳动力市场性别歧视研究述评》，载于《经济学动态》2005 年第 1 期。

　　［14］张世伟、郭凤鸣：《分位数上的性别工资歧视——基于东北城市劳动力市场的经验研究》，载于《中国人口科学》2009 年第 6 期。

　　［15］Bhave, D. P., Kramer, A., Glomb, T. M., "Work-Family Conflict in Work Groups: Social Information Processing, Support and Demographic Dissimilarity", *Journal of Applied Psychology*, 2010, Vol. 95, 145 – 158.

　　［16］Blanchard, R., Portugal, P., "What Hides behind an Unemployment Rate: Comparing Portuguese and US Labor Markets", *American Economic Review*, 2001, Vol. 91, 187 – 207.

　　［17］Carlson, D. S. and Kacmar, K. M., "Work-Family Conflict in the Organization: Do Life Role Values Make a Difference?", *Journal of Management*, 2000, Vol. 26, 1031 – 1054.

　　［18］Diamond, P., "Aggregate Demand Management in Search Equilibrium", *Journal of Political Economy*, 1982, Vol. 10, 881 – 894.

　　［19］Evans, P. and Bartolome, F., "The Changing Pictures of the Relationship between Career and Family", *Journal of Occupational Behavior*, 1984, Vol. 5, 9 – 21.

　　［20］Gutek, B. A., Nakamura, C. Y., Nieva, V. F., "The Interdependence of Work and Family Roles", *Journal of Occupational Behavior*, 1981, Vol. 2, 1 – 16.

　　［21］Gutek, B. A., Searle S., Klepa, L., "Rational Versus Gender Role Explanations for Work-Family Conflict", *Journal of Applied Psychology*, 1991, Vol. 76, 560 – 568.

　　［22］McCall, R., "Economics of Information and Job Search", *The Quarterly Journal of Economics*, 1970, Vol. 84, 113 – 126.

　　［23］Phelps, E. S., "The Statistical Theory of Racism and Sexism", *American Economic Review*, 1972, Vol. 7, 659 – 661.

　　［24］Richard, R., Robert, S., Randall, W., "Search-theoretic Model of the Labor Market: A Survey", *Journal of Economic Literature*, 2005, Vol. 43, 959 – 988.

　　［25］Van den Berg, G. and Ours, J., "Dependence and Heterogeneity in French Youth Unemployment Durations", *Journal of population Economics*, 1999, Vol. 12, 273 – 285.

第二篇　性别、就业搜寻与女大学生就业质量

■■■■第四章

女大学生就业为什么难

第一节 引 言

2008 年金融危机以来，大学生尤其是女大学生就业问题愈发受到社会各界关注。2010 年全国妇联妇女发展部首次公开发表《女大学生就业创业状况调查报告》，报告显示，被访女大学生平均投出 9 份简历才可能得到一次面试或笔试机会，56.7% 的被访女生在求职过程中感到"女生机会更少"；91.9% 的被访女生感到用人单位存在性别偏见；四成被访女生认为女生找工作比男生困难，理科类和硕士生最为困难。大学生就业和男女大学生就业性别差异成为无法回避的社会现实。

那么，是什么原因导致了大学生严峻的就业形势？男女大学生真的有如此严重的就业差异吗？就业性别差异的原因又是什么？综合国内外的相关研究文献可以发现，当前个案或区域范围内的研究居多，且更多的是关注大学生就业难和性别工资差异，对男女大学生就业的对比分析以及婚恋、生育等女性自身因素对就业差异的影响研究还尚显薄弱。我们认为，要想正确考察当前大学生就业难以及就业性别差异的真实原因，必须进行全国大规模的实地调查，以实际数据来论证规范分析的结论，或许能对大学生自身、家庭、政府、社会产生一些启发，以帮助我们更好地解决大学生就业，尤其是女大学生就业问题。

基于此，在国家社会科学基金的支持下，课题组成员对全国范围内 63 所高校的 6000 余名大学毕业生进行了实地调查，旨在解决以下三个问题：

（1）大学生就业搜寻过程中，是否存在性别差异，如果存在差异，女生是否会退而求其次，更多的选择基层就业？（2）不同群体的女大学生面临的就业歧视是否一致？（3）经验认为，婚恋、生育对女性就业有负面作用。然而，女大学生自身对该问题是如何看待的？不同类型的女生对婚恋、生育对就业影响的担忧是否一致？

第二节　就业性别差异的表现及成因：
基于文献综述的视角

一、性别差异的主要表现

就业的性别差异普遍存在于国内外劳动力市场。国际劳工局（2010）报告显示男性的劳动参与率普遍高于女性，即使接受同等的教育，男性的劳动参与率要高于女性。女性在劳动力市场中的不利地位，有以下三种形式：

第一，获得职位的机会不均等。1988～2002年我国已婚女性的就业率明显下降（丁赛等，2007），同时，性别因素增加了女大学生就业搜寻的次数，她们在工作搜寻过程中感到了性别的负面作用（张抗私等，2012）。

第二，性别工资差异，即"同工不同酬"。随着我国市场化水平的提高，男女之间的工资差异有不断扩大的趋势（Gustafsson et al.，2000；张丹丹，2004）。非国有部门的性别工资差异高于国有部门（Maurer-Fazio and Hughes，2002），公共部门的性别工资差异高于非公共部门（尹志超等，2009）。王美艳（2005）和郭凤鸣、张世伟（2010）证实了歧视是造成性别工资差异的主要原因。除此之外，李利英、董晓媛（2008）发现企业在性别工资差异中也起着非常重要的作用。

第三，就业分割。我国城镇劳动力市场的职业性别分割现象很明显，2000年职业性别隔离指数为0.407（吴愈晓等，2009）。市场歧视和性别偏好使得女性的非正规就业比例高于男性。在控制其他变量的情况下，农村女性劳动力比男性从事非正规就业的可能性大71.34%（刘妍等，2007）。

二、就业性别差异的成因

学术界关于就业性别差异成因的分析主要集中在经济学和社会学两个领域。

首先，从经济学角度的分析视角有三种。一是基于比较优势理论，劳动分工的思想基础（张抗私，2004），男性劳动参与率高是因为其具有市场性工作的优势，而女性具有家务劳动的比较优势，使得她们更多地参与到家庭生产中来（Becker，1998）；二是搜寻与雇用成本。尽管劳动力市场上并不是所有的雇主都有歧视偏好，但只要存在这样的雇主，女性的工作搜寻成本就高于男性（Ehrenberg and Smith，1999）。叶文振（2002）发现，劳动力市场对女大学生歧视的主要原因是高雇用成本，女大学生一入职就面临着生育问题，其单位不得不为此支付直接及间接成本（张抗私，2004）。三是人力资本理论。男人或女人之所以对自己的时间和收入采取不同的分配方式，是因为他们不仅考虑当前，还为了将来能持续地就业和更多的报酬。明赛尔（Mincer，2001）发现，女性人力资本的折旧速率也要高于男性，说明对男性的人力资本投资风险更小，回报更高。

其次，就社会学角度而言，性别差异带有历史文化传统、社会习俗、教育教化等的深刻烙印，有着浓重的社会属性。私有制后，两性由分工不同而逐渐强弱分明，以至约定俗成为顽固的性别观念。女性历史与现实的屡弱以及被歧视的直接原因不是生理特征，而是父权文化长期干预的结果（Simone，1998）。近年来，关于性别差异新的研究视角不断出现，包括行为经济学、互动理论（Ridgeway，1997）等，从传统文化、社会制度等方面研究男女就业的不平等。不可避免地，也并不是所有的学者都认为"女大学生就业难"和"性别歧视"之间存在必然的联系。潘锦棠（2003）认为优先录用男大学生恰恰是"性别正视"。文东茅（2007）的研究也发现大学生就业中并不存在明显的性别歧视，男女大学生在起薪方面的区别主要是由专业、从事职业等方面的差异所造成的。

第三节　样本数据来源与处理

一、问卷设计

问卷内容分为以下四个方面：

一是人力资本变量，包括性别、学历、专业、参加实习、学习成绩、各种证书、实习经历、政治面貌、学生干部、求职技巧、个性特征等，另外，也包括毕业院校类型，主要分为全国重点院校、区域知名院校和其他院校三种类型；

二是家庭背景变量，主要包括父母的意愿、人际关系、生源地（省会及以上大城市、中小城市、农村等其他地区）、户籍、父母的社会地位等；

三是工作搜寻变量，包括意向单位、意向起薪、意向就业地区、专业对口度、毕业去向、投递简历次数、参加面试次数、就业信息获取渠道、创业帮助渠道、是否异地就业、工作搜寻过程中得到的帮助等；

四是结果变量，主要是指是否遭遇就业歧视（包括歧视类型）以及是否愿意创业、基层就业意愿等。

二、样本统计描述

调研时间为 2010 年 10 月至 2011 年 6 月，调研范围涉及我国东北、华东、华中、西部、华北、华南和西南七大区域的各类型大学。调查对象是全国重点院校、区域性知名院校以及其他普通院校的大学毕业生，共发放问卷 6220 份，回收有效问卷 5694 份，有效回收率为 91%。数据利用 SPSS16.0 软件分析处理。样本的基本情况见表 4-1。

表 4-1　　　　　　　　调查样本的统计量描述

指标		男		女	
		频数	频率（%）	频数	频率（%）
民族	汉族	2522	92.90	2635	88.50
	少数民族	193	7.10	344	11.50%

续表

指标		男		女	
		频数	频率（%）	频数	频率（%）
学历	本科	2089	76.90	2330	78.20
	硕士研究生	574	21.20	622	20.90
	博士研究生	52	1.90	27	0.90
生源地	省会及以上大城市	453	16.70	414	13.90
	中小城市	1059	39.00	1281	43.00
	农村等其他地区	1203	44.30	1284	43.10
学校类型	全国重点院校	1596	58.80	1322	44.40
	区域知名院校	505	18.60	816	27.40
	其他普通院校	614	22.60	841	28.20
歧视	遭遇过就业歧视	978	36.02	1732	58.14
	未遭遇就业歧视	1737	63.98	1247	41.86
基层就业	愿意基层就业	1656	60.99	1988	66.73
	不愿意基层就业	1059	39.01	991	33.27

三、问卷数据处理

在进行计量回归之前，对调查问卷的数据做如下处理：

首先，生成"就业歧视"变量。就业歧视与性别、毕业院校类型、学历层次、生源地相联系，而且性别、毕业院校类型、学历层次、生源地可能对就业歧视这一因变量产生交互影响。本书中，性别变量分为男性与女性两类；毕业院校类型变量分为全国重点院校毕业生、区域性知名院校毕业生、其他院校毕业生三类；学历层次变量分为本科、硕士与博士三类；生源地变量分为来自省会及以上大城市、中小城市、农村等其他地区三类。可将受访者划分为54类群体（2×3×3×3＝54）。在对受访毕业生就业歧视问题进行的实证分析中，结果显示区域性知名院校与其他院校对受访者是否会遭遇就业歧视无显著作用，本科生、博士生均与硕士生之间存在显著差异，但前两者差异不显著，故将区域性知名院校毕业生与其他院校毕业生合并为非全国重点院校毕业生，将本科生与博士生合并为非硕士生，因此最终将54类受访者合并为24类（2×2×2×3＝24）。

　　其次，生成"基层就业"变量。在对受访者基层就业意愿进行的实证分析中，结果显示硕士生、博士生均与本科生之间存在显著差异，但硕士生与博士生之间差异不显著，故将硕士生与博士生合并为本科以上毕业生，因此最终将54类受访者合并为36类（2×2×3×3＝36）。

第四节　女大学生就业搜寻中遭遇性别歧视

一、女大学生比男大学生更容易遭受就业歧视

　　采用logistic模型考察可能影响毕业生就业遭遇及就业态度的因素，设定性别、民族、毕业院校、学历层次及生源地类型为可能影响因素。表4-2列出了对受访者属性相关变量的赋值情况。

表4-2　　　　就业性别差异logistic模型赋值情况

分析因素	赋值状况
性别	男性为1，否则为0
民族	汉族为1，否则为0
全国重点院校	全国重点院校为1，否则为0
区域知名院校	区域知名院校为1，否则为0
本科毕业生	本科毕业生为1，否则为0
硕士毕业生	硕士毕业生为1，否则为0
省会及以上大城市	生源地为省会及以上大城市为1，否则为0
中小城市	生源地为中小城市为1，否则为0
是否受到就业歧视	遭遇过就业歧视为1，否则为0

　　以"是否受到就业歧视"为因变量，以上述其余8个因素为自变量，采用logistic模型进行回归分析，采用Forward LR方法筛选变量，最终保留了5个变量，见表4-3。

表 4 - 3   是否遭遇就业歧视保留变量

保留变量	回归系数	标准差	Wald统计量	自由度	p 值	回归系数的自然指数
全国重点院校（x_1）	-0.216	0.061	12.355	1	0.000	0.806
性别（x_2）	-0.908	0.058	244.386	1	0.000	0.403
硕士毕业生（x_3）	0.407	0.074	30.496	1	0.000	1.502
来自省会及以上大城市（x_4）	-0.516	0.087	35.446	1	0.000	0.597
来自中小城市（x_5）	-0.287	0.062	21.319	1	0.000	0.750
常数项	0.600	0.058	106.871	1	0.000	1.822

由表 4 - 3 可知，基于就业歧视问题的 logistic 回归模型包含 5 个显著自变量，即全国重点院校（x_1）、性别（x_2）、硕士毕业生（x_3）、来自省会及以上大城市（x_4）、来自中小城市（x_5）将对大学生是否会在就业过程中遭遇就业歧视有显著的影响，模型形式如公式（4.1）所示，回归模型 HL 统计量 p 值为 0.403，则在 5% 显著性水平下说明模型拟合程度较好。

$$\ln\left(\frac{p}{1-p}\right) = \alpha + \beta_1 x_1 + \beta_2 x_2 + \beta_3 x_3 + \beta_4 x_4 + \beta_5 x_5 \qquad (4.1)$$

公式（4.1）中 p 为毕业生在就业过程中遭遇就业歧视的可能性，α 为所有 5 个保留变量取 0 时的常数项。当 5 个保留变量同时取 0 值时，为对照组毕业生，该毕业生所满足的条件包括：毕业于非全国重点院校、性别女、非硕士研究生学历、来自农村等其他地区。

将公式（4.1）两边取反对数，化为公式（4.2）所示模型形式：

$$\frac{p}{1-p} = e^{\alpha} \times e^{\beta_1 x_1} \times e^{\beta_2 x_2} \times e^{\beta_3 x_3} \times e^{\beta_4 x_4} \times e^{\beta_5 x_5} \qquad (4.2)$$

进一步变形得公式（4.3）：

$$p = \frac{e^{\alpha} \times e^{\beta_1 x_1} \times e^{\beta_2 x_2} \times e^{\beta_3 x_3} \times e^{\beta_4 x_4} \times e^{\beta_5 x_5}}{1 + e^{\alpha} \times e^{\beta_1 x_1} \times e^{\beta_2 x_2} \times e^{\beta_3 x_3} \times e^{\beta_4 x_4} \times e^{\beta_5 x_5}} \qquad (4.3)$$

令 $x_1 = x_2 = x_3 = x_4 = x_5 = 0$，可得对照组毕业生遭遇就业歧视的概率，即对照组毕业 $p^* = \frac{1.822}{1 + 1.822} = 0.6456$ 生遭遇就业歧视的概率为 0.6456。

若 logistic 模型自变量回归系数的自然指数大于 1，说明事件发生的概率会提升；若小于 1 则说明事件发生概率会降低。由表 4 – 3 可知：

$e^{\beta_1} = 0.806 < 1$，说明非全国重点院校毕业生比全国重点院校毕业生更容易遭受就业歧视；

$e^{\beta_4} = 0.597 < 1$ 与 $e^{\beta_5} = 0.750 < 1$，说明农村生源的毕业生比生源地为省会及以上大城市和中小城市的毕业生更容易遭受就业歧视；

$e^{\beta_2} = 0.403 < 1$，说明女大学生比男大学生更容易遭受就业歧视；

$e^{\beta_3} = 1.502 > 1$，说明硕士生比非硕士生更容易遭受就业歧视。

由表 4 – 3 所保留的 5 个变量，可以将大学生划分为 24 类（24 = 2 × 2 × 2 × 3）。根据表 4 – 3 与公式（4.3）可求得这 24 类毕业生遭遇就业歧视的概率，见表 4 – 4。

表 4 – 4　　　　基于影响因素分组的各类大学毕业生遭遇
就业歧视概率测算

群组	毕业院校类型	性别	学历层次	生源地类型	概率	男女差距
组1	全国重点院校	女	硕士毕业生	省会及以上大城市	0.5684	0.2217
组2	全国重点院校	男	硕士毕业生	省会及以上大城市	0.3467	
组3	全国重点院校	女	硕士毕业生	中小城市	0.6233	0.2233
组4	全国重点院校	男	硕士毕业生	中小城市	0.4000	
组5	全国重点院校	女	硕士毕业生	农村等其他地区	0.6881	0.2175
组6	全国重点院校	男	硕士毕业生	农村等其他地区	0.4706	
组7	全国重点院校	女	非硕士毕业生	省会及以上大城市	0.4672	0.2061
组8	全国重点院校	男	非硕士毕业生	省会及以上大城市	0.2611（min）	
组9	全国重点院校	女	非硕士毕业生	中小城市	0.5241	0.2167
组10	全国重点院校	男	非硕士毕业生	中小城市	0.3074	
组11	全国重点院校	女	非硕士毕业生	农村等其他地区	0.5949	0.2231
组12	全国重点院校	男	非硕士毕业生	农村等其他地区	0.3718	
组13	非全国重点院校	女	硕士毕业生	省会及以上大城市	0.6203	0.2233
组14	非全国重点院校	男	硕士毕业生	省会及以上大城市	0.3970	

群组	毕业院校类型	性别	学历层次	生源地类型	概率	男女差距
组15	非全国重点院校	女	硕士毕业生	中小城市	0.6724	0.2197
组16	非全国重点院校	男	硕士毕业生	中小城市	0.4527	
组17	非全国重点院校	女	硕士毕业生	农村等其他地区	0.7324（max）	0.2079
组18	非全国重点院校	男	硕士毕业生	农村等其他地区	0.5245	
组19	非全国重点院校	女	非硕士毕业生	省会及以上大城市	0.5210	0.2162
组20	非全国重点院校	男	非硕士毕业生	省会及以上大城市	0.3048	
组21	非全国重点院校	女	非硕士毕业生	中小城市	0.5774	0.2223
组22	非全国重点院校	男	非硕士毕业生	中小城市	0.3551	
组23	非全国重点院校	女	非硕士毕业生	农村等其他地区	0.6456	0.2222
组24	非全国重点院校	男	非硕士毕业生	农村等其他地区	0.4234	

表4-4共24组，有12组对比值。可以看出，同等条件下，女生比男生容易遭受就业歧视，并且受到歧视的概率高于同类男生20个百分点以上。另外，表4-4中有两个极值，各类受访者中，最容易受到就业歧视的是来自于其他普通院校、农村等其他地区的女硕士毕业生，她们遭遇就业歧视的概率为73.24%，居最高位；全国重点院校、省会及以上大城市的非硕士男生，在工作搜寻过程中遭遇就业歧视的概率最低，为26.11%。

二、女大学生基层就业明显多于男生

为解决大学生就业问题，政府积极推行大学生基层就业计划，包括基层社区、支援西部、大学生村官等。既然研究结果显示，同等条件下女生比男生容易遭受就业歧视，那么，女生是否会退而求其次，转向基层就业？男女大学生的基层就业意愿是否一致呢？本节基于性别、民族、学历层次、学校类型、生源地5项指标对大学生基层就业意愿问题进行了logistic回归分析，结果见表4-5。

表 4 - 5　　　　　　　　大学生基层就业意愿变量

保留变量	回归系数	标准差	Wald 统计量	自由度	p 值	回归系数的自然指数
全国重点院校	-0.684	0.078	76.081	1	0.000	0.504
区域知名院校	-0.400	0.088	20.681	1	0.000	0.670
性别	-0.180	0.058	9.480	1	0.002	0.835
本科	0.355	0.071	25.393	1	0.000	1.427
省会及以上大城市	-0.245	0.085	8.321	1	0.004	0.783
中小城市	-0.156	0.063	6.127	1	0.013	0.855
常数项	0.971	0.101	91.590	1	0.000	2.642

由表 4 - 5 可知，大学生基层就业意愿的 logistic 回归模型包含 6 个显著自变量，即全国重点院校（y_1）、区域知名院校（y_2）、性别（y_3）、本科毕业生（y_4）、省会及以上大城市（y_5）、中小城市（y_6）。模型形式如公式（4.4）所示，回归模型 HL 统计量 p 值为 0.148，则在 5% 显著性水平下说明模型拟合程度较好。

$$\ln\left(\frac{p}{1-p}\right) = \alpha + \beta_1 y_1 + \beta_2 y_2 + \beta_3 y_3 + \beta_4 y_4 + \beta_5 y_5 + \beta_6 y_6 \qquad (4.4)$$

公式（4.4）中，p 为毕业生愿意去基层工作的可能性，对照组为毕业于全国重点院校及区域知名院校以外的普通院校、性别为女、非本科学历、来自农村等其他地区的毕业生。

将公式（4.4）所示模型取对数，化为公式（4.5）所示模型形式：

$$p = \frac{e^{\alpha} \times e^{\beta_1 y_1} \times e^{\beta_2 y_2} \times e^{\beta_3 y_3} \times e^{\beta_4 y_4} \times e^{\beta_5 y_5} \times e^{\beta_6 y_6}}{1 + e^{\alpha} \times e^{\beta_1 y_1} \times e^{\beta_2 y_2} \times e^{\beta_3 y_3} \times e^{\beta_4 y_4} \times e^{\beta_5 y_5} \times e^{\beta_6 y_6}} \qquad (4.5)$$

令 $y_1 = y_2 = y_3 = y_4 = y_5 = y_6 = 0$，可得对照组毕业生愿意接受基层就业岗位的概率 $p^* = \frac{2.642}{1 + 2.642} = 0.7254$，即对照组毕业生愿意到基层就业的概率为 0.7254。

由表 4 - 5 可知：

$e^{\beta_1} = 0.504 < 1$ 与 $e^{\beta_2} = 0.670 < 1$，说明全国重点院校与区域性知名院校毕业生的基层就业意愿较其他普通院校毕业生要低，其中全国重点院校比

区域性知名院校毕业生的基层就业意愿更低，说明院校知名度越高，毕业生的基层就业意愿越低；

$e^{\beta_3}=0.835<1$，说明女生的基层就业意愿高于男生；

$e^{\beta_4}=1.427>1$，说明本科生的基层就业意愿高于硕士生或博士生；

$e^{\beta_5}=0.783<1$ 与 $e^{\beta_6}=0.855<1$，说明农村生源毕业生的基层就业意愿高于城市生源的学生，其中，中小城市生源的基层就业意愿高于省会及以上大城市的学生。

基于表4-5中保留的6个变量，可以将受访者分为36类（3×2×2×3=36）。各类型受访者的基层就业意愿见表4-6。

表4-6　　　各类受访者对基层就业岗位的接受程度

毕业生群组	学校类型	性别	学历	生源地	概率	男女差距
组1	全国重点院校	男	本科	省会及以上大城市	0.5540	-0.0440
组2	全国重点院校	女	本科	省会及以上大城市	0.5980	
组3	全国重点院校	男	本科	中小城市	0.5757	-0.0433
组4	全国重点院校	女	本科	中小城市	0.6190	
组5	全国重点院校	男	本科	农村等其他地区	0.6134	-0.0418
组6	全国重点院校	女	本科	农村等其他地区	0.6552	
组7	全国重点院校	男	本科以上	省会及以上大城市	0.4654（min）	-0.0450
组8	全国重点院校	女	本科以上	省会及以上大城市	0.5104	
组9	全国重点院校	男	本科以上	中小城市	0.4873	-0.0451
组10	全国重点院校	女	本科以上	中小城市	0.5324	
组11	全国重点院校	男	本科以上	农村等其他地区	0.5265	-0.0446
组12	全国重点院校	女	本科以上	农村等其他地区	0.5711	
组13	区域性知名院校	男	本科	省会及以上大城市	0.6229	-0.0413
组14	区域性知名院校	女	本科	省会及以上大城市	0.6642	
组15	区域性知名院校	男	本科	中小城市	0.6433	-0.0402
组16	区域性知名院校	女	本科	中小城市	0.6835	

续表

毕业生群组	学校类型	性别	学历	生源地	概率	男女差距
组17	区域性知名院校	男	本科	农村等其他地区	0.6784	-0.0380
组18	区域性知名院校	女	本科	农村等其他地区	0.7164	
组19	区域性知名院校	男	本科以上	省会及以上大城市	0.5365	-0.0444
组20	区域性知名院校	女	本科以上	省会及以上大城市	0.5809	
组21	区域性知名院校	男	本科以上	中小城市	0.5583	-0.0438
组22	区域性知名院校	女	本科以上	中小城市	0.6021	
组23	区域性知名院校	男	本科以上	农村等其他地区	0.5965	-0.0425
组24	区域性知名院校	女	本科以上	农村等其他地区	0.6390	
组25	其他院校	男	本科	省会及以上大城市	0.7114	-0.0356
组26	其他院校	女	本科	省会及以上大城市	0.7470	
组27	其他院校	男	本科	中小城市	0.7291	-0.0341
组28	其他院校	女	本科	中小城市	0.7632	
组29	其他院校	男	本科	农村等其他地区	0.7589	-0.0315
组30	其他院校	女	本科	农村等其他地区	0.7904（max）	
组31	其他院校	男	本科以上	省会及以上大城市	0.6333	-0.0408
组32	其他院校	女	本科以上	省会及以上大城市	0.6741	
组33	其他院校	男	本科以上	中小城市	0.6535	-0.0396
组34	其他院校	女	本科以上	中小城市	0.6931	
组35	其他院校	男	本科以上	农村等其他地区	0.6881	-0.0373
组36	其他院校	女	本科以上	农村等其他地区	0.7254	

表4-6共36组，有18组对比值，可以看出，相对于女大学生，男大学生基层就业意愿较低。同等条件下，男大学生基层就业意愿低于女生3个百分点以上，这表明由于女生比男生更容易遭受就业歧视，更多的女生转而选择基层就业。

另外，表4-6中有两个极值，各类受访者中，基层就业意愿最低的是来自全国重点院校、生源地是省会及以上大城市本科以上的男生，他们愿意去基层就业的概率为 46.54%。而来自其他院校、生源地是农村等其他地区的本科女生的基层就业意愿最高，概率为 79.04%。

第五节　人力资本制约女大学生的就业歧视程度

在对大学生就业性别差异研究的基础上，本节进一步剖析不同类型的女大学生面临的就业歧视及其基层就业意愿。

一、女大学生群体差异导致就业歧视程度不同

女性在劳动力市场上会遭遇到有别于男性的特殊困难，这些困难在女性工作搜寻中得到充分体现。因此本节对影响女性就业歧视的重要因素进行分析，以考察女大学生就业现状。表 4-7 描述了影响女大学生就业的主要影响因素及其影响程度。

表 4-7　　　　　女大学生工作搜寻过程中遭遇就业歧视的回归分析

保留变量	回归系数	标准差	Wald 统计量	自由度	p 值	回归系数的自然指数
本科毕业生	-0.441	0.097	20.454	1	0.000	0.644
省会及以上大城市生源	-0.555	0.121	21.092	1	0.000	0.574
中小城市生源	-0.358	0.085	17.587	1	0.000	0.699
常数项	0.971	0.099	95.516	1	0.000	2.639

表 4-7 表明，女本科生受到就业歧视的可能性小于本科以上女生，农村等其他地区的女生受到就业歧视的可能性更大。女本科生在工作搜寻过程中遭遇就业歧视与不遭遇就业歧视的概率之比是本科以上女生相应比的 0.644 倍；省会及以上大城市女生工作搜寻中遭遇就业歧视与不遭遇就业歧视的概率之比是来自农村等其他地区女生相应比的 0.574 倍；中小城市的女生在工作搜寻过程中遭遇就业歧视与不遭遇就业歧视的概率之比是农村等其他地区女生相应比的 0.699 倍。

根据表4-7所示回归结果，表4-8显示出各类女大学生工作搜寻过程中遭遇就业歧视的概率状况。其中，省会及以上大城市生源的本科女生遭遇就业歧视的概率最小，为49.38%；农村等其他地区的非本科女生最容易遭遇就业歧视，她们遭遇就业歧视的概率为72.52%。

表4-8　　　　各类女大学生在工作搜寻过程中感觉遭遇
就业歧视的概率

毕业生群组	学历层次	生源地	概率
组1	本科毕业生	省会及以上大城市生源	0.4938（min）
组2	本科毕业生	中小城市生源	0.5430
组3	本科毕业生	农村等其他地区生源	0.6296
组4	非本科毕业生	省会及以上大城市生源	0.6024
组5	非本科毕业生	中小城市生源	0.6485
组6	非本科毕业生	农村等其他地区生源	0.7252（max）

二、女大学生群体差异影响基层就业意愿

以毕业院校属性（全国重点院校、区域知名院校和其他普通院校）、学历层次（本科、硕士、博士）、民族因素（汉族和其他民族）、生源地（省会及以上大城市、中小城市和农村等其他地区）等变量对女性受访者的基层就业意愿进行 logistic 回归分析，分析结果见表4-9。

表4-9　　　　女大学生基层就业意愿的回归分析

保留变量	回归系数	标准差	Wald 统计量	自由度	p 值	回归系数的自然指数
全国重点院校	-0.695	0.110	39.642	1	0.000	0.499
区域知名院校	-0.433	0.116	13.934	1	0.000	0.649
硕士生	-0.338	0.103	10.820	1	0.001	0.713
省会及以上大城市生源	-0.304	0.114	7.095	1	0.008	0.738
常数项	1.275	0.088	212.125	1	0.000	3.577

表4-9表明，相对其他普通院校，全国重点院校与区域知名院校女生的基层就业意愿较低；相对于非硕士女生，女硕士毕业生的基层就业意愿较低；相对于中小城市或农村等其他地区的女生，省会及以上大城市女生的基层就业意愿较低。根据表4-9所示回归结果，表4-10列出了不同类型女生基层就业意愿的概率情况。

表4-10　　　　　　　　各类女大学生的基层就业意愿

毕业生群组	学校类型	学历层次	生源地	概率	差距
组1	全国重点院校	硕士生	省会及以上大城市	0.4843（min）	-0.0842
组2	全国重点院校	非硕士生	省会及以上大城市	0.5685	
组3	全国重点院校	硕士生	非省会及以上大城市	0.5600	-0.0809
组4	全国重点院校	非硕士生	非省会及以上大城市	0.6409	
组5	区域知名院校	硕士生	省会及以上大城市	0.5499	-0.0815
组6	区域知名院校	非硕士生	省会及以上大城市	0.6314	
组7	区域知名院校	硕士生	非省会及以上大城市	0.6234	-0.0755
组8	区域知名院校	非硕士生	非省会及以上大城市	0.6989	
组9	其他普通院校	硕士生	省会及以上大城市	0.6530	-0.0723
组10	其他普通院校	非硕士生	省会及以上大城市	0.7253	
组11	其他普通院校	硕士生	非省会及以上大城市	0.7183	-0.0632
组12	其他普通院校	非硕士生	非省会及以上大城市	0.7815（max）	

表4-10共12组，有6组对比值，可以看出，全国重点院校、省会及以上大城市的女硕士的基层就业意愿低于同类非硕士女生8.42个百分点；全国重点院校、非省会及以上大城市的女硕士，基层就业意愿低于同类非硕士生8.09个百分点；区域知名院校、省会及以上大城市的女硕士，基层就业意愿低于同类非硕士女生8.15个百分点；区域知名院校、非省会及以上大城市的女硕士，基层就业意愿低于同类非硕士女生7.55个百分点；其他普通院校、省会及以上大城市的女硕士，基层就业意愿低于同类非硕士女生7.23个百分点；其他普通院校、非省会及以上大城市的女硕士，基层就业意愿低于同类非硕士女生6.32个百分点。

以上对比分析可以看出，无论是哪种分类比较，女硕士生的基层就业意愿均低于非硕士女生，概率差都在 6 个百分点以上。此外，全国重点院校、省会及以上大城市的女硕士生的基层就业意愿最低，但也达到48.43%；而普通院校、非省会及以上大城市地区的非硕士女生基层就业意愿最高，达到 78.15% 。

第六节　婚恋和生育对女大学生就业有负面影响

男女社会分工不同，女性承担了更多的家庭劳动和生育子女的责任，婚恋和生育对女性就业有负面影响。然而，女大学生自身如何看待该问题？不同类型的女生对婚恋和生育影响就业的担忧是否一致？为此，本节继续分析不同群体女大学生对婚恋和生育影响就业的看法。

一、婚恋对女大学生就业不利

婚恋因素对女性就业有影响，为了解不同群体女性对婚恋影响就业的看法，本节通过回归分析进行了列示，见表 4 -11。

表 4 -11　　　女大学生担忧婚恋影响就业的回归分析

保留变量	回归系数	标准差	Wald 统计量	自由度	p 值	回归系数的自然指数
全国重点院校	0.433	0.099	19.077	1	0.000	1.541
区域知名院校	0.406	0.103	15.491	1	0.000	1.501
研究生	0.216	0.104	4.311	1	0.038	1.241
中小城市	-0.264	0.078	11.596	1	0.001	0.768
常数项	0.129	0.082	2.477	1	0.116	1.137

表 4 -11 表明全国重点院校、区域知名院校女生对婚恋影响就业的担忧分别大于非全国重点院校、非区域知名院校女生。由此可以看出，普通院校女生对婚姻影响就业的担忧相对更少。另外，女研究生更担心婚恋影响就业，而来自中小城市的女生担忧较少。根据表 4 -11 的回归结果，

表 4 - 12 计算出不同类型女大学生婚恋影响观的差异程度。

表 4 - 12　　　　各类女大学生担忧婚恋对就业影响的概率

毕业生群组	学校类型	学历层次	生源地	概率	差距
组 1	全国重点院校	硕士生	中小城市	0.6255	0.0518
组 2	全国重点院校	非硕士生	中小城市	0.5737	
组 3	全国重点院校	硕士生	非中小城市	0.6850（max）	0.0484
组 4	全国重点院校	非硕士生	非中小城市	0.6366	
组 5	区域知名院校	硕士生	中小城市	0.6193	0.0521
组 6	区域知名院校	非硕士生	中小城市	0.5672	
组 7	区域知名院校	硕士生	非中小城市	0.6793	0.0488
组 8	区域知名院校	非硕士生	非中小城市	0.6305	
组 9	其他普通院校	硕士生	中小城市	0.5201	0.0539
组 10	其他普通院校	非硕士生	中小城市	0.4662（min）	
组 11	其他普通院校	硕士生	非中小城市	0.5852	0.0531
组 12	其他普通院校	非硕士生	非中小城市	0.5321	

表 4 - 12 共 12 组，有 6 组对比值，可以看出，全国重点院校、中小城市的女硕士，担心婚恋影响就业的概率高于同类非硕士女生 5.18 个百分点；全国重点院校、非中小城市的女硕士，担心婚恋影响就业的概率高于同类非硕士女生 4.84 个百分点；区域知名院校、中小城市的女硕士，担心婚恋影响就业的概率高于同类非硕士女生 5.21 个百分点；区域知名院校、非中小城市的女硕士，担心婚恋影响就业的概率高于同类非硕士女生 4.88 个百分点；其他普通院校、中小城市的女硕士，担心婚恋影响就业的概率高于同类生非硕士女生 5.39 个百分点；其他普通院校、非中小城市的女硕士，担心婚恋影响就业的概率高于同类非硕士女生 5.31 个百分点。

另外，毕业于全国重点院校、具有硕士学历、非中小城市的女大学生更担心婚恋对就业的影响，有 68.50% 的此类受访者担心婚恋因素对就业的负面影响，居最高位；而其他普通院校、中小城市、具有本科或博士学历的女生对婚恋的负面影响担心较小，尽管居最低位，但仍有近 47% 的此类受访者担心婚恋对就业的负面影响。

二、生育对女大学生就业十分不利

女性生育期间需要有产假，部分企业会以生育为由不接受女性职工，或者以生育为由抬高雇用门槛，使女性就业较为困难，部分女大学生也会在工作搜寻时担心生育对就业的负面影响。表4-13考察了毕业院校类型、民族、学历、生源地等因素对女性生育观的影响，结果发现仅有学历变量对女性生育观的差异有显著影响，而毕业院校类型、民族、生源地等变量无明显差别。

表4-13　　　　女大学生担心生育影响就业的回归分析

保留变量	回归系数	标准差	Wald 统计量	自由度	p 值	回归系数的自然指数
本科	-0.391	0.104	14.020	1	0.000	0.676
常数项	1.159	0.094	152.454	1	0.000	3.188

表4-13中，相对于女硕士生与女博士生，女本科生对生育的负面影响担心较小，女本科生担心生育负面影响与不担心生育负面影响的比值是非本科女生相应比值的0.676倍。通过表4-14可以看出，68.31%的本科女生担心生育对就业有负面影响；76.12%的非本科女生担心生育对就业有负面影响。这些担心的理论根源来自于人力资本理论：女性生育及抚养孩子期间的劳动参与率较低，投资预期收益率低于男性，因此企业更倾向于对男性进行人力资本投资，使得企业更愿意雇用男性或者以较低的工资来雇用女性，而这恰恰就是性别歧视。

表4-14　　　　各类女大学生担心生育对工作影响的概率

学历层次	本科毕业生	非本科毕业生
概率	0.6831	0.7612

三、女大学生自我评价存在差异

随着经济社会不断进步，女性的社会地位不断提高，女性在社会经济各领域起到了越来越重要的作用，女性自信心与自我满意程度不断提高，本节通过调查数据分析了不同群体女大学生的自我评价。对女大学生自我评价有显著影响的因素见表4－15，可以看出，仅有学历因素对女生自我满意度有显著影响，而毕业院校、民族、生源地等因素并不会对女性的自我评价产生较大影响。值得注意的是，硕士研究生因素的回归系数大于0，回归系数的自然指数大于1，说明女硕士生比女本科生和女博士生的自我评价要高。

表4－15　　　　　　　女大学生自我满意度回归分析

保留变量	回归系数	标准差	Wald 统计量	自由度	p 值	回归系数的自然指数
硕士研究生	0.350	0.128	7.450	1	0.006	1.419
常数项	1.432	0.053	716.741	1	0.000	4.187

表4－15表明，女硕士生对自己的满意度高于非硕士生，而表4－16进一步测算出了各类女大学生的自我评价情况：超过85%的女硕士对自己的满意度较高，同时超过80%的非硕士女生自我满意程度较高。由此可见，当代女大学毕业生自我满意程度普遍较高。

表4－16　　　　　　各类女大学生自我满意的概率

学历层次	硕士毕业生	非硕士毕业生
概率	0.8559	0.8072

从表4－16中还可以看出，女生从本科升到硕士，其自我满意度提高了4.87个百分点。但是，从硕士升到博士，其满意度却会下降4.87个百分点，此结论与实地访谈的结果一致。女硕士生的期望值要比女本科生高很多，她们对未来的工作和家庭生活充满了自信。而女博士群体在当前严峻的就业形势下，加之年龄偏大，就业和生活使她们压力较大，自我满意度不高。

第七节　结论与政策建议

一、研究结论

本章对男女大学生在就业性别差异、基层就业意愿两个方面进行了对比分析，又重点剖析了不同类型女大学生的就业歧视、基层就业意愿、婚恋生育等专属性问题，得出以下结论：

1. 女大学生在就业搜寻被歧视

同等条件下，女生总是比男生容易遭受就业歧视，并且受到歧视的概率高于同类男生 20 个百分点以上，性别歧视理论得到证实。最容易受到就业歧视的是来自于其他普通院校、农村等其他地区的女硕士毕业生，她们在工作搜寻过程中遭遇就业歧视的概率为 73.24%；而全国重点院校、省会及以上大城市的非硕士男生，在工作搜寻过程中遭遇就业歧视的概率最低，为 26.11%。在这种背景下，不同群体的女生基层就业意愿均比同类男生高 3 个百分点以上。这表明由于性别歧视的存在，更多女生转而选择基层就业。不同因素的回归分析结果见表 4 - 17。

表4-17　　　　男女大学生就业相关问题对比结果

分析因素	是否受到就业歧视	是否愿意接受基层就业岗位
性别	△	△
民族	O	O
全国重点院校	△	△
区域知名院校	O	△
本科毕业生	O	△
硕士毕业生	△	O
来自省会及以上大城市	△	△
来自中小城市	△	△

注：△代表显著性影响；O 代表影响不显著。

2. 人力资本决定女大学生就业歧视的程度

最容易受到歧视的为农村生源的非本科女生，她们遭遇歧视的概率为 72.52%；而省会及以上大城市的本科女生遭遇歧视的概率最小，为 49.38%。

3. 不同群体女大学生对婚恋和生育影响就业的担忧不同

院校层次高的女生、研究生学历及来自中小城市的女生更加担心婚恋对就业的影响。相对于女硕士生和女博士生，女本科生对生育的负面影响担心较小。此外，当代女大学生的自我满意度普遍不低，女硕士生的自我评价高于非硕士女生。对比结果见表4－18。

表4－18　　　　　　不同类型女大学生就业对比结果

分析因素	是否容易遭遇就业歧视	是否愿意去基层就业各位	是否担心婚恋影响	是否担心生育影响	自我评价
民族	O	O	O	O	O
全国重点院校	O	O	△	O	O
区域知名院校	O	△	△	O	O
本科毕业生	△	△	O	△	O
硕士毕业生	O	△	△	O	△
省会及以上大城市	△	△	O	O	O
中小城市	△	O	△	O	O

注：△代表显著性影响；O代表影响不显著。

二、政策建议

本章研究发现，性别明显影响大学生就业，女大学生遭遇到的就业歧视远高于男大学生。要想减少或者消除劳动力市场中的性别歧视，至少需要三个方面的努力。

1. 降低女大学生雇用成本

同等情况下，厂商愿意选择生产率水平高或雇用成本相对较低的劳动力。女性因为承担了生育和抚养子女的责任，无法与男性一样全身心投入工作，且需要一定的补偿（带薪产假等），被视为雇用成本高于男性，这成为被歧视的"正当理由"。因此，成立由政府、企业和个人共同承担的女性生育保障机制是十分必要的。改革生育保障制度，设立生育基金，由社会来承担生育成本、产假补贴等，以此来降低或消除市场中女性"额外"的雇用成本，使理性的厂商在选择男女就业时无差别。

2. 提高女大学生劳动者的资源禀赋

教育、培训和健康保健可以直接提高劳动生产率水平。在竞争的劳动力市场中，改变性别弱势地位最有效的办法就是提高女性的劳动生产率。为此，政府应积极组织各类女性发展项目，并在政策上给予支持，包括税收减免、低息贷款等，在制定各项政策同时，政府需要有效引导企业实施性别平等措施。同时，鼓励民间团体、企业或个人设置各类女性教育基金、女员工职业培训基金、女性健康保健基金等，是女性劳动者改变弱势地位的关键所在。

3. 提高劳动力市场歧视成本

在降低女性雇用成本、提高女性资源禀赋的同时，建设和完善反歧视制度。建议政府制定反歧视的专门法律，对性别歧视的定义、种类、判断标准、抗辩事由等事项做出详细规定，明确不同违法行为的具体法律责任。对违反"反歧视法"者严惩不贷，并对造成的损害给予补偿，同时还要明确对被歧视者的援助措施。建议政府成立平等就业委员会专门机构，赋予其监督、仲裁和执行功能，加强违法的惩罚力度。政府的有效干预将大大提高歧视成本，使持有歧视偏见者望而却步。

4. 建设公共政策

观念的更新是改善目前我国职业性别隔离和提高女性社会地位的一个重要前提。对于性别刻板印象的改造将是一个困难和漫长的过程，因为它与传统习俗和文化联系在一起，并以制度化或非制度化的形式存在。有关研究显示，我国的女性就业存在着两个问题：一是广泛存在对于女性能力的怀疑；二是女性对自身能力的不自信。在传统文化、观念和习俗影响下，大多数女性劳动力长期遭受歧视和社会性别排斥。她们就业艰难，即使同样就业却也得不到同样的待遇；她们积弱积贫，因为贫弱所以被排斥在社会各项参与的边缘，由此更加低微和不自信……这种恶性循环严重影响了女性的发展和社会的和谐。

当今社会对女性的角色期待和评价仍然以传统的性别分工要求为标准，要消除劳动力市场中的性别歧视和社会性别排斥，建议政府逐渐引导建立以两性全面、和谐发展为目标的先进性别文化。先进的性别文化以承认妇女的社会主体地位、承认男女具有同等的人格和尊严为基础，以立足现代、推进性别关系的和谐、推进男女共同全面发展和自由发展为目标，以权利的个性化、选择的多样化和向弱势群体的倾斜为原则，并具有批判性、超前性和挑战传统以及为大众所接受的特点。在全社会树立尊重妇女的进步观念。但是，过往的实践证明，单方面的宣传力量有限，激励型的制度效果却反响不凡。

除此以外，转变观念还需要女性自身的努力，建议女性劳动者积极强化自身的素质和能力，逐渐磨炼坚强的心理和顽强的意志，增加竞争和市场意识，积极主动地寻求发展机会，依靠自己的勤奋及成就改变社会的评价。

5. 建立联系网络

劳动力市场性别歧视导致女性劳动者在经济方面表现为就业和发展机会不如男性，在社会方面表现在网络弱化、社会关系疏离、社会地位降低，被排斥于社会各项参与等方面的边缘进而逐渐贫弱化。社会网络以及社会关系都是一种社会资源，它们提供着信息、机会和支持。特别建议政府积极地组织或建立各种女性社团，承担起更多的经济援助和社会支持的责任，帮扶那些无助的女性劳动者，使她们有基本的力量迎接一次又一次竞争的考验。当然也特别建议民间有识之士，甚至是女性劳动者自己组织和建立"互助会"，团结起来，积弱成强，勇敢地应对市场和社会的种种不如意、不公平。毕竟，世界上从来就没有什么救世主，改变经济境况也好、提高社会地位也好，最可信赖的是要靠女性自己。

6. 建立性别平等意识

公共政策对市场和社会有直接或间接的引导作用，女性劳动力是推动经济发展与社会进步不可或缺的力量，公共政策不仅要赋予两性经济和社会的平等权利，也需要根据客观的生理属性给予女性以特别的保障。建议政府在社会保障制度改革的目标中纳入性别平等的意识。在各项保障制度改革中纳入性别平等的视角，以确保社会保障制度协调、维护社会成员之间公平发展目标的真正实现。世界银行的一份报告曾指出，政府的任务及其政策问题应为：采取有效的行动支持市场的有效运转，鼓励生产性投资，对受到歧视或处于不利地位的劳动者给予帮助。因而以实现社会公平为目标的政府，完全有责任将性别意识纳入决策过程中，不仅使政策在制定、执行过程中不因性别意识的缺失而产生性别歧视，还要制定向女性倾斜的政策。同时，通过就业制度、社会保障制度等制度改革与创新，从根本上保障并实现我国妇女的公平就业权利并为此创造经济、社会、法律的制度环境。

参考文献

［1］丁赛、董晓媛、李实：《经济转型下的中国城镇女性就业、收入及其对家庭收入不平等的影响》，载于《经济学》（季刊）2007 年第 4 期。

［2］葛玉好、曾湘泉：《市场歧视对城镇地区性别工资差距的影响》，载于《经济研究》2011 年第 6 期。

［3］《"女性生活蓝皮书"：全面解读中国女性生活状况》，搜狐教育网，2010 年 11 月 9 日。

［4］郭凤鸣、张世伟：《国有部门和非国有部门中的性别工资差异——基于双重样本选择模型的经验研究》，载于《数量经济技术经济研究》2010 年第 12 期。

［5］［美］加里·S. 贝克尔：《家庭论》（王献生、王宇译），商务印书馆 1998 年版。

［6］李春玲、李实：《市场竞争还是性别歧视——收入性别差异扩大趋势及其原因解释》，载于《社会学研究》2008 年第 2 期。

［7］李利英、董晓媛：《性别工资差异中的企业效应》，载于《经济研究》2008 年第 9 期。

［8］刘妍、李岳云：《城市外来农村劳动力非正规就业的性别差异分析——以南京市为例》，载于《中国农村经济》2007 年第 12 期。

［9］罗纳德·伊兰伯格、罗伯特·史密斯：《现代劳动经济学——理论与公共政策》（刘昕译），中国人民大学出版社 1999 年版。

［10］潘锦棠：《北京女学生就业供求意向调查分析》，载于《北京社会科学》2004 年第 3 期。

［11］王美艳：《中国城市劳动力市场上的性别工资差异》，载于《经济研究》2005 年第 12 期。

［12］文东茅：《我国高等教育机会、学业及就业的性别比较》，载于《清华大学教育研究》2005 年第 5 期。

［13］吴愈晓、吴晓刚：《城镇的职业性别隔离与收入分层》，载于《社会学研究》2009 年第 4 期。

［14］西蒙娜·德·波伏娃：《第二性》（Ⅰ、Ⅱ）（陶铁柱译），中国书籍出版社1998年版。

［15］［美］雅各布·明塞尔：《人力资本研究》（张凤林译），中国经济出版社2001年版。

［16］叶文振等：《女大学生的"同民同工"——2002年大学本科毕业生就业调查的启示》，载于《中国人口科学》2002年第6期。

［17］尹志超、甘犁：《公共部门和非公共部门工资差异的实证研究》，载于《经济研究》2009年第4期。

［18］张丹丹：《市场化与性别工资差异研究》，载于《中国人口科学》2004年第1期。

［19］张抗私：《劳动力市场性别歧视行为分析》，载于《财经问题研究》2004年第4期。

［20］张抗私、盈帅：《中国女大学生就业搜寻研究——基于63所高校的数据分析》，载于《中国人口科学》2012年第1期。

［21］Gustafsson, B. and Li. S., "Economic Transformation and the Gender Earning Gap in Urban China", *Journal of Population Economics*, 2000, Vol. 13, 305 – 329.

［22］Liu, P., Meng X., Zhang, J., "Sectoral Gender Wage Differences and Discrimination in the Transition Chinese Economy", *Journal of Population Economics*, 2000, Vol. 13, 331 – 352.

［23］Mauer, F. M., and Hughes, J., "The Effects of Market Liberalization on the Relative Earnings of Chinese Women", *Journal of Comparative Economics*, 2002, Vol. 30, 709 – 731.

［24］Meng, X., 1998, "Male—Female Wage Determination and Gender Wage Determination in China's Rural Industrial Sector", *Labor Economics*, 1998, Vol. 5, 67 – 89.

［25］Ridgeway, C., "Interaction and the Conservation of Gender Inequality: Considering Employment", *American Sociological Review*, 1997, Vol. 62, 218 – 235.

［26］Rozelle, S., Dong X., Zhang L., Mason, A., "Gender Wage Gaps in Post—Reform Rural China", *Working Paper*, 2002.

第五章

女大学生就业搜寻研究

——基于全国 63 所高校的数据分析

第一节　问题的提出

随着我国高等教育从精英型向大众化的转变，高校毕业生的就业压力逐步增加。尤其是金融危机以来，复杂的国际、国内经济形势使得大学生就业问题日益突出，已经成为当前无法回避的社会问题。而作为大学生中的弱势群体，女大学生则面临着更为严峻的就业形势。全国妇联于 2010 年 8 月第一次发布《女大学生就业创业状况调查报告》。该报告通过实地调研得到以下数据：一般来说，女大学生投出 9 份简历才有一次面试或笔试机会；投出 44 份简历才能有一个意向协议；有 56.7% 的大学生认为女生的就业机会少于男生；更是有 91.9% 的女生曾经遭遇过就业歧视。同时该报告认为有五个方面的原因影响了女大学生就业。一是从整体就业环境来说，目前及将来的一段时间内，我国劳动力供需总量仍然是失衡的；二是我国的产业结构还需要进一步优化升级，近年来尽管第三产业迅速发展，但容纳劳动力的能力还不足；三是传统的社会分工模式和落后的性别观念；四是目前我国高校的专业设置不能与劳动力市场的专业需求相匹配；五是劳动力市场的法律法规急需健全与完善。由此可见，女大学生的就业问题已经成为当前无法回避的社会问题。

从国内外的相关研究来看，关于女大学生就业的研究非常丰富，也取得了不少的成果，观点主要集中于两类：一是从人力资本的视角出发，认为女大学生就业难的原因是女性的人力资本投资价值低于男性；二是认为女性就业难的最大原因在于歧视，包括劳动力市场歧视理论、统计性歧视理论、性别隔离理论等。现实的劳动力市场与古典经济学完全市场信息的假设不同，求职者为了找到满意的工作岗位，一般要经历一个搜寻过程。在此基础上，工作搜寻理论应运而生并迅速发展，已经成为分析失业、工资确定和岗位空缺的常用理论。2010 年的诺贝尔经济学奖颁发给了对搜寻理论做出重要贡献的戴蒙德、莫滕森和皮萨里季斯三位学者。然而，遗憾的是从工作搜寻视角来研究女大学生就业的文章还并不多见，下面本章将从搜寻理论入手，来实证分析女大学生的就业问题，希望能够较为准确地把握女大学生的就业规律，为解决女大学生就业问题提供理论依据。

第二节 文献评述

新古典经济学中，劳动力市场被认为是完全竞争的，即信息充分，厂商能以相同的工资雇用到所需的全部劳动力。但自 20 世纪 60 年代以来，经济学家逐渐认识到劳动力市场并非处于出清状态，因为求职者和厂商之间的信息并不是充分的。求职者要想实现和厂商的工作匹配，一般来说都需要经历一个搜寻过程。斯蒂格勒（Stigler）发表的《信息经济学》（1961）和《劳动力市场信息》（1962），拉开了"搜寻理论"的序幕。而最先把搜寻理论应用于劳动力市场的是麦考尔（McCall，1970），他提出了序列寻访模型，认为求职者会通过搜集劳动力市场的信息来确定自己的保留工资，如果搜寻到工作的工资低于该保留工资，则继续搜寻；如果找到一个工作的工资大于等于保留工资，就接受该工作，不再搜寻。保留工资的高低决定了工作搜寻时间的长短。而费尔普斯（Phelps，1970）认为在信息不充分的情况下，求职者会比较搜寻的边际成本和边际收益。搜寻时间越长，搜寻成本和搜寻收益均逐渐增加，但边际收益递减、边际成本递增。当边际收益与边际成本相等时，搜寻即可停止。

早期的搜寻理论是在给定了职位分布的情况下，求职者的单向搜寻行为，没有考虑到厂商的雇用行为。针对这一不足，均衡搜寻理论把厂商的行为内生化，分析厂商行为对求职者搜寻的影响。目前的均衡搜寻理论文献按照研究重点的不同，主要有以下两类：

第一类是"匹配模型"（matching approach）。其基本思想是求职者和厂商在工作匹配过程中存在摩擦，双方为克服市场摩擦而做出投资，如搜寻、雇用、培训等。匹配模型的核心是匹配函数（Butter，1998），它描述一种投入产出关系，投入包括求职者的搜寻行为和厂商的雇用行为，产出是失业劳动者和空缺职位成功匹配的速率（Diamond，1982；Pissarides，1999）。匹配模型的另一个特征是工资议价。皮萨里季斯（1999）分析了在匹配生产率确定、求职者和厂商同质、一次齐次函数、求职者和厂商按照纳什谈判规则确定工资以及厂商利润最大化时的搜寻模型。发现工资、失业率和职位空缺数的均衡是唯一的。求职者失业收益（失业保险等）的增加会提高均衡时的工资和失业水平，而匹配生产率的提高会提高均衡时的工资和降低失业水平（黄亮、彭璧玉，2005）。

第二类是"工资公告模型"（wage posting approach）。在求职者与厂商合作博弈的情况下，匹配模型是有效的，但当两者非合作博弈时，求职者和厂商便无法匹配，这时就需要用到该模型，它研究的是在有摩擦的市场环境中，劳资双方非合作博弈情况下，工资公告机制能够实现最优的匹配。该模型的构建有三种方法：一是厂商公告其工资出价，求职者直接到出价最适合他们的厂商那里求职；二是求职者公布其工资要价，厂商直接找要价最适合他们的求职者；三是假定市场中存在一组个体，他们在市场中设立子市场，并设定一个公告价格，在该子市场中完成的任何匹配的价格水平都必须等于公告价格（黄亮、彭璧玉，2005）。

另外，戴蒙德、莫滕森和皮萨里季斯建立了DMP模型，用来分析劳动力市场中的数据，理解失业和职位空缺是怎样形成的。在此基础上，可以研究政府的政策，例如，政府对于失业的福利政策。政府会提供给失业者福利，以及相应的政策和管理。目前该模型已经成为分析失业、工资形成和职位空缺的最常用工具。

实证研究方面，范登伯格和乌尔斯（Van den Berg and Ours，1999）研究发现：女性的失业退出率对失业持续时间存在负的依赖性，而对男性来说，当失业超过一年后才开始显现。布兰查德等（Blanchard et al.，2001）分析了葡萄牙低失业率和高长期就业率的相关性，发现葡萄牙严格的就业保护立法使得劳动力流动性很低，进而这种低流动性又限制了工作搜寻渠道的发展。理查德·罗杰森和罗伯特·夏默（Richard Rogerson and Robert Shimer，2010）通过对大量OECD国家劳动力市场数据的研究，评估了搜寻模型在经济周期波动和长期趋势方面对宏观经济的影响程度。

国内来说，谢康（1994）从搜寻技术和经济结果角度对搜寻理论和方法做了初步探讨，开创了国内研究搜寻工作的先河。后来，钱永坤（2001）建立了下岗职工工作搜寻模型，研究发现保留工资较高，失业的可能性较大；工作能力较强的劳动力，再就业的可能性较大；劳动力市场越完善，再就业比例越高。赖德胜（2001）认为制度分割是影响大学毕业生和用人的工作搜寻行为的重要因素，各种制度性交易成本的存在使得厂商和求职者之间产生错位。韩宏华、孟益宏（2010）发现大学生的性别、专业等个人特征、高校的就业辅导、经济环境和政府的就业政策都会影响到大学生的就业搜寻行为。有关女大学生就业方面的研究主要集中于性别歧视，范元伟等（2005）、徐涛（2008）、郑琼梅（2010）、李瑾、彭建章（2011）等研究发现性别歧视、社会关系、自身素质等因素影响了女大学生的就业搜寻，并使得女大学生的就业形势异常严峻。

综合国内外的研究，国外的搜寻理论发展迅速，但对女大学生的专门研究较少；国内关于女大学生就业难的研究不胜枚举，但缺乏搜寻理论的视角。故本章尝试从搜寻理论的视角来研究日益严峻的女大学生就业问题，以全国范围内63所大学的女大学生为研究样本，采用 Logistic 排序选择模型来定量分析影响女大学生就业的因素。旨在希望能进一步丰富有关女大学生就业的实证研究，较为准确地了解影响女大学生就业的具体原因以及影响程度的大小，把握女大学生就业的普遍规律，为解决女大学生就业难这一社会问题提供对策依据。

第三节　理论模型构建

一、工作搜寻模型

针对工作搜寻模型本章做出以下假设：

假设1：不完全的市场信息。不同的厂商给求职者的报酬不同，求职者为了得到满意的报酬，需要进行工作搜寻。当厂商提供的报酬大于等于保留工资时停止搜寻。

假设2：搜寻过程有成本。搜寻成本由直接成本和间接成本构成，直接成本是指为寻找工作所花费的交通、通信等一系列直接的费用；间接成本是指为获得该工作机会而放弃的其他机会所能带来的收益。

假设3：搜寻时间越长，搜寻成本和搜寻收益均逐渐增加，但边际收益递减、边际成本递增。

假设4：研究主体为某一特定的求职者。

针对该求职者单个的搜寻过程，其目标是 $E\sum_{t=0}^{\infty}\beta^t x_t$ 最大化，其中，$\beta \in (0,1)$ 是折现率，x_t 是 t 时的收入，E 表示期望收益。本章直接采用理查德·罗杰森、罗伯特·夏默和兰德尔·怀特（Richard Rogerson, Robert Shimer and Randall Wright, 2005）的模型。

$$w_R = b + \frac{\beta}{1-\beta}\int_{w_R}^{\infty}\left[1-F(w)\right]\mathrm{d}w \tag{5.1}$$

其中，b 表示失业保险、闲暇和家庭生产收益，w_R 为保留工资，$F(w)$ 为收入函数。

再假设求职成功的概率为 $H = 1 - F(w_R)$，则 t 时的失业的概率 $(1-H)^{t-1}H$，搜寻时间为：

$$D = \sum_{t=1}^{\infty} t(1-H)^{t-1}H = \frac{1}{H} \tag{5.2}$$

同时，观测到的工资分布函数为 $G(w) = F(w|w \geq w_R)$。

由式（5.2）可知，对某一求职者个体来说，搜寻时间是保留工资的增函数，提高保留工资，会延长搜寻时间；降低保留工资，会缩短搜寻时间。但针对当前我国日益严重的女大学生群体的就业问题来说，保留工资显然不是影响就业搜寻的唯一因素。那么到底有哪些因素影响了女大学生的就业搜寻？为了解决这一问题，本章将在工作搜寻的理论基础之上，构建 Logistic 多元排序选择模型，并采用逐步回归的方法，在调查问卷的保留工资、性别、年龄、政治面貌、实习经历等31个指标中筛选出影响女大学生就业搜寻的因素。

二、Logistic 多元排序选择模型

本次调研涉及的问卷是对就业难易程度的评价，如非常困难、困难、一般、容易、非常容易，这些变量是非连续的，而普通的线性回归要求因

变量为连续变量。为了解决这一问题，就需要用到多元选择模型。多元离散选择问题普遍存在于经济生活中。例如，当一个人面临多种职业选择，将可供选择的职业排队，用 0、1、2、3 表示，这就是排序选择问题，所谓"排序"是指在各个选择项之间有一定的顺序或级别种类。排序选择问题需要建立排序选择模型。

与二元选择模型相类似，设有一个潜在变量 y_i，是不可观测的，可观测的是 y_i，设 y_i 有 $0,1,2,\cdots,M$ 等 $M+1$ 个取值。

$$y_i^* = x_i^* \beta + u_i^* \qquad i = 1, 2, \cdots, N$$

式中：u_i^* 是独立同分布的随机变量。

本次调研中，我们把大学生找到工作前的面试次数分为 5 个等级，依次是 $1 \sim 3$ 次、$3 \sim 5$ 次、$5 \sim 10$ 次、$10 \sim 15$ 次和 $15 \sim 20$ 次。因 5 个变量之间存在逻辑顺序关系，即 y_i 为有序变量且 y_i 与 y_i^* 之间存在下列关系：

$$y_i = \begin{cases} 1 & (15 \sim 20 \text{ 次}) & if & y_i^* \leq c_1 \\ 2 & (10 \sim 15 \text{ 次}) & if & c_1 < y_i^* \leq c_2 \\ 3 & (5 \sim 10 \text{ 次}) & if & c_2 < y_i^* \leq c_3 \\ 4 & (3 \sim 5 \text{ 次}) & if & c_3 < y_i^* \leq c_4 \\ 5 & (1 \sim 3 \text{ 次}) & if & c_4 < y_i^* \end{cases}$$

其中，c 为决定本组别的组别分类样本点。

设 u_i^* 的分布函数为 $F(x)$，可以得到如下的概率：

$$P(y_i = 0) = F(c_1 - x_i^* \beta)$$
$$P(y_i = 1) = F(c_2 - x_i^* \beta) - F(c_1 - x_i^* \beta)$$
$$P(y_i = 2) = F(c_3 - x_i^* \beta) - F(c_2 - x_i^* \beta)$$
$$P(y_i = 3) = F(c_3 - x_i^* \beta) - F(c_2 - x_i^* \beta)$$
$$P(y_i = 4) = 1 - F(c_4 - x_i^* \beta)$$

进一步地，$\dfrac{\partial P(y_i = 0)}{\partial x_i} = -f(c_1 - x_i^* \beta)\beta$，$\dfrac{\partial P(y_i = 4)}{\partial x_i} = -f(c_4 - x_i^* \beta)\beta$，

式中 u_i^* 的密度函数为 $f(x)$。因此，$p(y_i = 0)$ 的变动随 x_i 变动方向与 β 的符号相反；而 $p(y_i = 4)$ 的变动随 x_i 变动方向与 β 的符号相同，但是对于中间取值概率的变动与 x_i 的关系则是模糊不清的。采用极大似然方法估计

参数。

至此，本章把基于工作搜寻理论的 Logistic 多元排序选择模型构建完毕。即把非常容易、容易、一般、困难、非常困难等的非连续分类变量转化为连续的变量，这样就满足了传统线性回归方程的前提条件，可以对调研数据进行回归分析。下面本章将使用 Stata 10 软件，采用逐步回归的方法，从调查问卷的保留工资、性别、年龄、政治面貌、实习经历等 31 个指标中筛选出影响女大学生就业搜寻的决定性因素。

第四节　实证分析

一、数据来源及描述性统计

本章所用的数据来自于国家社会科学基金项目"女大学生就业难的成因及相关政策研究"的调查结果。问卷调查与访谈工作于 2010 年 10 月底至 2011 年 6 月末对东北地区、华东地区、华中地区、西部地区、华北地区、华南地区和西南地区七大区域的 63 所大学进行全国大规模的问卷调查和访谈。调查的对象是全国重点院校、区域性知名院校以及其他普通院校的大学生，共发放问卷 6220 份，回收有效问卷 5694 份，有效回收率为 91%。其中：男生 2715 份，占 47.68%；女生 2979 份，占 52.32%，调查样本具有较好的典型性和代表性。

问卷内容分为以下四个方面：

一是关于大学生人力资本的，包括性别、学历、专业、参加实习、学习成绩、各种证书、实习经历、政治面貌、学生干部、求职技巧、个性特征等变量，另外，也包括毕业院校知名度，主要是指全国重点院校、区域知名院校和其他院校。

二是关于大学生家庭背景的，主要包括父母的意愿、人际关系、生源地（省会及以上大城市、中小城市、农村等其他地区）、户籍、父母的社会地位等变量。

三是关于大学生工作搜寻的变量，包括意向单位、意向起薪、意向就业地区、专业对口度、毕业去向、投递简历次数、参加面试次数、就业信息获取渠道、创业帮助渠道、是否异地就业、找工作过程中得到的帮助等变量。

四是关于大学生工作搜寻的结果变量，主要是指是否遭遇就业歧视（包括歧视类型）以及是否愿意创业、是否愿意去基层就业。

被调查的5694位大学生中，男大学本科生为2089人（占36.69%）；女大学本科生为2330人（占40.92%）；男硕士生为574人（占10.08%）；女硕士生为622人（占10.92%）；男博士生为52人（占0.91%）；女博士生为27人（占0.47%）。被调查者中，遭遇过就业歧视的人数，男大学生为978人，女大学生为1732人，调查样本的院校及专业情况请见表5-1。

表5-1　　　　　　　　　调查样本统计量描述

院校层次	性别	专业类别	频数	频率（%）
全国重点院校	女	人文社科类专业	355	27.5
		经管类专业	273	21.2
		理工类专业	542	42
		医学类专业	15	1.2
		其他专业	105	8.1
		合计	1297	100
	男	人文社科类专业	183	11.6
		经管类专业	178	11.3
		理工类专业	1141	72.4
		医学类专业	18	1.1
		其他专业	56	3.6
		合计	1576	100
区域知名院校	女	人文社科类专业	171	21.2
		经管类专业	238	29.5
		理工类专业	171	21.2
		医学类专业	136	16.9
		其他专业	90	11.2
		合计	806	100

院校层次	性别	专业类别	频数	频率（%）
区域知名院校	男	人文社科类专业	60	12.1
		经管类专业	118	23.9
		理工类专业	218	44.1
		医学类专业	69	14
		其他专业	29	5.9
		合计	494	100
普通院校	女	人文社科类专业	115	13.9
		经管类专业	207	25.1
		理工类专业	325	39.3
		医学类专业	2	0.2
		其他专业	177	21.4
		合计	826	100
	男	人文社科类专业	41	6.8
		经管类专业	102	16.9
		理工类专业	397	65.9
		医学类专业	1	0.2
		其他专业	61	10.1
		合计	602	100

问卷调查中，指标"您找工作面试的次数"，选择 1～3 次的有 2102 人，占比 36.91%；选择 3～5 次的有 1849 人，占 32.46%；选择 5～10 次的有 1268 人，占 22.27%；选择 10～15 次的有 337 人，占 5.93%；选择 15～20 次的有 138 人，占 2.43%。指标"期望工资"，选择 1500 元以下的有 63 人，占 1.10%；选择 1500～2000 元的有 655 人，占 11.51%；选择 2000～3000 元的有 1960 人，占 34.43%；选择 3000～4000 元的有 1390 人，占 24.41%；选择 4000 元以上的有 1626 人，占 28.55%；其余 30 个指标的问卷调查情况见表 5－2。

表 5－2　　　　　　　　　30 项指标对就业的影响程度

影响程度	完全没有影响		基本没有影响		说不清楚		有影响		很有影响	
	频数	百分比	频数	百分比	频数	百分比	频数	百分比	频数	百分比
性别	55	0.97	447	7.86	722	12.69	3435	60.32	1034	18.17
年龄	119	2.09	988	17.36	813	14.28	3132	55.00	642	11.28
民族	917	16.11	2663	46.78	985	17.31	959	16.84	169	2.98
学习成绩	39	0.68	358	6.29	559	9.81	3062	53.76	1677	29.45
各种证书	24	0.42	174	3.05	468	8.22	3155	55.42	1873	32.89
实习经历	9	0.16	156	2.74	403	7.07	2641	46.38	2485	43.64
个人期望	36	0.63	275	4.83	1045	18.35	3185	55.94	1153	20.26
劳动合同	40	0.70	394	6.92	1338	23.49	2837	49.83	1085	19.06
工作能力	19	0.34	67	1.17	272	4.78	1989	34.91	3348	58.80
人际关系	21	0.37	134	2.35	372	6.53	2293	40.28	2874	50.48
政治面貌	132	2.32	917	16.11	1537	26.99	2466	43.30	642	11.28
学生干部	95	1.67	434	7.62	858	15.06	3262	57.30	1045	18.35
身高	128	2.24	1027	18.04	1489	26.16	2610	45.84	440	7.73
长相	110	1.93	877	15.40	1495	26.26	2712	47.64	499	8.77
个性特征	59	1.04	391	6.87	990	17.38	3182	55.89	1072	18.82
家庭背景	147	2.58	758	13.31	1161	20.39	2231	39.18	1397	24.54
院校知名度	13	0.23	98	1.72	293	5.14	2533	44.48	2757	48.42
所学专业	15	0.26	100	1.75	317	5.56	2964	52.05	2299	40.38
社会实践	15	0.26	122	2.14	380	6.68	2805	49.26	2372	41.66
机遇	19	0.34	97	1.70	537	9.42	2632	46.23	2409	42.31
求职技巧	25	0.44	113	1.98	510	8.95	3292	57.82	1754	30.80
技能的掌握	30	0.52	94	1.64	465	8.17	2840	49.88	2265	39.78
观念文化	117	2.06	780	13.70	1720	30.20	2555	44.87	522	9.16
父母的意愿	226	3.97	1204	21.14	1260	22.14	2487	43.67	517	9.08
收入和待遇	16	0.29	143	2.51	438	7.70	3204	56.28	1892	33.23
性格特征	31	0.55	293	5.14	739	12.97	3252	57.11	1379	24.22
理想抱负	61	1.07	321	5.64	826	14.51	3120	54.79	1366	23.99
吃苦进取	34	0.60	155	2.71	452	7.94	2855	50.14	2198	38.61
虚心好学	22	0.39	156	2.74	430	7.54	2900	50.93	2186	38.40
聪明伶俐	28	0.50	172	3.03	489	8.59	2924	51.34	2081	36.54

由表 5 - 2 可知，30 个指标中有 26 个指标，多数的受访者认为其对大学生就业搜寻"有影响"。其余 4 个指标中，认为民族对大学生就业搜寻"基本没有影响"的占多数；认为劳动合同、人际关系、家庭背景三个指标对大学生就业搜寻"很有影响"的占多数。

为了实现 logistic 分析，需要对模型的各个变量进行赋值。模型中因变量 y 为"您找工作中面试的次数"，当面试 15~20 次时令 $y = 1$；当 10~15 次时令 $y = 2$；当 5~10 次时令 $y = 3$；当 3~5 次时令 $y = 4$；当 1~3 次时令 $y = 5$。自变量 x_i 为保留工资、性别、学生成绩、实习经历、政治面貌、学生干部等 31 个指标，当选择"很有影响"时令 $x = 5$；"有影响"时令 $x = 4$；"说不清楚"时令 $x = 3$；"基本没有影响"时令 $x = 2$；"完全没有影响"时令 $x = 1$。

二、男女大学生就业搜寻 logistic 回归的对比

本章使用 Stata10 软件，结合构建的多元排序 Logistic 模型，对 2979 份女大学生的调查数据进行实证分析，旨在寻找出影响女大学生就业搜寻的显著性影响因素。同时，为了更加详细地说明女大学生就业搜寻的情况，通过对男女大学生进行对比，找到女大学生搜寻行为的特点，把握其就业搜寻的规律，在解决女大学生就业难问题时，做到"对症下药"。

模型的检验方面，线性概率模型构造 F 或者 LM 统计量进行检验，而对于 Logistic 多元排序模型来说，这里就无法使用了，需要构造替代的检验统计量，较为常用的是似然比率（likelihood ratio，LR）检验，似然（likelihood）在 [0 - 1] 之间取值。对数似然值（log likelihood，LL）是似然的对数形式，由于似然是在 [0 - 1] 取值，故对数似然值的取值范围应该在 [-∞, 0]。当 LL 的实际显著性大于给定的显著性水平 α 时，解释变量的变动中无法解释的部分是不显著的，意味着回归方程的拟合优度越好。

女大学生和男大学生的回归模型中 LL 分别为 -2695.4241 和 -2660.9382 大于 5% 显著水平对应的数值，说明两个方程的拟合优度较好。LR 检验的 P 值均为 0，两个模型的显著性很好。同时 *Pseudo R2* 分别为 0.0071 和 0.006，均非常接近于 0，也说明了两个方程的拟合效果很好。

1. 女大学生就业搜寻回归分析

由表 5-3 可知，对女大学生来说，性别、年龄、机遇、技能的掌握、观念文化、吃苦进取、性格特征和工作能力 8 个指标对其就业搜寻行为有显著影响。其中，性别的系数为负值，说明女大学生在找工作的过程中，受到性别因素的负面影响，影响系数为 -0.0966。这和实际调查中 58.14% 的女大学生曾经感受到用人单位的性别偏见是一致的。性格特征的系数也为负，暂时尚无法解释。除此之外，其他 6 个变量都对女大学生就业有着正向的影响。根据影响系数的大小依次是：机遇、技能掌握、吃苦进取、工作能力、观念文化和年龄。然而，保留工资对女大学生就业搜寻时间的影响并不显著，与工作搜寻理论中的保留工资影响就业搜寻时间是不吻合的，在此工作搜寻理论没有得到证实。

表 5-3　　　　　　　　男女大学生 logistic 回归结果对比

	影响因素	系数	P 值	href =" #RANGE! B13" 边际影响				
				$y = 1$	$y = 2$	$y = 3$	$y = 4$	$y = 5$
女大学生	性别	-0.096656	0.054	-0.0231	0.003037	0.013066	0.0051362	0.001907
	年龄	0.08014	0.054	0.01919	-0.00252	-0.01083	-0.004258	-0.00158
	机遇	0.20509	0.001	0.04911	-0.00644	-0.02772	-0.010898	-0.00405
	技能的掌握	0.153409	0.023	-0.0367	0.00482	0.020738	0.008152	0.003027
	观念文化	0.08492	0.07	0.02034	-0.00267	-0.01148	-0.004513	-0.00168
	吃苦进取	0.13139	0.035	0.03146	-0.00413	-0.01776	-0.006982	-0.00259
	性格特征	-0.205807	0	-0.0493	0.006466	0.027821	0.0109363	0.004061
	工作能力	0.131	0.057	0.03137	-0.00412	-0.01771	-0.006961	-0.00258
男大学生	保留工资	-0.0769359	0.039	-0.017262	0.0006965	0.0102904	0.0039342	0.0023409
	长相	0.0817367	0.073	-0.018339	0.0007399	0.0109326	0.0041797	0.0024869
	学生干部	0.1727823	0.001	-0.038767	0.0015641	0.0231102	0.0088355	0.0052571
	人际关系	0.170029	0.003	0.0381492	-0.001539	-0.0227419	-0.0086947	-0.005173
	党员	0.099025	0.031	0.0222182	-0.000896	-0.013245	-0.0050638	-0.003013
	实习经历	0.1207017	0.033	-0.027082	0.0010927	0.0161443	0.0061723	0.0036725

再来看女大学生搜寻行为的边际影响：

（1）技能的掌握从弱到强每变动一个单位，则女大学生面试次数为 15~20 次的概率减少 3.67%，10~15 次的概率增加 0.48%，5~10 次的概率增加 2.07%，3 ~ 5 次（$y = 4$）的概率增加 0.82%，1 ~ 3 次的概率增加 0.30%。

（2）吃苦进取从弱到强每变动一个单位，则女大学生面试次数为 15 ~ 20 次的概率增加 3.15%，10 ~ 15 次的概率减少 0.41%，5 ~ 10 次的概率减少 1.78%，3 ~ 5 次的概率减少 0.70%，1 ~ 3 次的概率减少 0.26%。

（3）工作能力从从弱到强每变动一个单位，则女大学生面试次数为 15 ~ 20 次的概率增加 3.14%，10 ~ 15 次的概率减少 0.41%，5 ~ 10 次的概率减少 1.77%，3 ~ 5 次的概率减少 0.70%，1 ~ 3 次的概率减少 0.26%。

2. 男大学生就业搜寻回归分析

由表 5 - 3 知，在 31 个指标中有 6 个指标对男大学生就业搜寻有着显著影响，其中保留工资对男大学生就业搜寻行为有着负向作用，即提高保留工资会加大男大学生就业搜寻的次数，证实了工作搜寻理论—搜寻时间是保留工资的增函数。其他 5 个指标对男大学生就业搜寻时间均有正向作用，影响程度从大到小依次是：学生干部、人际关系、实习经历、党员和长相。值得注意的是，影响男女大学生就业搜寻行为的因素差异非常大，二者之间没有共同的影响因素。

男大学生搜寻行为的边际影响：

（1）当学生干部从非学生干部到学生干部时，男大学生面试次数为 15 ~ 20 次的概率减少 3.88%，10 ~ 15 次的概率增加 0.16%，5 ~ 10 次的概率增加 2.31%，3 ~ 5 次的概率增加 0.88%，1 ~ 3 次的概率增加 0.53%。

（2）当人际关系从弱到强每变动一个单位，男大学生面试次数为 15 ~ 20 次的概率减少 3.81%，10 ~ 15 次的概率减少 0.15%，5 ~ 10 次的概率减少 2.27%，3 ~ 5 次的概率减少 0.87%，1 ~ 3 次的概率减少 0.52%。

（3）当实习经历从无到有时，男大学生面试次数为 15 ~ 20 次的概率减少 0.27%，10 ~ 15 次的概率增加 0.11%，5 ~ 10 次的概率增加 1.61%，3 ~ 5 次的概率增加 0.62%，1 ~ 3 次的概率增加 0.37%。

（4）当政治面貌从非党员到党员时，男大学生面试次数为 15 ~ 20 次的概率增加 0.22%，10 ~ 15 次的概率减少 0.09%，5 ~ 10 次的概率减少 1.32%，3 ~ 5 次的概率减少 0.51%，1 ~ 3 次的概率减少 0.30%。

（5）当长相从从弱到强时，男大学生面试次数为 15 ~ 20 次的概率减

少 1.83%，10～15 次的概率增加 0.07%，5～10 次的概率增加 1.09%，
3～5 次的概率增加 0.42%，1～3 次的概率增加 0.25%。

综上，实证结果显示，在 31 个指标中有 8 个指标对女大学生的就业搜
寻有着显著影响。其中性别影响为负，正向指标影响程度从大到小依次为
机遇、技能掌握、吃苦进取、工作能力、观念文化和年龄。而影响男大学
生就业搜寻的因素与女大学生差异很大，分别为：保留工资、学生干部、
人际关系、实习经历、党员和长相。工作搜寻理论在女大学生身上没有得
到验证，而在男大学生身上得到证实。

三、大学生整体就业搜寻行为的 logistic 回归

在分别实证研究了男、女大学生的就业搜寻行为影响因素之后，本章
不再区分男女大学生，而是把大学生看作一个整体，旨在研究整个大学生
群体的就业搜寻行为。

大学生总体 logistic 回归结果见表 5-4。

表 5-4　　　　　　　大学生总体 logistic 回归结果

影响因素	系数	p 值	边际影响				
			$y=1$	$y=2$	$y=3$	$y=4$	$y=5$
专业	0.09582	0.045	0.022332	-0.00204	-0.01288	-0.00501	-0.0024
院校知名度	0.097196	0.043	-0.02265	0.002073	0.013061	0.005079	0.002439
保留工资	-0.047725	0.071	-0.01112	0.001018	0.006413	0.002494	0.001198
观念习俗	0.0669	0.048	0.01559	-0.00143	-0.00899	-0.0035	-0.00168
性格特征	-0.12784	0.002	-0.02979	0.002726	0.017179	0.00668	0.003208
吃苦进取	0.09454	0.027	0.022034	-0.00202	-0.0127	-0.00494	-0.00237
长相	0.063525	0.055	-0.0148	0.001355	0.008536	0.003319	0.001594
机遇	0.13516	0.002	0.031499	-0.00288	-0.01816	-0.00706	-0.00339
人际关系	0.12179	0.004	0.028384	-0.0026	-0.01637	-0.00636	-0.00306
党员	0.07387	0.024	0.017216	-0.00158	-0.00993	-0.00386	-0.00185
学生干部	0.097816	0.008	-0.0228	0.002086	0.013144	0.005111	0.002455
技能的掌握	0.105135	0.022	-0.0245	0.002242	0.014128	0.005493	0.002639

本模型中 $LL = -5372.8883$，大于 5% 显著水平对应的数值，方程的拟合优度较好。LR 检验的 P 值为 0.0004，模型的显著性很好。同时 *pseudo r2* = 0.0053，说明了此方程的拟合很好。

把男女大学生作为一个整体来看，31 个指标中有 12 个指标对大学生就业搜寻行为有着显著影响。其中保留工资的系数为负，说明保留工资的提高对大学生就业起到负面作用，增加了大学生就业搜寻的次数，再次证实了工作搜寻理论。10 个正向指标根据其影响系数的大小依次是：机遇、人际关系、技能的掌握、院校知名度、学生干部、所学专业、吃苦进取、党员、观念文化和长相。实证结果显示，对大学生就业搜寻来说机遇因素排在首位，调研数据也显示，42.31% 的受访者认为机遇对就业很有影响，认为机遇对就业有影响的占 46.23%，两者占到总数的 88.54%，仅有 0.34% 的受访者认为机遇对就业完全没有影响。

在边际影响上：

（1）当院校知名度从从弱到强每变动一个单位，大学生面试次数为 15 ~ 20 次的概率减少 2.27%，10 ~ 15 次的概率增加 0.21%，5 ~ 10 次的概率增加 1.31%，3 ~ 5 次的概率增加 0.51%，1 ~ 3 次的概率增加 0.24%。

（2）当保留工资从高到低每变动一个单位，大学生面试次数为 15 ~ 20 次的概率减少 1.11%，10 ~ 15 次的概率增加 0.10%，5 ~ 10 次的概率增加 0.64%，3 ~ 5 次的概率增加 0.25%，1 ~ 3 次的概率增加 0.12%。

（3）当机遇从无到有时，大学生面试次数为 15 ~ 20 次的概率增加 3.1%，10 ~ 15 次的概率减少 0.29%，5 ~ 10 次的概率减少 1.82%，3 ~ 5 次的概率减少 0.71%，1 ~ 3 次的概率减少 0.34%。

（4）当人际关系从从弱到强每变动一个单位，大学生面试次数为 15 ~ 20 次的概率增加 2.84%，10 ~ 15 次的概率减少 0.26%，5 ~ 10 次的概率减少 1.64%，3 ~ 5 次的概率减少 0.64%，1 ~ 3 次的概率减少 0.31%。

第五节　结论与政策建议

一、结论

本章在工作搜寻理论的基础上，构建了 Logistic 多元排序模型，根据全国 63 所大学的 5694 份问卷的调查数据，利用 stata10 软件，采用逐步回归法，实证分析得出以下结论：

（1）性别因素增加了女大学生就业搜寻的次数，说明女大学生在就业搜寻过程中受到性别歧视的负面作用。这和实际调查中 58.14% 的被访女大学生感受到用人单位的性别偏见是一致的。

（2）影响女大学生就业搜寻行为的正向指标依次为机遇、技能的掌握、吃苦进取、工作能力、观念文化和年龄。而男大学生就业搜寻行为的影响因素却依次是：学生干部、人际关系、实习经历、政治面貌和体貌特征。可见，男女大学生就业搜寻行为的影响因素差异非常大，二者之间没有共同的影响因素。

（3）保留工资对女大学生就业搜寻的影响并不显著，这与工作搜寻理论中保留工资的高低会影响搜寻时间不相符合，工作搜寻理论在女大学生身上没有得到证实。然而，保留工资的提高增加了男大学生就业搜寻的次数，工作搜寻理论在男大学生身上得到证实。

（4）把男女大学生作为一个整体来看，实证结果同样证实了工作搜寻理论。影响大学生整体就业搜寻行为的因素有：机遇、人际关系、技能的掌握、院校知名度、学生干部、所学专业、吃苦进取、党员、观念文化和长相。

二、政策建议

根据 Logistic 多元排序模型实证分析得出的结论，为了解决女大学生就业难这一无法回避的社会问题，提高女大学生就业水平，本章给出以下对策建议：

1. 更新传统观念，构建男女平等的就业环境

实证分析得知，女大学生在就业搜寻的过程中仍然受到性别歧视的影响，全国妇联妇女发展部发布《女大学生就业创业状况调查报告》中就显示，91.9% 的被访女大学生曾经感受到用人单位的性别偏见。传统观念的更新是改善目前我国女大学生就业环境的一个重要前提。但实事求是地讲，对性别刻板印象的改造将会是一个较为困难和漫长的过程，因为它和几千年来的文化背景与传统习俗融合在一起，人们形成的这种思维定式，

多半是以非制度化的形式存在。因此，需要长期地坚持在全社会营造尊重女性、重视女性发展、男女平等的环境，摈弃落后文化对女性的不利影响，改善女大学生不利的就业环境。

同时，尽管中国在多部法律中规定男女平等就业，但遗憾的是都缺乏可操作性，更没有具体的责任承担或者处罚规定。所以，应该尽快颁布禁止就业性别歧视的专门法律，对包括性别歧视概念、类型、判断标准、抗辩事由、赏罚条目等事项做出明确规定，积极鼓励企业雇用女大学生，并对歧视行为追究相应的法律责任。以鼓励为主，惩罚为辅，切实构建男女平等的就业环境。

2. 建立补偿体系，提高用人单位积极性

由实地调研得知，用人单位较少招收女大学生的一个重要原因在于女性的高劳动成本：第一，女性有一个工作断裂期，即生育哺乳期，在此期间女性员工无法给单位创造价值，而单位也需要为其支付一定的福利待遇；第二，女性要比男性早退休 5~10 年，且一般意义上讲女性寿命较男性长，由此用人单位将会为女性提供更多的退休金。因此，为了提高用人单位招收女大学生的积极性，必须降低其生产经营的劳动成本。建议对女性生育和哺乳期的误工进行社会化补偿。对经营性企业来说，照常支付女性员工在生育和哺乳期的福利待遇，而后从税收中进行减免；对公务员和事业单位来说，则直接由政府财政进行拨支。在此基础上建立一整套对女性员工的补偿体系，以此来提高用人单位招收女大学生的积极性。

3. 开设专门辅导课程，提升就业服务水平

《中国教育改革和发展纲要》指出：高等学校担负着培养高级专门人才，发展科学技术文化和促进现代化建设的重大任务。由调研数据可知，高校的知名度对女大学生就业的影响排在第三位，也是最重要的外在条件。因此，高校要提升自己的软硬件水平，提升自己的就业服务水平。除了课堂传授知识之外，还应该开辟第二课堂，为女大学生提供一个提高其综合素质的平台。加大就业辅导力度，目前几乎所有高校都设置了就业指导中心，也定期或不定期提供就业指导，但多数的就业辅导是纸上谈兵，缺乏实用性和针对性。调查结果显示，72.3% 的女大学生认为学校的就业辅导作用很小，98.5% 的女大学生认为学校有必要开设专门的就业辅导课程。因此建议高校开展专门的就业辅导，切实提高辅导的针对性和实用性。

4. 正视就业现实，提高综合素质

女大学生要正视现阶段的就业现实，转变就业观念。调查数据显示，有 49.06% 的女大学生意向的就业地区是一线城市，26.34% 的意向地区是二线城市，只有 24.6% 的女大学生表示愿意去三线城市。同时，针对是否愿意到基层就业这一问题，有 36.89% 的女大学生明确表示不愿意到基层就业。在我国高等教育已经成为"大众教育"的大背景下，在较长的一段时间内劳动力供需矛盾仍将非常突出。因此，女大学生盲目追求一线城市、高层次、高薪酬的观念需要改变，女大学生应该结合自身特长和兴趣、爱好，明确自己的择业定位，切忌"随大流"，盲目攀比。

同时，实证分析结果显示，性格特征、机遇、技能的掌握、吃苦进取、工作能力、观念文化和年龄是女大学生就业搜寻的影响因素，它们之间也存在着相辅相成的关系。虚心好学、吃苦进取是提高女大学生的工作能力、技能掌握水平的前提；正所谓"机遇是给有准备的人的"，技能掌握水平越高，机遇也就越多。因此，女大学生要改变自卑的传统观念，吃苦进取，在保证学习成绩的前提下，努力寻找实习机会，掌握更多的技能，提高工作能力。

参考文献

[1] 范元伟、郑继国、吴常虹：《初次就业搜寻时间的因素分析——来自上海部分高校的经验证据》，载于《清华大学教育研究》2005 年第 2 期。

[2] 韩宏华、孟益宏：《工作搜寻理论视角下的地方高校毕业生就业问题分析——基于扬州大学 2008 届毕业生的调查》，载于《黑龙江高教研究》2010 年第 5 期。

[3] 黄亮、彭璧玉：《劳动力市场搜寻理论新进展》，载于《经济学动态》2005 年第 9 期。

[4] 赖德胜：《大学毕业生就业难：现象、原因及对》，载于《中国高等教育》2001 年 Z2 期。

[5] 李瑾、彭建章：《女大学生就业难影响因素及对策研究》，载于《河北师范大学学报》2011 年第 2 期。

[6] 钱永坤：《搜寻理论与下岗职工再就业》，载于《中国矿业大学学报》2001 年

第 1 期。

　　[7] 谢康:《市场经济条件下信息搜寻行为与效益分析》,载于《数量经济技术经济研究》1994 年第 10 期。

　　[8] 徐涛:《当前女大学生就业弱势问题的几点思考》,载于《内江科技》2008 年第 8 期。

　　[9] 郑琼梅、刘时新:《性别歧视下的女大学生就业问题研究》,载于《当代教育论坛》(综合研究) 2010 年第 10 期。

　　[10] Blanchard, O. and Portugal, P. , "What Hides behind an Unemployment Rate: Comparing Portuguese and US Labor Markets", *American Economic Review*, 2001, Vol. 91, 187 – 207.

　　[11] Broersma L. and Butter, F. A. G. , "A National Accounting System for Labour Market Flows: An Application to the Netherlands", *Serie Research Memoranda*, 1998, Vol. 59, 83 – 7.

　　[12] Diamond, P. , "Aggregate Demand Management in Search Equilibrium", *Journal of Political Economy*, 1982, Vol. 10, 881 – 894.

　　[13] McCall, J. J. , "Economics of information and job search", *The Quarterly Journal of Economics*, 1970, Vol. 84, 113 – 126.

　　[14] Ashenfelter, O. C. , Layard, R. , Card, D. , *Handbook of Labor Economics, vol3B*, Elsevier Science/North-Holland, 1999, 2301 – 2359.

　　[15] Phelps, E. S. et al. , *Microeconomic Foundations of Employment and Inflation Theory*, New York: W. W. Norton & Company, 1970, 87 – 90.

　　[16] Richard, R. , Robert, S. , "Search in Macroeconomic Model of the Labor Market", *Social Science Electronic Publishing*, 2010, Vol. 4, 619 – 700.

　　[17] Richard, R. , Robert, S. , "Randall Wright Search-theoretic Model of the Labor Market: A Survey", *Journal of Economic Literature*, 2005, Vol. 43, 959 – 988.

　　[18] Stigler, G. , "Information in the Labor Market", *Journal of Political Economy*, 1962, Vol. 70, 94 – 105.

　　[19] Stigler, G. , "The Economics of Information", *Journal of Political Economy*, 1961, Vol. 69 (3), 213 – 225.

　　[20] Van, B. G. and Ours, J. , "Duration Dependence and Heterogeneity in French Youth Unemployment Durations ", *Journal of population Economics*, 1999, Vol. 12, 273 – 285.

第六章

性别如何影响大学生就业质量

第一节　引　言

女大学生就业难不仅体现在就业搜寻困难，更体现在就业质量的低下。为考察女大学生就业质量的影响因素，需要建立女大学生就业质量的全口径评价指标体系。

关于就业质量评价指标体系的研究，发达国家和地区由于教育水平相对较高的原因，对高校就业评价体系的应用取得了很多宝贵经验，形成了各自独特的功能体系。美国高校毕业生就业率的统计和评估通常是由政府专职部门、职业界（社会组织）和高等院校自身三者承担，其中社会组织和高等院校自身的调查统计相对较多。德国高校毕业生状况的统计和调查既自成体系又作为欧洲体系的一部分参与经济合作发展组织（OECD）和教育信息欧洲委员会（EURYD ICE）的统计与调查活动。参与调查的各国将毕业生统计信息综合起来加以分析，这种系统的、国际比较的分析方法使得单一国家的就业状况可以在更广的框架里得到认识和分析。

在国内，王天营、马万民（2003）设计了以高校办学硬件条件、高校办学软件条件、学生素质、社会评价为一级指标的大学生就业质量评价体系；徐倩（2006）依据马斯洛的需求层次理论，在对高职教育优质就业探讨的基础上，构建了 5 个一级指标、19 个二级指标的评价体系；柯羽（2007）通过引入毕业生供需比、薪金水平、就业结构等 5 个一级指标和需求单位层次、自助创业率、就业地域等 10 个二级指标，构建了高校毕业生就业质量评价指标体系；秦建国（2007）的评价指标包括大学生就业前的主客观前提指标、大学生就业岗位质量指标、大学生就业满意度指标和大学生就业宏观表现指标；王邦田（2010）从毕业生、用人单位、高校和毕业生主管部门等层面考察设计了高校毕业生就业质量评价指标体系；史淑桃（2008）构建了薪酬福利、劳动关系、个人发展 3 个一级指标和 15 个二级指标的评价体系，并进行了实证分析。

然而，上述研究考察的影响大学生就业质量的因素都较少，而且女大学就业质量评价指标体系的相关研究尚不多见。为了更加全面地考察女大学生就业质量多种而复杂的影响因素，本章尝试设计女大学生就业质量的全口径评价指标体系，旨在为相关部门提供切实可行的政策建议。

第二节　女大学生就业质量全口径评价指标体系构建

一、指标体系建立的原则

构建女大学生就业质量全口径评价指标体系，是准确评价女大学生就业质量的关键与前提。要正确地选择评价要素和设计评价指标，需要有科学、清晰的指导思想或原则。

本评价指标体系的设计，以和谐社会和科学发展观为原则，以《中华人民共和国宪法》（2004 年修正案）、《中华人民共和国劳动法》（1994 年）、《中华人民共和国就业促进法》（2007 年）、《中华人民共和国高等教育法》（1998 年）、《中华人民共和国职业教育法》（1996 年）等法律为依据。

1. 全面性和整体性原则

指标体系的设计要能全面反映女大学生就业运行和发展的基本态势，能反映出女大学生就业主要过程和主要层面的实际情况，以便开展全面的分析和综合评价。同时，各级指标的集合应该是完整地反映评价对象的整体目标，其中每一条指标与整体目标应具有一致性，以便评价能反映出女大学生就业的整体实际情况。

2. 定性和定量相结合原则

中国一直采用"就业率"单一指标数据，导致获取相关评价指标数据较为困难。加上评价问题本身的复杂性，在设计全口径评价指标体系时，很多因素很难量化，所以把定性指标与定量指标结合起来使用，并通过科学的手段把定性指标合理融入评价体系，力求能系统客观地反映女大学生就业的全貌。

3. 宏微指标相结合的原则

微观上，每个女大学生的世界观、人生观、价值观是不同的。宏观上，女大学生就业质量在很大程度上受到政府、社会和经济发展状况的制约。政府通过刺激经济增长提供更多的就业机会，通过相关劳动立法提高劳动标准、规范企业行为，通过发展社会事业、提供优良的医疗保健服务提高人力资本的质量，这些都为女大学生就业质量的提升构建了良好的平台。同时，高质量的女大学生就业又能促进经济增长，提高经济效益，实现就业质量和经济发展的良性循环。

4. 独立性与可操作性原则

指标的相关性会对系统的评价结果造成偏差，因此，构建的指标体系要有统一的分类基准，各项指标都有明晰的内涵，指标的外延互不交叉和重叠，具有一定的独立性。同时，为了保证评价的有效实施，就必须使评价指标体系所使用的方法易于理解和操作，指标易于采集和具有很强的操作性。

二、指标体系建立的思路

本章以国际劳工组织以及中国教育部、人力资源和社会保障部、国家统计局等权威机构典型观点的高频指标为基础，全面参考了国内外关于大学生就业、劳动力市场、国家就业政策、社会传统观念等的研究成果，以和谐社会为指导，构建了学校、市场、个人素质和意愿、家庭、政策和社会6个二级准则的女大学生就业质量全口径评价指标体系。

以学校声望、就业服务能力建立学校评价指标体系；以劳动力供求平衡、劳动力市场自由度、和谐劳动关系建立市场评价指标体系；以基本生活保证、发展空间、职业能力建立个人意愿和素质评价指标体系；以家庭收入水平、知识水平、社会关系建立家庭评价指标体系；以供求平衡、信息完备、男女平等原则建立政策评价指标体系；以传统文化、风俗、社会性别定位和社会排斥建立社会评价指标体系。

1. 学校评价指标的构建

（1）指标原则。参考李金林、应伟清、吴巨慧、王天营、马万民、应望江等高校指标体系的研究，构建了基本情况、硬件指标、软件指标和就业指导4个二级准则的学校评价指标体系。

以基本情况、硬件指标、软件指标反映学校的声望；以就业指导反映学校的就业服务能力。

（2）指标筛选。①根据教育部等权威机构典型观点的高频原则筛选生均教学行政用房、生均宿舍面积、生均教学仪器设备、生均图书数4个指标。②在李金林、应伟清、吴巨慧等（2005）《构建高校就业质量科学评价体系的探索》中筛选办学层次、所属行业、地理位置3个指标。③在应望江、李泉英（2010）的《高校绩效评价指标体系设计及应用研究》，王天营、马万民（2003）的《高校毕业生质量评价指标体系的构建》中筛选师生比、教管人员比、教学人员职称比、研究课题数、出版专著数、发表论文数、成果获奖数、重点学科数8个指标。④参考陶韶菁、王坤钟（2009）的《高校就业服务学生评价指标体系构建的实证研究》，从中筛选出就业率、就业讲座、技能培训、就业咨询、信息数量、服务效率、学生对就业指导的满意度7个指标。

综上所述，根据以上四点构建了包括基本情况、硬件指标、软件指标、就业指导4个二级准则，共计22个指标的学校评价指标体系。

2. 市场评价指标的构建

（1）指标原则。在国际劳工组织劳动力指标体系的基础上，根据供需平衡、自由度、和谐劳动关系的原则构建了劳动力供给、劳动力需求、就业状况、失业状况、市场化程度、劳动关系6个二级准则的市场评价指标体系。

以劳动力供给、劳动力需求、就业状况、失业状况反映劳动力市场的供求平衡；以市场化水平反映市场自由度；以劳动合同签订率等反映和谐的劳动关系。

（2）指标筛选。①国际劳工组织等权威机构典型观点的高频原则筛选出劳动力资源总量等 7 个指标。②国家统计局权威发布的《劳动统计年鉴》中劳动力需求景气指数等 8 个指标。③张灿《中国劳动力市场化进程与测算》中筛选了劳动力择业自由度等 4 个指标。④秦建国（2007）《大学生就业质量评价体系探析》，史淑桃（2008）《高校毕业生就业质量态势实证研究》中筛选了劳动合同签订率等 4 个指标。

综上，根据以上原则构建了劳动力供给、劳动力需求、就业状况、失业状况、市场化水平、劳动关系 6 个二级准则，共计 23 个指标的市场评价指标体系。

3. 个人意愿和素质评价指标的构建

（1）指标原则。根据《中国教育改革与发展纲要》中提出的全面提高学生思想道德素质、科学文化素质、劳动技能素质、身体心理素质，加上女大学生的个人意愿构建了主观愿望、思想道德素质、科学文化素质、劳动技能素质、身体心理素质 5 个二级准则的个人意愿和素质评价指标体系。

以基本生活保证和发展空间反映个人意愿；以职业能力反映思想道德素质、科学文化素质、劳动技能素质、身体心理素质。

（2）指标筛选。①从《中国教育改革与发展纲要》、万远英（2003）《大学生综合素质层次分析评价指标体系及其数学模型》、吴哲敏（2006）《高校毕业生质量评价指标体系的构建模型》、杨炼秋（2008）《高职院校大学生综合素质层次分析评价模型》中筛选思想道德素质、科学文化素质、劳动技能素质、身体心理素质等 23 个指标。②史淑桃（2008）《高校毕业生就业质量态势实证研究》、王邦田（2010）《基于集值统计法高校毕业生就业质量评价指标权重的构建》、黄建（2005）《构建毕业生就业指标体系》、徐倩等（2006）《高职教育优质就业评价指标体系初探》中筛选出工作条件、工作环境等 8 个指标体系。

综上，根据以上原则构建了主观愿望、思想道德素质、科学文化素质、劳动技能素质、身体心理素质 5 个二级准则，共计 31 个指标的个人意愿和素质评价指标体系。

4. 家庭评价指标的构建

（1）指标原则。家庭背景是一个内涵宽泛的概念，父母的职业、社会地位、经济收入、受教育程度、家庭人口数量、结构、种族、民族等都是家庭背景的组成部分。本章参考黄娟（2010）的《家庭背景对大学毕业生就业的影响研究》，从家庭经济资本、家庭文化资本、家庭组织资本和家庭社会资本四个方面展开测量。家庭经济资本通过收入来源、家庭收入水平、关系亲密的亲戚朋友的财富状况来体现；家庭文化资本通过考察父母的文化程度、家庭藏书量来体现；家庭组织资本通过家庭中父母工作单位性质及其职位来体现；家庭社会资本通过与家庭关系亲密的亲戚朋友的数量及与这些人一年内的互访频率来考察。

（2）指标筛选。以家庭收入水平反映家庭经济资本；以知识水平反映家庭文化资本；以社会关系反映家庭的组织和社会资本。由此，建立了家庭经济资本、家庭文化资本、家庭组织资本和家庭社会资本4个二级准则，共计12个指标的家庭评价指标体系。

5. 政策评价指标的构建

（1）指标原则。本章从需求、供给及供求匹配三个角度来透视大学生就业的内在机制。从劳动力需求的角度看，工作岗位增长速度与高校毕业生数量增长速度呈不均衡发展，高校毕业生数量增长速度远高于就业岗位增长速度。从供给角度来看，核心问题在于大学生的就业能力不足，社会快速发展对技术知识的需求总是快于高校毕业生能力素质的提高。从就业结构上，既存在大学生不愿意从事的大量工作岗位，也存在着因大学生能力不足而无法从事的职业。从供求匹配角度上看，市场信息的不对称与就业服务的滞后会导致高校毕业生就业出现困难，改善就业服务是关键。

同时，在大学生就业中，一个突出的问题就是女大学生就业难，男女享有平等的就业权利是构建社会主义和谐社会的一项重要内容。以供求平衡原则反映就业的供给和需求政策；以信息完备原则反映就业匹配政策；以男女平等、同工同酬反映男女平等政策。

（2）指标筛选。①人力资源和社会保障部等权威机构典型观点的高频原则筛选出财政政策、货币政策等16个指标。②联合国相关文件、国家法律法规、和谐社会指标体系中筛选平等就业机会等3个指标。

由此，建立了需求促进政策、供给政策、供求匹配政策、男女平等政策4个二级准则，共计19个指标的政策评价指标体系。

6. 社会评价指标的构建

（1）指标原则。中国漫长的封建社会形成的"重男轻女"的思想，对男女有着不同的角色期待和双重标准，女性在劳动就业问题上并没有真正拥有与男性平等的地位和均等的机会。同时也普遍存在以学历、社会关系、实践经验、生理条件等为门槛的社会排斥现象。据此构建了传统文化、风俗、社会性别定位、社会排斥为准则的社会评价指标体系。

以消除歧视原则来反映社会传统文化、风俗、社会性别定位和社会排斥。

（2）指标筛选。①根据权威机构典型观点的高频原则筛选了重男轻女、男尊女卑等5个指标。②腾智源和黄可（2010）《论女大学生就业社会排挤问题》、陈雁（2004）《女大学生就业中的性别歧视辨析》、李丹和宫照军（2009）《大学生就业中社会排斥的表现和对策》中筛选了地域排斥、专业排斥等8个指标。

由此构建了传统文化风俗、社会性别定位、社会排斥3个二级准则，共计13个指标的社会评价指标体系。

表6-1列出了以上6个一级指标、26个二级指标以及120个三级指标（指标层）系统。

表6-1　　　　女大学生就业质量全口径评价指标体系

序号	一级准则层	二级准则层	指标层	指标正负向	准则依据
1	学校	基本情况	办学层次	正向	学校声望
2			所属行业	—	
3			地理位置	—	
4		硬件指标	生均教学行政用房面积	正向	
5			生均宿舍面积	正向	
6			生均教学仪器设备	正向	
7			生均图书数	正向	

序号	一级准则层	二级准则层	指标层	指标正负向	准则依据
8	学校	软件指标	师生比	正向	学校声望
9			教管人员比	正向	
10			教学人员职称比	正向	
11			研究课题数	正向	
12			出版专著数	正向	
13			发表论文数	正向	
14			成果获奖数	正向	
15			重点学科数	正向	
16		就业指导	就业率	正向	就业服务能力
17			就业讲座	正向	
18			技能培训	正向	
19			就业咨询	正向	
20			信息数量	正向	
21			服务效率	正向	
22			学生对就业指导的满意度	正向	
23	市场	劳动力供给	劳动力资源总量	正向	供需平衡
24			劳动力参与率	正向	
25		劳动力需求	劳动力需求景气指数	正向	
26			第一产业劳动需求	正向	
27			第二产业劳动需求	正向	
28			第三产业劳动需求	正向	
29		就业状况	就业人口总量	正向	
30			人口就业率	正向	
31			就业弹性	正向	
32			灵活就业率	正向	
33			人均周工作时间	正向	

续表

序号	一级准则层	二级准则层	指标层	指标正负向	准则依据
34	市场	失业状况	城镇登记失业人口总量	负向	供需平衡
35			城镇登记失业率	负向	
36			平均失业持续期	负向	
37			长期失业率	负向	
38		市场化水平	劳动力择业自由度	正向	市场自由度
39			用人单位用工自由度	正向	
40			劳动力流动自由度	正向	
41			劳动工资决定自由度	正向	
42		劳动关系	劳动合同签订率	正向	和谐劳动关系
43			工会参与率	正向	
44			劳动纠纷	正向	
45			劳动保护	正向	
46	个人素质和意愿	主观愿望	工作环境	正向	基本生活保证
47			工作满意度	正向	
48			工作稳定性	正向	
49			薪酬福利水平	正向	
50			国内外著名企业	正向	发展空间
51			单位性质	正向	
52			兴趣与岗位适应	正向	
53			学习培训机会	正向	
54		思想道德素质	政治面貌	正向	职业能力
55			吃苦耐劳	正向	
56			诚实正直	正向	
57			责任心	正向	
58		科学文化素质	学历	正向	
59			专业	正向	
60			学习成绩	正向	

序号	一级准则层	二级准则层	指标层	指标正负向	准则依据
61		科学文化素质	外语水平	正向	
62			计算机水平	正向	
63			人际交往能力	正向	
64			分析能力	正向	
65			组织能力	正向	
66		劳动技能素质	领导能力	正向	
67	个人素质和意愿		学习能力	正向	职业能力
68			创新能力	正向	
69			团队合作精神	正向	
70			工作业绩	正向	
71			实习经历	正向	
72			个人形象	正向	
73		身体心理素质	适应能力	正向	
74			自信	正向	
75			主动性	正向	
76			健康状况	正向	
77		家庭经济资本	家庭主要收入来源	正向	家庭收入水平
78			家庭收入水平	正向	
79			亲戚朋友财富状况	正向	
80		家庭文化资本	父亲文化程度	正向	知识水平
81			母亲文化程度	正向	
82	家庭		家庭藏书量	正向	
83			父母所任最高职位	正向	
84		家庭组织资本	父母所在单位性质	正向	
85			亲戚朋友所在单位性质	正向	社会关系
86			亲戚朋友最高职位	正向	
87		家庭社会资本	与家庭关系亲密的亲戚朋友的数量	正向	
88			与亲密的亲戚朋友互访的频率	正向	

续表

序号	一级准则层	二级准则层	指标层	指标正负向	准则依据
89	政策	需求促进政策	财政政策	正向	供求平衡
90			货币政策	正向	
91			公务员招考政策	正向	
92			社区工作者	正向	
93			大学生村官	正向	
94			"三支一扶"	正向	
95			西部支援	正向	
96			创业扶持政策	正向	
97		供给政策	高校经费	正向	
98			调整高校培养目标	正向	
99			调整高校培养方案	正向	
100			学生职业潜能的开发	正向	
101		供求匹配政策	市场导向政策	正向	信息完备
102			就业指导服务政策	正向	
103			人才市场	正向	
104			培训机构	正向	
105		男女平等政策	平等就业机会	正向	男女平等同工同酬
106			平等升迁机会	正向	
107			同工同酬	正向	
108	社会	传统文化风俗	重男轻女	负向	消除歧视
109			男尊女卑	负向	
110		社会性别定位	男强女弱	负向	
111			男主外女主内	负向	
112			职业性别刻板印象	负向	
113		社会排斥	地域排斥	负向	
114			民族排斥	负向	
115			宗教信仰排斥	负向	

续表

序号	一级准则层	二级准则层	指标层	指标正负向	准则依据
116			种族排斥	负向	
117			年龄排斥	负向	
118	社会	社会排斥	实践经验排斥	负向	消除歧视
119			生理条件排斥	负向	
120			社会网络排斥	负向	

第三节　基于调查数据的实证检验

一、数据处理

本项调研在国家社科基金"女大学生就业问题的成因与对策研究"（10BJY032）的支持下，针对 2010 届应届毕业生，在北京、上海、重庆、天津及全国 17 省份 22 个城市的 63 所大学、24 个大学生就业指导中心进行了"2010 年大学生就业问题调查"。共计发放大学生问卷数目为 6220 份，回收 5671 份，有效问卷为 5576 份，回收率为 91.17%，有效率 98.32%。

对问卷结果进行处理需要对指标进行打分，评价指标打分包括：正向指标打分、负向指标打分等。

1. 正向指标打分

正向指标是指数值越大表明状况越好的指标。设：x_{ij}——第 i 个评价地区第 j 个指标的隶属度，v_{ij}——第 i 个评价地区第 j 个指标的值，m——被评价地区的个数。根据正向指标的标准化公式，则 x_{ij} 为：

$$x_{ij} = \frac{v_{ij} - \min_{1 \leq i \leq m}(v_{ij})}{\max_{1 \leq i \leq m}(v_{ij}) - \min_{1 \leq i \leq m}(v_{ij})}$$

2. 负向指标打分

负向指标是指数值越小表明状况越好的指标。负向指标的标准化公式为:

$$x_{ij} = \frac{\max\limits_{1 \le i \le m}(v_{ij}) - v_{ij}}{\max\limits_{1 \le i \le m}(v_{ij}) - \min\limits_{1 \le i \le m}(v_{ij})}$$

本次问卷设计了性别、专业、学校知名度、工作能力等30个影响大学生就业的因素,调查对象根据自己的判断选择"很有影响""有影响""说不清楚""基本没有影响"和"完全没有影响"。根据正向打分,本章把选择"很有影响"赋值4,把选择"有影响"赋值3,"说不清楚"赋值2,"基本没有影响"赋值1,"完全没有影响"赋值0。在5576份有效问卷中,调查对象为男生的有2878份,调查对象为女生的有2698份。利用SPSS软件,分别得出调查对象为男、女大学生的30个指标的统计性描述,并以均值的降序排列,见表6-2。

表6-2　　　　　　　影响就业的指标统计描述

\multicolumn{4}{c}{调查对象为男大学生}				\multicolumn{4}{c}{调查对象为女大学生}			
序号	指标	均值	标准差	序号	指标	均值	标准差
1	工作能力	3.4536	0.7019	1	工作能力	3.6013	1.2821
2	院校知名度	3.3685	0.7118	2	人际关系	3.5023	1.6506
3	人际关系	3.3626	1.2401	3	院校知名度	3.4072	0.9047
4	所学专业	3.2889	0.9179	4	技能的掌握	3.3755	1.5584
5	实习经历	3.2536	0.7710	5	实习经历	3.3649	0.9233
6	社会实践经验	3.2372	1.0987	6	社会实践经验	3.3545	0.6770
7	机遇	3.2324	0.7741	7	机遇	3.3484	0.6793
8	技能的掌握	3.2033	0.7465	8	所学专业	3.3206	0.6731
9	吃苦进取	3.2033	0.7881	9	执行力	3.3178	1.0787
10	收入和待遇	3.1999	0.9314	10	吃苦进取	3.3018	1.0925
11	执行力	3.1922	0.7739	11	聪明伶俐有主见	3.2979	1.0773
12	各种证书	3.1695	0.7413	12	求职技巧	3.2482	0.8707

续表

序号	指标	均值	标准差	序号	指标	均值	标准差
	调查对象为男大学生				调查对象为女大学生		
13	聪明伶俐有主见	3.1213	0.8212	13	收入和待遇	3.2128	0.6947
14	学习成绩	3.1166	0.8266	14	各种证书	3.1702	0.7370
15	求职技巧	3.0960	0.9579	15	性格特征	3.0453	0.7638
16	性格特征	2.9636	0.8143	16	学习成绩	3.0029	0.8413
17	理想抱负	2.9578	1.0537	17	理想抱负	2.9878	0.8011
18	大学生个人期望值	2.8772	0.8314	18	性别	2.9568	0.7848
19	个性特征	2.8212	1.3125	19	个性特征	2.9458	1.1617
20	学生干部	2.7608	1.3691	20	大学生个人期望值	2.9436	1.0336
21	劳动合同	2.7604	0.8559	21	学生干部	2.9336	1.4336
22	性别	2.7589	0.8705	22	劳动合同	2.8444	1.1599
23	家庭背景	2.6865	1.3436	23	家庭背景	2.7492	1.1844
24	年龄	2.6457	0.9287	24	长相	2.5787	1.0636
25	观念习俗文化	2.4506	1.0853	25	年龄	2.5048	0.9930
26	政治面貌	2.4449	1.0718	26	政治面貌	2.5029	1.4828
27	父母的意愿	2.3669	1.3354	27	观念习俗文化	2.4983	1.2710
28	长相	2.3406	0.9493	28	身高	2.4752	1.1006
29	身高	2.2955	0.9738	29	父母的意愿	2.3280	1.0185
30	民族	1.5500	1.0560	30	民族	1.3140	0.9989

根据表 6-2 可知：

第一，男生组和女生组中工作能力、院校知名度、人际关系、实习经历、社会实践经验等指标都排在前列，说明上述指标对男、女大学生的就业质量都具有较大影响。

第二，男生组性别的均值为 2.76，居第 22 位；而女生组性别的均值为 2.96，居第 18 位。可以看出，性别对女生就业质量的影响大于对男生就业质量的影响，一定程度上说明了就业市场中存在着性别歧视。

第三，男生组技能的掌握均值为 3.20，求职技巧的均值为 3.10；而女生组技能的掌握均值 3.38，求职技巧均值为 3.25。说明在目前女大学生就业难的情况下，技能的掌握和求职技巧对女大学生找工作显得尤为重要。

第四，男生组长相的均值为 2.34，女生组长相的均值为 2.57。可以看出，长相对女生就业质量的影响大于对男生就业质量的影响。

3. 影响女大学生就业的指标权重分析

本章在第二节构建了学校、市场、个人素质和意愿、家庭、政策和社会 6 个二级准则，共计 120 个指标项的女大学生就业质量全口径评价指标体系。在用统计方法研究多变量问题时，变量太多会增加分析问题的复杂性。由于每个指标项都在不同程度上反映了所研究问题的某些信息，并且指标之间彼此存在一定相关性的可能性较大，因而所得的统计数据反映的信息在一定程度上会有重叠。所以，本节在进行定量分析的过程中，筛选每一类别中信息含量（权重）最大的一个指标，以这一指标来反映整个类别。

首先，把性别、专业、学校知名度、工作能力等30个影响大学生就业指标的总体权重设为1，令每一指标的权重（系数）等于该指标的均值除以30个指标的均值之和（见表6-3）。然后，把这30个指标按照第二部分构建的全口径评价指标体系（见表6-1）分别归类到学校、市场、个人意愿和素质、家庭、政策和社会 6 个二级准则中，并保留每一准则中信息含量最大（即：表6-3中系数最大）的一个指标。最后，把6个二级准则的总体权重设为1，则每一准则的权重等于该准则的系数除以6个准则的系数之和（见表6-4）。

表6-3　　　　　影响女大学生就业的指标权重

序号	指标	均值	系数	标准差
1	工作能力	3.6013	0.0403	1.2821
2	人际关系	3.5023	0.0392	1.6506
3	院校知名度	3.4072	0.0381	0.9047
4	技能的掌握	3.3755	0.0377	1.5584
5	实习经历	3.3649	0.0376	0.9233
6	社会实践经验	3.3545	0.0375	0.6770
7	机遇	3.3484	0.0374	0.6793

续表

序号	指标	均值	系数	标准差
8	所学专业	3.3206	0.0371	0.6731
9	执行力	3.3178	0.0371	1.0787
10	吃苦进取	3.3018	0.0369	1.0925
11	聪明伶俐有主见	3.2979	0.0369	1.0773
12	求职技巧	3.2482	0.0363	0.8707
13	收入和待遇	3.2128	0.0359	0.6947
14	各种证书	3.1702	0.0354	0.7370
15	性格特征	3.0453	0.0341	0.7638
16	学习成绩	3.0029	0.0336	0.8413
17	理想抱负	2.9878	0.0334	0.8011
18	性别	2.9568	0.0331	0.7848
19	个性特征	2.9458	0.0329	1.1617
20	大学生个人期望值	2.9436	0.0329	1.0336
21	学生干部	2.9336	0.0328	1.4336
22	劳动合同	2.8444	0.0318	1.1599
23	家庭背景	2.7492	0.0307	1.1844
24	长相	2.5787	0.0288	1.0636
25	年龄	2.5048	0.0280	0.9930
26	政治面貌	2.5029	0.0280	1.4828
27	观念习俗文化	2.4983	0.0279	1.2710
28	身高	2.4752	0.0277	1.1006
29	父母的意愿	2.3280	0.0260	1.0185
30	民族	1.3140	0.0147	0.9989
	合计	89.4350	1.0000	

表 6－4　　　　　　　　　　二级准则权重

二级准则	信息含量最大的影响因子	信息含量最大影响因子的系数	权重
学校	院校知名度	0.0381	0.1771
市场	各种证书	0.0354	0.1648
个人素质和意愿	工作能力	0.0403	0.1872
家庭	家庭背景	0.0307	0.1429
政策	性别	0.0331	0.1537
社会	实践经验	0.0375	0.1743
合计			1.0000

第四节　结论与政策建议

一、研究结论

本章根据国际劳工组织及中国教育部、人力资源和社会保障部、国家统计局等权威机构典型观点的高频指标为基础，全面参考了国内外关于大学生就业质量、劳动力市场、国家就业政策、社会传统观念等的研究成果，以科学发展观、和谐社会为指导，构建了学校、市场、个人素质和意愿、家庭、政策和社会 6 个二级准则，共计 120 个指标项的女大学生就业质量全口径评价指标体系。接着，根据实地调查数据，运用主成分分析法进行了实证检验，得出以下结论：

第一，影响女大学生就业质量高低的二级准则依次为：个人素质和意愿、学校、社会、市场、政策和家庭，它们的权重分别为 0.1872、0.1771、0.1743、0.1648、0.1537 和 0.1429。

第二，个人素质和意愿是影响女大学生就业质量的最重要因素，特别是工作能力、人际关系、技能的掌握、实习经历和所学专业。

第三，学校尤其是学校知名度在女大学生就业中起着重要作用。

第四，性别、技能的掌握、求职技巧、长相因素对女大学生就业质量的影响大于对男大学生就业质量的影响。

第五，社会传统观念对女大学生就业质量有负面作用。

第六，家庭因素同样影响女大学生就业质量，但影响系数较个人素质和意愿、学校、市场等要小。

二、政策建议

根据大量翔实的调查数据得出的以上结论，本章给出以下对策建议：

1. 大学生综合素质是关键

根据调查数据的统计结果（见表6-2），工作能力、人际关系、实习经历、社会实践经验、技能的掌握、虚心好学、吃苦进取等因素对女大学生就业质量的影响居于前列，这些因素之间也存在相辅相成的关系：虚心好学、吃苦进取是提高女大学生的工作能力、技能掌握水平的前提；实习经历是提高其工作能力、搞好人际关系的重要渠道。因此，女大学生要好学进取，在保证学习成绩的前提下，努力寻找实习机会，增加自己的实践经验，提高工作能力，和周围人和睦相处，搞好人际关系。

2. 高校就业服务能力是保证

《中国教育改革和发展纲要》指出，高等学校担负着培养高级专门人才，发展科学技术文化和促进现代化建设的重大任务。根据数据统计得知，高校的知名度对女大学生就业的影响排在第三位，也是最重要的外在条件。因此，高校要提升自己的软硬件水平，打造自己的知名度。例如，学校应重视第二课堂的建设，为女大学生锻炼和提升人际交往、组织协调等方面的素质提供广阔的舞台；建立实习基地，为女大学生提供实习机会，增加女大学生的实践经验；开展职业生涯规划与辅导，全面系统地传授职业生涯的知识和技能，帮助女大学生认识自我，有效地整合与运用相关知识与经验，合理地规划、设计未来，从而顺利地获取就业机会，提高就业质量。

3. 平等的就业环境是基础

传统观念的更新是改善目前我国女大学生就业环境的一个重要前提。

对性别刻板印象的改造将是一个漫长而困难的过程，因为它与传统习俗和文化联系在一起，并以制度化或非制度化的形式存在。需要长期地坚持在全社会营造尊重女性、重视女性发展、自觉执行男女平等政策的环境，摒弃落后文化传统对女性的不利影响，改善女大学生的就业环境。

同时，中国虽然在多部法律中规定男女平等就业，但是缺乏可操作性，更没有具体的责任承担规定。应尽快颁布禁止就业性别歧视的专门法律，对包括性别歧视概念、类型、判断标准、抗辩事由等事项做出明确规定，并规定对相应的违法行为应追究的法律责任，切实构建男女平等的就业环境。

参考文献

［1］陈雁：《女大学生就业中的"性别歧视"辨》，载于《思想·理论·教育》2004 年第 1 期。

［2］郭正模：《"劳动歧视"问题初探》，载于《经济科学》1994 年第 2 期。

［3］黄建：《构建毕业生就业指标体系》，载于《中国统计》2005 年第 1 期。

［4］黄娟：《家庭背景对大学毕业生就业的影响研究》，湖南师范大学硕士学位论文，2010 年。

［5］黄钦琳：《性别歧视的效率分析》，载于《合作经济与科技》2009 年第 6 期。

［6］金林：《Logistic 回归模型的应用——大学生就业状况因素分析》，载于《时代经贸》2007 年第 4 期。

［7］李丹、宫照军：《大学生就业中社会排斥的表现和对策》，载于《中国冶金教育》2009 年第 12 期。

［8］李金林、应伟清、吴巨慧：《构建高校就业质量科学评价体系的探索》，载于《现代教育科学》2005 年第 2 期。

［9］柯羽：《高校毕业生就业质量评价指标体系的构建》，载于《中国高等教育》2007 年第 7 期。

［10］刘结实：《论我国传统文化对大学生就业观念的影响》，载于《太原大学教育学院学报》2007 年第 6 期。

［11］秦建国：《大学生就业质量评价体系探析》，载于《改革与战略》2007 年第 1 期。

［12］史淑桃：《高校毕业生就业质量态势实证研究》，载于《商丘师范学院学报》2008 年第 4 期。

［13］陶韶菁、王坤钟：《高校就业服务学生评价指标体系构建的实证研究》，载

于《现代教育管理》2009 年第 10 期。

[14] 腾智源、黄可：《论女大学生就业社会排挤问题》，载于《硅谷》2010 年第
1 期。

[15] 万远英：《大学生综合素质层次分析评价指标体系及其数学模型》，载于
《西南民族大学学报》2003 年第 12 期。

[16] 王邦田：《高校毕业生就业质量评价指标体系的构建》，载于《医学教育探
索》2009 年第 3 期。

[17] 王邦田：《基于集值统计法高校毕业生就业质量评价指标权重的构建》，载
于《中国高等医学教育》2010 年第 3 期。

[18] 王静：《中国劳动力市场监测指标体系的构建》，载于《首都经济贸易大学
学报》2010 年第 1 期。

[19] 王美艳：《中国城市劳动力市场上的性别工资差异》，载于《经济研究》
2005 年第 12 期。

[20] 王天营、马万民：《高校毕业生质量评价指标体系的构建》，载于《江苏统
计》2003 年第 8 期。

[21] 王一兵：《女大学生就业满意度的半参数分析》，载于《统计与决策》2005
年第 11 期。

[22] 文东茅：《我国高等教育机会、学业及就业的性别比较》，载于《清华大学
教育研究》2005 年第 10 期。

[23] 吴哲敏：《高校毕业生质量评价指标体系的构建模型》，载于《武汉理工大
学学报》2006 年第 7 期。

[24] 徐倩、孙海泉：《高职教育优质就业评价指标体系初探》，载于《苏州市职
业大学学报》2006 年第 2 期。

[25] 杨歌舞：《就业政策对大学生就业的影响研究》，湖南师范大学硕士学位论
文，2008 年。

[26] 杨炼秋：《高职院校大学生综合素质层次分析评价模型》，载于《广西民族
大学学报》2008 年第 11 期。

[27] 叶文振：《女大学生就业难的原因与对策》，载于《商业时代》2006 年第
7 期。

[28] 应望江、李泉英：《高校绩效评价指标体系设计及应用研究》，载于《国家
行政学院学报》2010 年第 2 期。

[29] 余素梅：《"女大学生就业难"问题的实证研究》，湖南大学硕士学位论文，
2006 年。

[30] 张抗私：《劳动力市场性别歧视研究述评》，载于《经济学动态》2005 年第
1 期。

［31］ Brien, N. S., Jeffrey, S., Hornsby, P., Benson, G., "Mark Wesolowski. What Is in a Name: The Impact of Jobtitles on Job Evaluation Results", *Journal of Business and Psychology*, 1989, Vol. 3, 341 – 351.

［32］ Elizabeth, A. and Cooper, R. W., "School. Reliability of Job Evaluation: Differences Across Sex-typed Jobs", *Journal of Business and Psychology*, 1989, Vol. 4, 155 – 170.

［33］ Phelps, E. S., "The Statistical Theory of Racism and Sexism", *American Economic Review*, 1972, Vol. 7, 659 – 661.

［34］ Sheila, M. R., "Dennis Doverspike Salary and Organizational Level Effrcts on Job Evaluation Ratings", *Journal of Business and Psychology*, 1999, Vol. 14, 379 – 390.

［35］ Yael, B. and Tamar, S., "Perceived Fairness of the Mystery Customer Method: Comparing Two Employee Evaluation Practices", *Employee Responsibilities and Rights Journal*, 2005, Vol. 17, 231 – 243.

第三篇 | 女大学生就业难的成因

第七章

女大学生就业影响因素分析

女性问题在历史上一直是研究者所关注的问题，女大学生作为女性当中的高级知识分子，被认为是女性当中的佼佼者，在整个女性劳动力市场中还是处于相对优势的地位。但随着就业制度改革和我国高校的扩招，大学生的就业数量急剧增加，大学生就业难问题十分突出，女大学生就业难问题更为严重。这一方面是由于受到长期的历史文化对女性所赋予的角色定位的影响，另一方面是由于女大学生自身特殊的生理因素的影响。

恩格斯说：妇女解放所争取的目标是男女平等，特别是男女就业的平等。① 要提高女性的社会经济地位，改善女性的生活状态，真正实现女性的自立，就必须要关注女性就业这一社会性问题。女大学生接受了较高层次的教育，蕴涵着较高的人力资本投资，女大学生能否就业直接关系着我国高等教育人力资本投资能否得到回报。要解决女大学生的就业难问题，必须了解哪些因素影响着女大学生的就业，从源头上解决女大学生就业难的问题。

本章首先对国内外对女大学生就业影响因素的相关文献进行梳理，然后从人力资本和社会资本的视角对女大学生就业难的影响因素进行理论分析，最后利用辽宁地区的分析数据对女大学生就业的影响因素进行了实证检验。

---

① 《马克思恩格斯选集》（第四卷），人民出版社2012年版，第70页。

第一节　人力资本对女大学生就业的影响

一、人力资本理论的研究

早在两千多年前，柏拉图（Platon）就在《理想国》一书中，阐述了教育和训练的价值，他的这种思想，可以看作早期人力资本思想的雏形。有关人力资本的基本描述在早期的经济学著作中均有所提及，如威廉·佩第（1676）将人的"技艺"视为除土地、物力和劳动外的第四类重要因素。亚当·斯密（1972）在其著作《国民财富的性质和原因的研究》一书中也对"社会上一切供人学习的有用知识"进行了深入的阐释。马歇尔（1890）将教育和培训视为一种国民投资行为，认为其对个人发展具有重要的作用。而在卡尔·马克思（1867）提出的劳动价值论中，"复杂劳动"的概念与劳动经济学领域中人力资本的概念在本质上已经非常接近了。但是现代意义上的人力资本理论直到20世纪60年代才产生，随着人力资本概念的日益盛行，众多学者开始对人力资本进行系统性的研究与分析，其中最具有代表性的学者当属美国经济学家西奥多·舒尔茨和美国经济学家加里·贝克尔。

20世纪50年代，舒尔茨在美国经济学会发表了论人力资本投资的演讲，这标志着人力资本理论的诞生。他从经济发展这个角度对人力资本进行了研究，认为人是成为贫困的关键因素之一，改善人口质量的投资，能显著提高穷人的经济前途和福利。他认为，人力资本表现为人的知识、技能、资历、经验和熟练程度等能力和素质；前者既定的情况下，人力资本表现为从事工作的总人数及劳动市场上的总的工作时间；人力资本是对人力的投资而形成的资本，是投资的结果；对人力的投资会产生投资收益，人力资本是劳动者收入提高的最主要源泉。

舒尔茨还认为，现代经济的增长方式与以往粗放型的经济增长方式已经完全不同了，经济的有效增长已经不能单纯依靠自然资源的开发与人类的体力劳动来实现，必须通过提高劳动者的智力水平来实现。虽然人力资本与物力资本间具有相互作用、彼此依存的关系，但是人们对人力资本的投资收益率已经超过了对物力资本的投资收益率。人力资本对物力资本、自然资源等生产要素具有一定的替代作用与补充作用，并运用实证分析的研究方法测算出人力资本对社会经济增长的影响。

此外，舒尔茨详细分析了教育投资对人力资本产生与积累的重要影响与基础作用。他将人们的收入水平视为个体对人力资本进行投资的投资收益，指出随着人们接受教育程度的不断提高，以及个体对自身教育投资的不断增加，个体的人力资本增量也在不断增加，其取得的收入水平也随之不断提高。并指出对于整个社会而言，教育投资是促进收入分配平等的重要原因。随着国民教育程度的不断普及，整个社会的收入分配将趋于平等，这也是人力资本投资在政策层面上的最终结果。

贝克尔也从经济学的视角出发，对人力资本进行系统性的理论分析与实证研究。但与舒尔茨不同的是，贝克尔采用传统的经济学的效用最大化的分析方法，阐述了收入与人力资本之间的关系，提出了教育的收益率和人力资本收益率的计算公式，并认为人力资本投资决定了劳动者的收入，个人通过知识的提高、技能水平的增长以及健康等其他人力资本投资方式能够增加未来货币的收益。贝克尔也认为对人力资本的投资具有多种多样的形式。但贝克尔不仅将教育投资视为人力资本产生与积累的重要因素，他还强调员工在公司接受的在职培训亦是进行人力资本投资的重要组成部分。

贝克尔将个体所具有的技能区分为特殊性技能与一般性技能，并将个体的人力资本投资层面扩展到组织的人力资本投资层面。基于这一人力资本理论基础，贝克尔指出，组织针对个体的一般性技能培训，对个体与组织的生产效率同时产生效用，并且由于一般性技能属于通用型技能，可以在多种不同的组织中发挥作用，具有较强的移植性与替代性。而与此相反，特殊技能的替代性与移植性则相对较弱，只能在特定的组织内部实现个体生产效率的提高。因此，在政策层面上，在进行一般性技能与特殊性技能的人力资本投资时，对于投资主体、投资方式等内容的选择就应加以区分。针对一般性技能（如常识性问题的处理、与人沟通、文字表达等能力）的投资，由于其具有较强的替代性与移植性，应当交由政府部门通过实施公民公共教育的方式来实现；而对于特殊性技能（如专项技能）的投资，则应该交由商业组织、私营单位等进行培训，从而满足个体与组织的特殊要求。

综上所述，人力资本理论的核心思想是指个体通过接受来自学校的正规或者非正规的教育，以及通过在就业过程中获得的在职培训、积累的工作经验与劳动力市场迁移等多种形式，对个体的人力资本进行投资，以实现个人能力的不断提升。其中，教育投资是进行人力资本积累的基本手段与重要因素。而人力资本的投资是以未来的收益回报为预期的，主要表现为收入水平的增加，就整个社会而言，教育程度的普及可以带来居民收入水平趋于平等。在宏观层面上，人力资本同物力资本相似，通过进行人力资本的投资可以有效提高劳动生产率，最终促进生产力的提升。并且在现代经济发展过程中，人力资本较物力资本而言对促进经济增长具有更为重要的作用，因此实现经济增长的核心问题是提高人口素质。此外，对于经济组织而言，应区分员工的特殊性技能与一般性技能，应该采用不同的在职培训方式，对员工的人力资本进行投资，从而共同提高个体与组织的生产效率。

二、人力资本对女大学生就业的影响

有关人力资本与就业关系的研究，最有代表性的理论著作是由美国社会学家布劳（Blau, P. M.）与邓肯（Ducan, O. D）在 1967 年共同完成的《美国职业结构》一书。在该书中，布劳与邓肯将美国社会中个体的人力资本划分为先赋性因素与后致性因素两种类型。其中，先赋性因素是指个体出生即可享有的，通过继承而来的人力资本，具体包括个体父亲的受教育水平、个体父亲的职业地位等指标；后致性因素是指个体通过接受正规或者非正规的教育、参与职业培训等方式，经过后天努力所积累的人力资本，主要包括个体的受教育水平、在职培训等指标。并且布劳和邓肯通过一系列的实证研究表明，先赋性因素与后致性因素对个人的就业共同产生影响，但随着劳动力市场自由化程度的不断加深，后致性因素已经成为影响个人就业的主要因素，并变得越发重要，而先赋性因素的作用则变得越来越小。同样，与舒尔茨与贝克尔的人力资本理论观点一致，布劳和邓肯也强调教育对个体进行人力资本投资的基础作用与重要影响。并进一步指出人力资本的获得不仅来自于个体接受的正规教育，还包括个体获得的如夜校、兴趣培养班等形式的非正规教育。此外，个体通过参加工作所积累的工作经验、参与的在职培训等也是进行人力资本投资的重要形式。

具体来看，布劳和邓肯在进行人力资本对就业的作用机制的分析时，将个体的工资水平视为衡量个人就业的一项极为重要的因素，通过实证分析的方法证明了通过教育投资形成的人力资本与以工资报酬为主要表达的就业间具有显著的关系，进一步确定了教育与个体职业成就间的因果关系。此外，大量学者也对教育投资收益进行了研究，发现处于新兴产业的个体的教育回报率要高于在其他相对成熟的产业中个体的教育回报率，这源于处于新兴行业的个体绝大多数都获得了良好的教育，学习能力较强，可以迅速地适应新兴产业的技术变革，从而取得更高的工资收益。大量的实证研究也表明，在组织中接受在职培训机会较多的员工能够获得较高的薪资水平，也较容易取得职业晋升，其工作的满意度也更高。不论是先赋性因素还是自致性因素，男女大学生的就业行为表现出明显的差异性。

第二节　女大学生就业影响因素的描述性分析

在第一节理论分析的基础之上，本节设计了女大学生就业影响因素的问卷，对调研问卷的数据进行描述性的统计分析，以从数据的角度来探求女大学生就业的影响因素。本书课题组对辽宁高校 2011 届部分应届毕业的女大学生进行了随机问卷发放和调查，对部分女大学生及企业招聘方进行访谈，调查了解女大学生就业现状及其影响因素，这将对解决女大学生就业问题提供一些思路。本次调查涉及辽宁师范大学、东北财经大学、辽宁大学等 7 所大学 2011 届全日制普通高等教育应届本科女大学生，现场共发放问卷 700 份，收回有效问卷 659 份，问卷有效率为 94.14%。参加本次问卷调查的女大学生中，本科生比例为 84.52%，硕士生比例为 11.99%，博士生比例为 0.46%，大专以下比例为 2.73%。按专业类别分，理工科比例为 41.12%，非理工科为 58.88%。按生源地分，来自一线城市及省会城市的比例为 13.05%，来自二线城市的比例为 51.59%，来自三线城市及农村地区的比例为 35.36%。

一、女大学生就业意愿及工作搜寻分析

1. 女大学生就业意愿

（1）最理想的就业单位。女大学生在毕业时对未来的期望仍然比较理

想化，并且每个女大学生对理想工作的选择都存在一定的差异性。针对"你最想进入的工作单位是什么"这一问题，在全部659份有效问卷中，38.39%的人意向单位为国企，31.11%的人意向单位为外企，22.00%的人意向为政府公共部门，只有3.34%的人想进私企，4.70%的人自己创业，另有0.46%的人未回答。从调查可以看出，在被调查的女大学生中，就业意向选择比例最高的是国企，这明显地反映出女大学生认为最理想的工作应该是那些工作稳定、福利好、收入较高并且拥有较高社会地位的工作。而排在第二位的是外企，居第三位的是政府公共部门，这三种职业普遍被认为是收入相对稳定且工作较为体面。

（2）意向选择的就业地区。大学生对就业地点的选择是由多种因素促成的，包括选择的就业地点是否是自身所从事行业最有发展前途的地区，该地区的生活成本，以及对气候和生活习惯的适应能力等因素综合决定的。针对"你意向选择的就业地区是什么"这一问题，在全部659份有效问卷中，选择二线城市居多，占56.15%，选择一线城市及省会城市的占41.73%，选择三线城市及农村地区的人数少之甚少，占1.67%，另有0.46%未回答。从调查中可以看出，在被调查的女大学生中，选择就业地区比例比较高的是人们传统观念中的东部沿海经济发达的大中城市，这说明大学生普遍希望能在经济发达、社会资源较多的一线城市及省会城市找到属于自己的工作机会。被选比例最高的是二线城市，由于一线发达城市及省会城市的房价过高，工作压力和生活压力较大，使得近年来大学生在就业地点选择上呈现出了一些转变：从非北京、上海、广州不去，转变为今天的"逃离北上广"的选择。当然，也有选择三线地区及农村地区的大学生，这可能与我国近年来大力发展县域经济及建设新农村有关。

（3）是否愿意去基层就业。大学生去基层工作的选择反映了国家完善鼓励毕业生到基层和艰苦地区工作的相关政策。针对"如果有工作机会，你是否愿意到基层就业"这一问题，在全部659份有效问卷中，愿意去基层工作的占74.66%，不愿意去基层工作的占24.73%，不一定去者为0.15%，未回答的占0.46%。从调查中可以看出，愿意去基层工作的人数超过不愿意去基层工作的人数。在国家不断完善"一村一个大学生"计划的同时，高校毕业生可通过规定程序去基层和农村担任相应职务，熟悉农村经济社会发展。国家政策可以给大学生提供施展自身能力的机会，不愿意去基层工作的女大学生可能是从个人职业发展的前景来考虑，希望通过去经济更为发达、社会资源更多的地区就业。另外，独生子女政策使得部分家庭不愿意让自己的孩子远离家庭，更不用说去基层或者去农村，家庭的观念对于女大学生的就业、择业观影响较大。

（4）就业意向收入。女大学生对一份工作试用期后的月工资期望在很大程度上影响着他们的就业选择。针对"你的意向收入是"这一问题，在全部659份有效问卷中，有0.61%的被调查者选择1500元以下，有19.42%的被调查者选择的起薪在1500～2000元，有45.98%的被调查者选择在2000～2500元，有19.88%的被调查者选择在2500～3000元，有13.05%的被调查者选择3000～3500元，有0.15%的被调查者选择3500元以上。从调查中可以看出，由于可能受国家关于最低基本工资的有关规定的影响，在被调查的女大学生中，几乎都是选择起薪在1500元以上，并且依据各个地区的生活成本而呈现出不同的工资价格。

（5）有关创业。女大学生是否会选择自主创业与大学生本人的性格、综合能力、情商都有密切的关系。针对"你是否有创业的想法"这一问题，在全部659份有效问卷中，选择毕业后要自主创业的人数占32.63%，选择毕业后不自主创业的人数占36.42%，选择未来必要时才会去创业的人数占29.59%，未回答者占1.37%。从调查中可以看出，持保守意见的还是占大多数，超过80%的女大学生是希望找工作而不是自主创业。

（6）异地就业意识。实现劳动力有效流动可以更好地促进就业，针对"你是否有异地就业（劳动力流动）意识"这一问题，在全部659份有效问卷中，有52.20%的人选择异地就业，没有异地就业意向的占20.64%，或许未来有的占22.31%，逼到份上再说的人占3.64%，未回答者占1.21%。在当今社会独生子女占多数的主流现状下，超过半数以上的女大学生有异地就业意识，究其原因，一是可能为了与工作需要相匹配，是可以选择异地就业的；二是，大学生自己认为在父母身边的时间太久了，想一个人在外闯荡一段时间。

（7）毕业去向意向。大学生的毕业去向会影响他们对自身职业的定位。针对"如果目前没有意向单位，你的毕业去向是什么"这一问题，在全部659份有效问卷中，选择等待就业的人数占2.88%，选择可能在国内升本或考研的人数占21.24%，选择可能自主创业的人数占6.83%，选择可能做自由职业的人数占46.51%，选择其他灵活就业的人数占5.31%，选择出国、出境的人数占4.25%，选择其他的人数占7.82%，未作答者占

5.16%。从调查中可以看出，选择比例最高的是选择做自由职业，居第 2 位的是选择在国内升本或考研，这说明女大学生的就业主动性上比较自由，有超过 1/5 的人考虑继续读书深造等方式避开就业高峰期。

2. 女大学生就业搜寻情况

（1）投递简历的次数。投递简历是就业过程中首先经历的一个阶段。对投递简历的调查可以更好地帮助我们了解就业影响因素所起的作用。针对"你投递简历的次数"这一问题，在全部 659 份有效问卷中，选择投递的次数是 3～10 次的人数占 44.01%，选择投递的次数是 10～20 次的人数占 21.70%，选择投递的次数是 20～30 次的人数占 14.11%，选择投递次数是 30～40 次的人数占 4.70%，选择投递的次数是 40～50 次的人数占 6.53%，未作答者占 8.95%。从调查中可以看出，大学生多为有针对性的投递简历，近半数学生投递简历次数在 10 次以内。

（2）是否遭遇过性别歧视。对于女大学生而言，就业中存在的歧视主要是性别歧视。针对"找工作过程中，你是否遭遇过劳动力市场的性别歧视"这一问题，在全部被调查女大学生中，遭遇过性别歧视的人数占 36.27%，没遭遇过性别歧视的人数占 27.92%，听说过性别歧视的人数占 30.05%，看见过就业歧视的人数占 3.95%，未作答者占 1.82%。从调查中可以看出，性别歧视在劳动力市场上是女大学生就业难的一个重要影响因素，根据调查时的访谈，一些女大学生反映，企业在招聘时，即使不明确说明要招男大学生，也会在第二轮、第三轮面试时把女大学生涮掉，留下男大学生。并且女大学生普遍表示，性别歧视是找工作过程中遇到的最常见的歧视，也是找工作最困难的原因所在。

（3）对性别歧视抱有怎样的心态。针对"作为女大学生，你对劳动力市场性别歧视抱有怎样的心态"这一问题，在全部被调查女大学生中，接受性别歧视的人数占 15.02%，不接受性别歧视的人数占 35.36%，对性别歧视不理睬的人数占 32.02%，要进行积极反抗的人数占 16.39%，未作答者占 1.21%。从调查中可以看出，抱有平和心态的人数占有着相当一部分，也许这种现象司空见惯，她们置之不理或不理睬。但是这样的结果对于她们显然非常不公平，女性的工作能力在很多时候并不比男性差，因此，对于就业时的性别歧视现象，全社会要积极采取相应措施尽量避免这种现象的存在。

二、女大学生就业影响因素分析

1. 户籍对就业影响程度

户籍对大学生就业的影响是深远的，并且在短期内很难根本改变。针对"你认为户籍对就业影响程度"这一问题，在全部被调查的女大学生中，有16.69%的人认为户籍对就业的影响程度很大，有61.61%的人认为户籍对就业的影响程度一般，有13.20%的人认为户籍对就业没有影响，有7.89%的人表示不清楚，另有0.61%的人未作答。从调查中可以看出，超过半数的女大学生认为户籍会影响自己的就业，这与我国独特的户籍制度有密切的关系。那些拥有北京、上海、广州、沈阳等地户籍的大学生能有更多机会在一线城市及省会城市实现就业，部分女大学生们不考虑那些不能解决户籍的工作单位就是出于今后长远的发展。在调查中通过对企业的访谈也发现，一些企业不愿意招聘外地生源，主要是因为解决不了户口问题。

2. 是否了解对女大学生就业的支持措施

对就业支持措施的了解是影响女大学生就业的重要影响因素，对国家就业政策和地区支持政策特别是对女大学生支持措施的熟悉是正确指导女大学生自身有效就业的重要手段。针对"你是否了解对女大学生就业的支持措施"这一问题，在全部被调查女大学生中，对女大学生就业的支持措施了解的人数占6.83%，对女大学生就业的支持措施不了解的人数占92.56%，未作答者占0.61%。从调查中可以看出，约有九成的女大学生不了解就业支持措施，并且没有受到就业措施的合理指导，这一定程度上既说明女大学生对就业政策的关注度太少，也说明政策实施者与宣传者宣传的有限性，应该急需加强宣传。

3. 是否担心生育的影响

生育问题一直是刚毕业女大学生对于未来工作必须考虑的一个重要的影响因素。我们设计的问题是"您是否担心生育的影响"，在全部被调查女大学生中，选择不担心的人数占35.05%，选择担心的人数占23.52%，选择有那么一点的人数占39.30%，未作答者占2.12%。从调查中可以看出，在被调查的女大学生中，生育问题会是女大学生影响其选择就业方向的衡量指标之一。

4. 实习及实习的作用

实习是积累工作经验的一种形式，女大学生可以此来证明自己的就业能力。针对"你是否有过实习，实习是否有帮助"这一问题，在全部被调查的女大学生中，选择有过实习且有帮助的人数占 59.79%，选择没有过实习但实习有帮助的人数占 29.14%，选择有过实习但没有帮助的人数占 6.37%，选择没有过实习也没有帮助的人数占 3.34%，未作答者占 1.37%。从调查中可以看出，约九成以上的女大学生认为实习对就业的重要性不言而喻，即便没有实习也仍会认为实习有着很大的帮助。

5. 女大学生对自己的评价

女大学生不仅要了解劳动力市场存在的各种就业现状，而且要熟悉女大学生在面对这些现状时对自己能力的判断。针对"作为女大学生，你对自己的评价是什么"这一问题，在全部被调查女大学生中，对自己的评价还可以的人数占 45.07%，对自己评价满意的占 38.09%，对自己评价不满意的人数占 5.01%，对自己不太自信的人数占 10.17%，未作答者占 1.67%。从调查中可以看出，对自己不满意的或者不太自信的占少数，这说明女大学生自信的提高，这与我国提倡男女平等的宣传有关，另外，接受高等教育使女性的人力资本得到提升，自信度也相应提升。从另一个侧面也能反映出，劳动力市场不合理现象的存在并不能证明是女大学生的能力学识和自信度不够，有时候会是雇主单方的偏见与歧视所造成的。

6. 对学校提供的就业服务的满意度

全国高校均设有为大学毕业生提供就业指导和就业服务的机构与中心，因此，大学毕业生在进行就业选择时都可以向自己所在学校的就业指导中心寻求咨询和帮助。针对"你对学校提供的就业指导服务的满意程度是什么"这一问题，在全部被调查的女大学生中，认为非常满意的人数占 5.31%，认为比较满意的人数占 32.02%，认为一般的人数占 48.71%，不满意的人数占 10.62%，非常不满意的人数占 2.58%，未作答者占 0.76%。从调查中可以看出，大多数女大学生认为学校提供的就业指导服务较为一般。大学生对于就业服务的需求都不同，各高校很难做到让每一位大学生都达到满意。但是，各高校就业指导服务确实在一定程度上促进了就业，只不过这一举措的服务有待进一步改进。

7. 对校园招聘的满意度

对于绝大多数大学毕业生来说，参加学校和用人单位合作举办的校园招聘会或宣讲会是找工作的最主要的渠道。针对"你对校园招聘会的求职效果满意程度"这一问题，在全部被调查的女大学生中，表示非常满意的人数占 3.19%，表示比较满意的人数占 24.28%，表示一般的人数占 54.93%，表示不满意的人数占 13.51%，表示非常不满意的人数占 2.28%，未作答者占 1.82%。从调查结果看，超过半数的女大学生对校园招聘的态度感觉一般。另据访谈，一些声望不高的学校在组织校园招聘会时，组织工作和宣传工作不到位，并且没有为女大学生就业提供的专项就业指导和服务。可见，校园招聘会需要进一步改善和加强。

8. 对社会招聘会的满意度

大学生除了可以在全国各地的高校校园里通过校园招聘会获取就业信息，还可以通过政府公共服务机构获得就业服务和信息咨询。针对"你对社会招聘会的求职效果满意程度"这一问题，在全部被调查的女大学生中，表示非常满意的人数占 1.21%，表示比较满意的人数占 16.84%，表示一般的人数占 67.07%，表示不满意的人数占 11.23%，表示非常不满意的人数占 1.37%，未作答者占 2.28%。从调查中可以看出，超过半数的女大学生对社会招聘会的求职效果满意程度感觉一般或者不满意。据考察，一些地区的社会招聘会由当地政府举办，并且一年中举办的次数极其有限，被访谈的女大学生普遍表示，招聘会次数太少且时间短暂，不能充分了解就业信息和进行工作搜寻。

第三节　女大学生就业影响因素的因子分析

在国外的相关研究中，学者们认为现代社会区别于传统社会的特征是流动机会（相对流动率）的平等化。无论是教育筛选，还是职位分配，都将越来越多地按照绩效原则进行。个人的家庭背景在现代社会的职位分配过程中所起到的作用会越来越弱。从社会选择机制的视角出发，按照绩效原则，将个人分配到合适的职位是工业社会经济理性的必然要求。这使得社会筛选的机制从传统社会的重"出身"的先赋因素转向重"成就"的自致因素，从"看他是谁"，到"看他能干什么"。布劳和邓肯的职业地位获得模型，注重比较导致社会地位差异性的自致与先赋因素。该模型以个体社会经济地位指数作为因变量衡量当前社会地位，以父亲教育程度和职业为先赋性因素，以本人教育程度和初职地位为自致性因素作为自变量，建立了五变量的因果关系模型，认为社会地位获得同时受自致和先赋因素的影响，先赋因素的影响虽不可忽视，但自致因素的影响强度较高。

反观国内的相关研究，对于大学生就业的影响因素研究，学者们从大学生的个性特征、家庭的先赋因素、性别等视角研究这些因素对大学生就业意愿、职业地位获得的影响。在三种因素中，自致因素嵌入在先赋因素中，先赋因素嵌入在社会因素中，三种因素互相作用，但其解释程度存在差异。

众所周知，自致因素是指一个人的生命历程中作为个人努力与否的结果而获得的地位及资源所包含的因素。一些社会学、心理学的实证研究发现，诸如社会敏感性、社会交际、情感稳定、自我控制、文化、领导才能等个性特征，对个体的收入和职位成功有显著正影响，并且这种影响独立于传统的人力资本变量。在经济学的实证研究中发现，宿命论、敌对、离群等个性特征变量对工资有显著的负影响；甚至个性特征对个体的事业影响，在一定程度上等价甚至超过学校教育的认知技能。研究者采用 Logistic 分析和 Heckman 两步法估计了高校毕业生个性特征对就业的影响。估计结果表明，大学毕业生个性特征的综合素质越高，越能获得就业岗位。良好的个性特征对就业概率具有显著正影响；相反，被动型个性特征对就业概率有显著负影响。

除了自致因素之外，还有先赋因素也会影响大学生的就业状况。先赋因素是指所拥有的被指定的且通常不能被改变的地位及资源所包括的因素，如一个人的种族、民族、年龄、性别、外貌等生物性遗传因素及家庭本身拥有的资本。求职大学生除了拥有良好的自致因素之外，若拥有的先赋因素越多，则就业的落实率和质量也会越高。研究发现，大学生就读的学校层次越高，所学专业越好，学习成绩排名越靠前，获得英语等级证书，有实习经历，父母的职位越高，都明显有助于就业。具体来看，在家庭的地位结构因素中，父亲的教育对于大学生继续深造作用显著；网络结构性因素对于大学生"从政"有着显著作用。网络规模越大，与官员交往越多，大学生"从政"意愿越高。地位结构性因素对于大学生"入企"的作用显著，家庭收入越高，大学生"入企"意愿越高。若父亲的受教育程度越高，则大学生"入企"的意愿将下降。

在先赋因素中，性别对大学生就业质量也呈现出明显的差异性。研究者以和谐社会为指导，以学校声望、就业服务能力建立学校评价指标体系；以劳动力供求平衡、劳动力市场自由度、和谐劳动关系建立市场评价指标体系；以基本生活保证、发展空间、职业能力建立个人意愿和素质评价指标体系；以家庭收入水平、知识水平和社会关系建立家庭评价指标体系；以供求平衡、信息完备和男女平等原则建立政策评价指标体系；以传统文化、风俗、社会性别定位和社会排斥建立社会评价指标体系。构建了学校、市场、个人素质和意愿、家庭、政策和社会 6 个二级准则、共计120 个指标的女大学生就业质量全口径评价指标体系。根据实地调查数据，运用主成分分析法进行了实证检验，得出以下结论：第一，影响女大学生就业质量高低的二级准则依次为个人素质和意愿、学校、社会、市场、政策和家庭；第二，个人素质和意愿是影响女大学生就业质量的最重要因素，特别是工作能力、人际关系、技能的掌握、实习经历和所学专业；第三，学校尤其是学校知名度在女大学生就业中起着重要作用；第四，性别、技能的掌握、求职技巧和长相对女大学生就业质量的影响大于对男大学生就业质量的影响；第五，社会传统观念对女大学生就业质量有负面作用；第六，家庭因素同样影响女大学生就业质量，但影响系数较个人素质和意愿、学校、市场等要小。

与此同时，先赋因素嵌入在社会因素中，就使得社会传统观念、人际关系、劳动合同法规、机遇等社会因素对女大学生的职业定位也有影响。笔者在本书中界定的社会因素是指社会上各种事物，包括社会制度、社会群体、社会交往、道德规范、国家法律、社会舆论、风俗习惯等。中国漫长的封建社会历史形成的重男轻女的思想，社会对男女有着不同的角色期待和双重标准，女性在劳动就业问题上并没有真正拥有与男性平等的地位和均等的机会。同时也普遍存在以学历、社会关系、实践经验和生理条件等为门槛的社会排斥现象。本章是从职业地位获得模型的理论视角出发，分析哪种因素在大学生就业主要因素中发挥最根本的作用，各因素之间又有什么关系。

第四节　实证分析

一、数据来源及分析方法

1. 数据来源

本章数据源自国家社会科学基金项目"女大学生就业难问题的成因及相关政策研究"东北财经大学课题组于 2010 年对全国 63 所高校大学毕业生的问卷调查数据。

2. 分析方法

本书使用因子分析方法对全国 63 所高校大学生就业问卷调查所得数据进行分析，比较影响大学生就业意愿的三个因素：自致因素、先赋因素和社会因素，具体分析哪一类因素对大学生就业的影响最深。因子分析的原理是把每个原始变量分解成两个部分：一部分是由所有变量共同具有的少数几个因子构成的，即所谓的公共因素部分；另一部分是每个变量独自具有的因素，即所谓独特因素部分。该因子分析的基本问题就是要确定因子载荷。本书的分析方法是先用巴特利特球度检验和 KMO 检验判断整张问卷的调查数据是否适合做因子分析，再进行因子分析。

二、数据分析

本书的数据是否适合做因子分析，可通过巴特利特球度检验和 KMO 检验判断。KMO 统计量：是通过比较各变量间简单相关系数和偏相关系数的大小判断变量间的相关性，相关性强时，偏相关系数远小于简单相关系数，KMO 值接近 1。一般情况下，KMO >0.9 则非常适合因子分析；0.8 < KMO <0.9 为适合；0.7 以上尚可，0.6 时效果很差，0.5 以下不适宜作因子分析。

巴特利特球度检验（barlett test of sphericity）：用于检验相关阵是否是单位阵，即各变量是否独立。它是以变量的相关系数矩阵为出发点，零假设：相关系数矩阵是一个单位阵。如果巴特利特球形检验的统计计量数值较大，且对应的相伴概率值小于用户给定的显著性水平，则应该拒绝零假设；反之，则不能拒绝零假设，认为相关系数矩阵可能是一个单位阵，不适合做因子分析。若假设不能被否定，则说明这些变量间可能各自独立提供一些信息，即缺少公因子。

具体见表 7 – 1。

表 7 – 1　　　　　　　　　　**KMO 和巴特利特球度检验**

Kaiser-Meyer-Olkin 测量采样充足		0.872
巴特利特球度检验	卡方近似值	39787.647
	自由度	435
	显著性	0.000

如果 KMO 值在 0.8 ~ 0.9 之间，说明矩阵变量间的相关性较强；巴特利特球度检验结果为拒绝原假设，矩阵各变量间不是独立的，可以对该矩阵进行因子分析。

因此，对全国 63 所高校大学生就业问卷调查所得数据进行因子分析结果见表 7 – 2。

表 7 – 2　　　　　　　　　**因子解释原有变量总方差的情况**

因子	初始特征根			被提取的载荷平方和			旋转后的载荷平方和		
	特征根值	方差贡献率	累积方差贡献率	特征根值	方差贡献率	累积方差贡献率	特征根值	方差贡献率	累积方差贡献率
1	6.266	20.886	20.886	6.266	20.886	20.886	2.781	9.271	9.271
2	2.593	8.642	29.528	2.593	8.642	29.528	1.845	6.149	15.42
3	1.866	6.219	35.747	1.866	6.219	35.747	1.699	5.665	21.085
4	1.4	4.666	40.413	1.4	4.666	40.413	1.591	5.303	26.388
5	1.238	4.127	44.54	1.238	4.127	44.54	1.515	5.052	31.439
6	1.175	3.917	48.457	1.175	3.917	48.457	1.503	5.009	36.448
7	1.054	3.513	51.97	1.054	3.513	51.97	1.421	4.736	41.184
8	1.041	3.471	55.441	1.041	3.471	55.441	1.403	4.678	45.861

因子	初始特征根			被提取的载荷平方和			旋转后的载荷平方和		
	特征根值	方差贡献率	累积方差贡献率	特征根值	方差贡献率	累积方差贡献率	特征根值	方差贡献率	累积方差贡献率
9	0.997	3.322	58.763	0.997	3.322	58.763	1.394	4.645	50.507
10	0.905	3.017	61.78	0.905	3.017	61.78	1.283	4.275	54.782
11	0.847	2.824	64.603	0.847	2.824	64.603	1.081	3.604	58.386
12	0.814	2.712	67.315	0.814	2.712	67.315	1.032	3.439	61.825
13	0.779	2.595	69.91	0.779	2.595	69.91	1.021	3.404	65.229
14	0.755	2.515	72.426	0.755	2.515	72.426	1.008	3.361	68.591
15	0.715	2.382	74.808	0.715	2.382	74.808	1.004	3.347	71.938
16	0.687	2.288	77.096	0.687	2.288	77.096	1.003	3.343	75.281
17	0.675	2.251	79.347	0.675	2.251	79.347	0.993	3.311	78.592
18	0.624	2.08	81.427	0.624	2.08	81.427	0.851	2.835	81.427
19	0.599	1.995	83.423						
20	0.584	1.946	85.369						
21	0.56	1.868	87.236						
22	0.525	1.751	88.987						
23	0.507	1.689	90.676						
24	0.495	1.65	92.326						
25	0.472	1.575	93.901						
26	0.454	1.515	95.416						
27	0.427	1.424	96.84						
28	0.388	1.292	98.133						
29	0.299	0.996	99.128						
30	0.261	0.872	100						

表7-2中的方差解释程度：按照特征根大于0.6的方法，从30个问题中提取18个主要成分，这18个问题的解释力达到81.427%。每个主成分的内容如表7-2所示，表7-2分为两个小表，其中，表7-3是第1个

因子到第 9 个因子旋转后的因子负荷矩阵；表 7 - 4 是第 10 个因子到第 18 个因子旋转后的因子载荷矩阵。

表 7 - 3　　　　　　　　　旋转后的因子载荷矩阵

因子	工作状态	外貌	求职能力及技巧	学习能力	人际关系	所在院校及专业	政治面貌	性格特征	工作经历
1. 性别	- 0.015	0.120	0.018	0.013	0.008	0.079	0.070	0.047	- 0.007
2. 年龄	0.035	0.142	0.006	0.034	0.059	- 0.008	0.007	0.019	0.025
3. 民族	- 0.028	0.105	- 0.019	0.043	- 0.052	- 0.040	0.089	0.031	- 0.027
4. 学习成绩	0.092	- 0.017	0.054	0.845	0.052	0.144	0.109	0.070	- 0.017
5. 各种证书	0.068	0.083	0.074	0.778	0.084	0.059	0.095	- 0.014	0.253
6. 实习经历	0.089	0.017	0.099	0.364	0.191	- 0.026	0.042	0.037	0.759
7. 大学生个人期望值	0.142	0.058	0.070	0.082	0.084	0.058	0.035	0.064	0.048
8. 劳动合同	0.101	0.052	0.097	0.082	0.104	0.042	0.060	0.064	0.047
9. 工作能力	0.262	0.013	0.121	0.136	0.742	0.138	- 0.025	0.090	0.141
10. 人际关系	0.156	0.047	0.077	0.039	0.827	0.070	0.132	0.086	0.133
11. 政治面貌	0.011	0.120	- 0.027	0.105	0.040	0.030	0.824	- 0.008	- 0.026
12. 学生干部	0.058	0.156	0.169	0.127	0.074	0.066	0.760	0.081	0.135
13. 身高	0.036	0.880	0.028	0.025	0.012	0.031	0.178	0.059	0.009
14. 长相	0.060	0.874	0.056	0.031	0.036	0.051	0.069	0.136	0.026
15. 个性特征	0.079	0.348	0.164	0.089	0.169	0.050	- 0.021	0.726	0.032
16. 家庭背景	0.021	0.171	0.012	0.002	0.056	0.103	0.103	0.087	0.036
17. 毕业院校知名度	0.105	0.066	0.130	0.142	0.093	0.718	0.079	0.076	0.070
18. 所学专业	0.087	0.036	0.063	0.103	0.105	0.851	0.026	0.037	0.134
19. 社会实践经验	0.192	0.026	0.208	- 0.021	0.124	0.299	0.066	0.093	0.767
20. 机遇	0.066	0.085	0.506	0.079	0.211	0.160	- 0.03	0.023	0.028
21. 求职技巧	0.194	0.066	0.780	0.068	0.039	0.056	0.109	0.062	0.093
22. 技能的掌握	0.287	0.012	0.693	0.069	0.129	0.101	0.011	0.108	0.183
23. 观念习俗文化	0.096	0.064	0.273	- 0.008	- 0.007	0.074	0.104	0.255	0.001
24. 父母的意愿	0.057	0.140	- 0.096	0.043	- 0.013	- 0.035	0.062	- 0.048	0.006
25. 收入和待遇	0.142	0.059	0.130	0.050	0.083	0.161	0.039	0.161	0.046
26. 性格特征	0.273	0.058	0.000	0.071	0.077	0.091	0.731	0.101	
27. 理想抱负	0.533	0.021	- 0.036	0.026	- 0.078	0.048	0.074	0.357	0.075
28. 吃苦进取	0.833	0.006	0.126	0.089	0.107	0.068	0.000	0.110	0.062
29. 执行力	0.863	0.008	0.140	0.065	0.140	0.045	- 0.010	0.073	0.073
30. 聪明伶俐有主见	0.782	0.103	0.190	0.027	0.152	0.066	0.067	0.034	0.084

表7-4 旋转后的因子负荷矩阵

因子	社会观念及父母的双重影响	家庭背景	个人就业期望	年龄	收入和待遇	民族	性别	劳动合同	机遇
1. 性别	0.051	0.065	0.029	0.148	-0.009	0.071	0.95	-0.002	0.01
2. 年龄	0.035	0.077	0.012	0.913	0.071	0.128	0.153	0.051	0.018
3. 民族	0.111	0.05	0.038	0.128	-0.016	0.956	0.072	0.042	-0.011
4. 学习成绩	0.06	-0.039	0.048	0.031	0.002	0.064	0.015	0.018	0.013
5. 各种证书	-0.034	0.054	0.03	0.001	0.049	-0.02	-0.001	0.069	0.036
6. 实习经历	-0.009	0.047	0.114	0.044	0.061	-0.053	0.026	0.026	-0.04
7. 大学生个人期望值	0.073	0.023	0.931	0.012	0.069	0.039	0.032	0.132	0.056
8. 劳动合同	0.061	0.044	0.131	0.052	0.052	0.043	-0.002	0.943	0.006
9. 工作能力	-0.030	-0.069	0.058	0.013	0.07	-0.085	0.031	0.122	-0.032
10. 人际关系	0.011	0.129	0.039	0.053	0.026	0.014	-0.016	0.013	0.114
11. 政治面貌	0.100	0.135	-0.047	0.115	-0.036	0.077	-0.023	0.115	0.107
12. 学生干部	0.018	-0.025	0.104	-0.123	0.093	0.021	0.119	-0.059	-0.121
13. 身高	0.083	0.033	0.038	0.073	0.022	0.054	0.071	0.034	0.025
14. 长相	0.059	0.137	0.021	0.075	0.038	0.055	0.052	0.02	0.03
15. 个性特征	0.005	0.169	0.035	-0.033	0.030	0.010	0.072	0.022	-0.164
16. 家庭背景	0.121	0.894	0.016	0.078	0.013	0.057	0.065	0.047	0.054
17. 毕业院校知名度	-0.078	0.310	0.088	0.044	0.135	-0.088	0.037	-0.05	-0.033
18. 所学专业	0.080	-0.08	0.001	-0.038	0.054	0.022	0.058	0.082	0.111
19. 社会实践经验	0.015	0.008	-0.042	-0.010	0.000	0.016	-0.034	0.036	0.081
20. 机遇	0.00	0.158	0.040	-0.005	0.095	-0.016	0.034	0.004	0.651
21. 求职技巧	0.032	0.046	0.074	-0.053	0.084	0.034	0.008	0.055	0.086
22. 技能的掌握	0.068	-0.064	-0.007	0.078	0.031	-0.067	0.009	0.061	0.028
23. 观念习俗文化	0.740	0.005	0.160	0.217	-0.161	0.036	-0.079	-0.015	-0.125
24. 父母的意愿	0.773	0.160	-0.027	-0.123	0.279	0.128	0.146	0.101	0.158
25. 收入和待遇	0.085	0.017	0.075	0.079	0.885	-0.021	-0.014	0.052	0.050
26. 性格特征	0.135	-0.009	0.045	0.051	0.190	0.037	0.008	0.071	0.237
27. 理想抱负	0.162	-0.097	0.229	0.095	0.018	-0.022	-0.028	0.012	0.467
28. 吃苦进取	0.029	-0.008	0.018	0.020	0.024	-0.005	0.027	0.056	0.061
29. 执行力	0.041	0.031	0.063	0.019	0.062	-0.012	-0.010	0.029	-0.016
30. 聪明伶俐有主见	0.010	0.045	0.041	-0.02	0.067	-0.006	-0.025	0.028	-0.002

归纳因子的方式：从表 7－3 和表 7－4 的每一纵列可挑选出绝对值大于 0.5 的因子，进行因子的命名解释。

归纳每一纵列的因子特征如下：

第一列：挑选出"28. 吃苦进取（0.833）；29. 执行力（0.863）"，因此第一个因子是工作状态，方差贡献率是 9.271%。

第二列：挑选出"13. 身高（0.880）；14. 长相（0.874）"，因此第二个因子是外貌，方差贡献率是 6.149%。

第三列：挑选出"21. 求职技巧（0.780）；22. 技能的掌握（0.693）"，因此第三个因子是求职能力及技巧，方差贡献率是 5.665%。

第四列：挑选出"4. 学习成绩（0.845）；5. 各种证书；（0.778）"，因此第四个因子是学习能力，方差贡献率是 5.303%。

第五列：挑选出"10. 人际关系（0.827）"，因此第五个因子是人际关系，方差贡献率是 5.052%。

第六列：挑选出"18. 所学专业（0.851）；17. 毕业院校的知名度（0.718）"，因此第六个因子是所在院校及专业，方差贡献率是 5.009%。

第七列：挑选出"11. 政治面貌（0.824）；12. 学生干部（0.760）"，因此第七个因子是政治面貌，方差贡献率是 4.736%。

第八列：挑选出"15. 个性特征（0.726）；26. 性格特征（0.731）"，因此第八个因子是性格特征，方差贡献率是 4.678%。

第九列：挑选出"6. 实习经历（0.759）；19. 社会实践经验（0.767）"，因此第九个因子是工作经历，方差贡献率是 4.645%。

第十列：挑选出"23. 观念习俗文化（0.740）；24. 父母的意愿（0.773）"，因此第十个因子是社会观念及父母的双重影响，方差贡献率是 4.275%。

第十一列：挑选出"16. 家庭背景（0.894）"，因此第十一个因子是家庭背景，方差贡献率是 3.604%。

第十二列：挑选出"7. 大学生个人期望值（0.931）"，因此第十二个因子是个人就业期望，方差贡献率是 3.439%。

第十三列：挑选出"2. 年龄（0.913）"，因此第十三个因子是年龄，方差贡献率是 3.404%。

第十四列：挑选出"25. 收入和待遇（0.885）"，因此第十四个因子是收入和待遇，方差贡献率是 3.361%。

第十五列：挑选出"3. 民族（0.956）"，因此第十五个因子是民族，方差贡献率是3.347%。

第十六列：挑选出"1. 性别（0.950）"，因此第十六个因子是性别，方差贡献率是3.343%。

第十七列：挑选出"8. 劳动合同（0.943）"，因此第十七个因子是劳动合同，方差贡献率是3.311%。

第十八列：挑选出"20. 机遇（0.651）"，因此第十八个因子是机遇，方差贡献率是2.835%。

从选出的18个因子中再进行影响因素的分类。根据自致因素的定义，本书中界定自致因素包括由吃苦进取、执行力组成的"工作状态"因子（9.271%）；由求职技巧、技能的掌握组成的"求职能力及技巧"因子（5.665%）；由学习成绩、各种证书组成的"学习能力"因子（5.303%）；由所学专业、毕业院校的知名度组成的"所在院校及专业"因子（5.009%）；由政治面貌、学生干部组成的"政治面貌"因子（4.736%）；由实习经历、社会实践经验组成的"工作经历"因子（4.645%）；把大学生个人期望值作为"个人就业期望"因子（3.439%）；"人际关系"因子（5.052%）是自致因素、先赋因素和社会因素共同作用的结果，在自致因素、先赋因素和社会因素中各计算一次，因此，自致因素共8个因子组成，加总各因子的方差贡献率是43.12%。

根据先赋因素的定义，本章中界定的先赋因素就是家庭因素，它包括由身高、长相组成的"外貌"因子（6.149%）。"人际关系"因子（5.052%）是自致因素、先赋因素和社会因素共同作用的结果，因此在自致因素、先赋因素和社会因素中各计算一次。由个性特征、性格特征组成的"性格特征"因子（4.678%）。由观念习俗文化、父母的意愿组成的"社会观念及父母的双重影响"因子（4.275%），它是先赋因素和社会因素共同作用的结果，因此在先赋因素和社会因素中各计算一次。机遇因子（2.835%）是先赋因素和社会因素共同作用的结果，因此在先赋因素和社会因素中各计算一次。"家庭背景"因子（3.604%）、"年龄"因子（3.404%）、"民族"因子（3.347%）、"性别"因子（3.343%）4个因子的方差贡献率为13.698%。

根据社会因素的定义，本章中界定的社会因素包括"人际关系"因子（5.052%）；人际关系是自致因素、先赋因素和社会因素共同作用的结果，因此在自致因素、先赋因素和社会因素中各计算一次。由观念习俗文化、父母的意愿组成的"社会观念及父母的双重影响"因子（4.275%），它是先赋因素和社会因素共同作用的结果，因此在先赋因素和社会因素中各计算一次。把收入和待遇作为"收入和待遇"因子（3.361%）。把劳动合同作为"劳动合同"因子（3.311%）。机遇因子（2.835%）是先赋因素和社会因素共同作用的结果，因此在先赋因素和社会因素中各计算一次。因此本书中社会因素共有 5 个因子组成，加总各因子的方差贡献率是 18.834%。

第五节　结论

根据表 7-2 主成分分析和表 7-3、表 7-4 的旋转后的因子负荷矩阵分析和因子分类，把三类因素的因子方差贡献率加总后发现，自致因素的解释程度是 43.12%，先赋因素的解释程度是 36.687%，社会因素的解释程度是 18.834%。

当前，中国社会仍处在社会结构转型的调整阶段，社会关系错综复杂。虽然在大学生的求职群体中存在"拼爹就业"的现象，但缺乏先赋性社会资本的大学生仍占所有求职大学生的大多数。若要解释本书中所指的哪个因素对大学生就业的影响程度最高，取决于大学生找到的工作性质。在这里笔者把工作性质划分为体制内工作和体制外工作两种。

对于缺乏先赋性社会资本的大学生来说，由于先赋因素没有在求职过程中起作用，会更加依靠自己的自致因素寻求能充分体现其自致因素的体制外工作。在获得这类工作时，自致因素最重要，先赋因素对这类工作的影响是微弱的，社会因素能影响的作用更小。

当代的中国社会长期属于一个关系本位的社会，因此稀缺的社会资源总是被分配在拥有较高社会经济地位的先赋型家庭中。对于那些期望拥有体制内工作的大学生来说，他们除了要拥有较强的自致能力外，还须拥有自身家庭资本赋予的先赋因素，才能获得令人羡慕的体制内工作。这说明影响大学生获取体制内体面工作的最重要因素是先赋因素。但这种先赋因素只是进入体制内工作的一个敲门砖，能否延续这种因素的重要性，从根本上说还是取决于求职者的自致因素。先赋因素的重要性在体制内工作中凸显，与"只有拼爹才能获得体制内好工作"的就业观念的引导有关。在获取这类工作时，自致因素是根本，先赋因素是重要条件，社会因素具有构建就业观念的引导作用。

综上所述，可得出结论：从普遍意义上来说，影响大学生就业因素程度最高的是自致因素，其次是先赋因素，影响程度最低的是社会因素。

第八章

家庭、学校、地域选择与产业结构
对女大学生就业的影响

第一节　家庭对女大学生就业的影响

在当今日益艰难的大学生就业市场中，由于机会不均、聘用标准不一、薪酬不等，大学生尤其是女大学生的求职之路仍然倍感艰辛。对于导致大学生求职难的原因已经有不少学者在探讨，这些学者大多是从劳动力市场的供求关系视角来分析。然而，也有学者则从家庭因素的视角来探讨这类问题。例如，李黎明、宗力、张顺国通过 2006 年西部三所高校（西安交大、陕西师大、兰州大学）大学生的就业行为调查的数据，发现家庭的社会经济地位（父母的职业、地位、学历）对子女职业获得具有显著的影响作用。此外，郑洁（2004）指出家庭社会经济地位越高的大学毕业生更有可能选择继续学习深造以推迟就业，且求职更有信心，初次就业落实单位的概率高。在家庭因素对就业意愿的影响问题上，高耀、刘志民、方鹏（2012）的研究指出：家庭的经济状况和母亲的职业对大学生到西部及基层和艰苦地区就业的意愿没有显著性影响，而父亲的职业对此则存在显著的负向影响。具体而言，父亲职业等级越高，其子女越不愿意到西部、基层及艰苦地区就业。

从理论层面来分析，家庭因素对大学生就业意愿的影响状况可用费孝通（2013）"差序格局"的思想观点来解释。一方面，以"己"为中心形成的社会关系，一圈一圈推出去，愈推愈远，也愈推愈薄。中国社会结构的基本特性就是这种以差序方式建构的社会关系，离自己这个圆心越近，道德性和工具性责任越重。基于中国人"差序格局"的人际关系社会结构，反映出中国人是以血缘关系为纽带的。中国人普遍认为"子女的幸福就是自己的幸福"。因此，在残酷的就业竞争中，当机会和资源短缺时，中国的传统文化一定会发挥至关重要的作用。中国的传统文化就是中国人是以血缘关系为纽带来解决就业这样牵动亿万家庭幸福的重大问题。目前，中国社会里的人是以自己的血缘关系来考虑就业资源配置的人。因此，中国人只会为与自己有血缘关系的人的命运而忙碌。另一方面，在机会和资源短缺的社会环境背景下，从代际流动是否能够向上流动的视角来分析，家庭的内部条件即父母亲的职业、受教育程度都会对代际流动起着一定的制约作用，这不是以子女的意志为转移的。父母把稀缺的社会资源传递给子女的"努力最大化"行为，成为代际流动能够向上流动的一个重要因素。因此，在供不应求的就业市场中，家庭因素能成为获得体面工作这一稀缺资源的决定性因素。

在中国日益严峻的大学生就业市场中，从大学生的家庭因素的视角分析其就业意愿，对于分析他们的就业意愿和发展等问题都有着非常重要的意义。本章分别通过分析不同类型、不同性别的高校大学生的就业意愿与其家庭因素之间的关系，以及不同类型高校的女大学生和男大学生受家庭因素影响的差异，来重点考察家庭对女大学生就业的影响。

一、研究设计

本章通过费孝通的"差序格局"理论，并从代际传递效应在"差序格局"中以血缘作为纽带的理论观点，以国家社会科学基金项目"女大学生就业难问题的成因及相关政策研究"东北财经大学课题组实地调研的 2079 份第一手有效数据为依据，主要运用独立样本 T 检验的方法来检验假设，从而得出家庭因素的差异会影响不同类型的高校大学生，尤其是女大学生就业意愿的结论。

1. 变量设置

将大学生的家庭因素作为影响大学生就业意愿的自变量，大学生就业意愿则为因变量。其中考察的自变量包括：家庭人口构成、父母的受教育程度、职位状况、家庭年收入水平、亲属的社会地位。通过数据重点解释这7个主要的家庭因素指标与女大学生就业意愿之间的关系。

2. 数据来源

数据源自国家社会科学基金项目"女大学生就业难问题的成因及相关政策研究"东北财经大学课题组于2011年4～5月在大连各高校中，随机抽取四所不同类型的高校进行的"大连地区本科生状况问卷调查"。被调查的高校分别为大连理工大学、东北财经大学、辽宁师范大学、大连大学。问卷内容包括个人基本情况、所学专业、学习成绩、社团活动参与状况、父母的职业、父母的受教育程度、家庭的年收入状况、亲属的社会资源拥有状况等。学生年级分布以大三学生为主。调查采用分层随机抽样方法进行问卷调查，共发放问卷2200份，实际收回问卷2158份。经过逻辑检验和缺失数据处理，实际用于分析的有效样本为2079份，问卷有效回收率为96.3%。

3. 方法的选择

研究运用SPSS16.0进行相关计量分析，主要使用独立样本T检验的方法来检验假设。具体来说，分别以被调查者是否为独生子女、父母的职位、父母的学历、家庭年收入、亲属担任处级或经理级以上职位作为分组变量进行独立样本T检验，分析这些家庭资本与大学生就业意愿之间的相关性。由于实证研究的数据调查显示：大连四所高校的大学毕业生的就业意愿集中在考研和出国深造这两种选择中，因此所有表格都是针对这两种选择进行独立样本T检验。此外，本节还运用这种方法来分析独生子女的角色身份是否会对大学生就业意愿产生影响。

二、实证分析

1. 研究假设

把家庭因素分为家庭人口结构、父母的职位状况、父母的受教育程度、家庭经济状况、亲属的社会地位这五大类。这些因素对女大学生的就业意愿起着至关重要的作用。通过对大连市四所高校进行的问卷调查，探讨不同类型的高校女大学生的就业意愿与其家庭因素之间的关系。本节的总体研究假设是：家庭因素对不同性别、不同类型的高校大学生的就业意愿有显著影响。具体来说，分为五个小假设：

假设 1，独生子女对不同类型的高校大学生就业意愿有显著影响；

假设 2，父母的职位状况对不同类型的高校大学生就业意愿有显著影响；

假设 3，父母的受教育程度对不同类型的高校大学生就业意愿有显著影响；

假设 4，家庭经济状况对不同类型的高校大学生就业意愿有显著影响；

假设 5，亲属的社会地位对不同类型的高校大学生就业意愿有显著影响。

2. 实证检验

（1）对假设 1 的实证检验。为尽可能剔除"独生子女"以外的变量对就业意愿的干扰，本节按学校和性别将样本分成八组，并使用"独生子女"变量作为分组变量，对就业意愿进行独立样本 T 检验，调查数据分析结果见表 8 - 1。

表 8 - 1　　　　以"独生子女"为分组变量的独立样本 T 检验

学校	性别	方差分析	方差齐性 Levene 检验		均值的 T 检验结果						
			F 值	显著性	T 值	自由度	显著性	均值差异	标准误差	95% 的置信区间	
										下界	上界
辽宁师范大学	女	方1	1.761	0.186	-0.641	262	0.522	-0.039	0.062	-0.161	0.082
		方2			-0.647	184.508	0.519	-0.039	0.061	-0.160	0.081
	男	方1	0.084	0.772	0.146	176	0.884	0.010	0.071	-0.129	0.150
		方2			0.145	153.915	0.885	0.010	0.071	-0.130	0.150
东北财经大学	女	方1	0.000	0.999	-3.485	472	0.001	-0.169	0.048	-0.264	-0.074
		方2			-3.483	301.680	0.001	-0.169	0.048	-0.264	-0.073
	男	方1	21.471	0.000	-2.684	234	0.008	-0.181	0.068	-0.315	-0.048
		方2			-2.738	168.445	0.007	-0.181	0.066	-0.312	-0.051
大连理工大学	女	方1	0.039	0.844	-0.099	127	0.921	-0.008	0.086	-0.178	0.161
		方2			-0.099	108.922	0.921	-0.008	0.086	-0.179	0.162
	男	方1	0.670	0.415	-1.640	115	0.104	-0.169	0.103	-0.374	0.035
		方2			-1.635	78.428	0.106	-0.169	0.104	-0.376	0.037

续表

学校	性别	方差分析	方差齐性 Levene 检验		均值的 T 检验结果						
			F 值	显著性	T 值	自由度	显著性	均值差异	标准误差	95% 的置信区间	
										下界	上界
大连大学	女	方1	13.222	0.000	1.904	361	0.058	0.097	0.051	-0.003	0.198
		方2			1.909	359.789	0.057	0.097	0.051	-0.003	0.198
	男	方1	1.547	0.215	0.617	244	0.538	0.036	0.059	-0.079	0.151
		方2			0.619	236.529	0.537	0.036	0.058	-0.079	0.151

由表 8-1 可得，只有东北财经大学的检验结果与假设 1 一致，该校学生的就业意愿与"是否为独生子女"有关，该校的独生子女更倾向于考研或出国，该校的非独生子女相对更倾向于工作，其他三所学校的学生的就业意愿与"是否为独生子女"无关。

（2）对假设 2 的实证检验。为尽可能剔除"父亲职位"以外的变量对就业意愿的干扰，按学校和性别将样本分成 8 组，并使用"父亲职位"变量作为分组变量，对就业意愿进行独立样本 T 检验，结果见表 8-2。

表 8-2　　　　以"父亲职位"为分组变量的独立样本 T 检验

学校	性别	方差分析	方差齐性 Levene 检验		均值的 T 检验结果						
			F 值	显著性	T 值	自由度	显著性	均值差异	标准误差	95% 的置信区间	
										下界	上界
辽宁师范大学	女	方1	13.437	0.000	-2.494	260	0.013	-0.161	0.065	-0.288	-0.034
		方2			-2.391	120.564	0.018	-0.161	0.067	-0.294	-0.028
	男	方1	0.745	0.389	-0.443	174	0.658	-0.032	0.073	-0.177	0.112
		方2			-0.439	125.001	0.661	-0.032	0.074	-0.179	0.114
东北财经大学	女	方1	30.768	0.000	-2.685	474	0.008	-0.143	0.053	-0.246	-0.038
		方2			-2.739	195.762	0.007	-0.143	0.052	-0.246	-0.040
	男	方1	1.801	0.181	-1.237	234	0.217	-0.088	0.071	-0.228	0.052
		方2			-1.228	124.944	0.222	-0.088	0.072	-0.230	0.054
大连理工大学	女	方1	0.307	0.580	0.295	128	0.769	0.031	0.104	-0.174	0.236
		方2			0.289	39.706	0.774	0.031	0.106	-0.183	0.244
	男	方1	0.910	0.342	0.189	115	0.851	0.022	0.118	-0.211	0.255
		方2			0.196	45.575	0.845	0.022	0.113	-0.206	0.250

续表

学校	性别	方差分析	方差齐性Levene 检验		均值的 T 检验结果						
			F 值	显著性	T 值	自由度	显著性	均值差异	标准误差	95% 的置信区间	
										下界	上界
大连大学	女	方1	3.380	0.067	-2.410	360	0.016	-0.178	0.074	-0.323	-0.033
		方2			-2.332	64.194	0.023	-0.178	0.076	-0.330	-0.026
	男	方1	0.016	0.900	0.062	244	0.950	0.005	0.078	-0.150	0.159
		方2			0.062	56.968	0.951	0.005	0.079	-0.153	0.163

由表 8-2 可得，大连大学、东北财经大学和辽宁师范大学的女生样本均值存在显著差异，假设 2 得到验证；在这三所高校的女生中，父亲职位是政府工作人员或企业领导的更倾向于考研或出国，而父亲是其他职位的更倾向于工作。各高校中男生及大连理工大学的女生样本均值不存在明显差异，无论父亲的工作职位是什么，均不对学生的就业意愿产生影响。

同样的检验方法，以"母亲职位"作为分组变量，检验结果表明，大连大学的女生、东北财经大学及辽宁师范大学的学生，其就业意愿在 5% 水平上受母亲职位的影响是显著的，假设 2 得到验证。而大连大学的男生、大连理工大学无论男女生，其就业意愿都不受母亲职位的影响。

（3）对假设 3 的实证检验。按学校和性别将样本分成 8 组，并使用"父亲学历"变量作为分组变量，对就业意愿进行独立样本 T 检验，结果见表 8-3。

表 8-3　　　　　　以"父亲学历"为分组变量的独立样本 T 检验

学校	性别	方差分析	方差齐性Levene 检验		均值的 T 检验结果						
			F 值	显著性	T 值	自由度	显著性	均值差异	标准误差	95% 的置信区间	
										下界	上界
辽宁师范大学	女	方1	23.005	0.000	-2.763	263	0.006	-0.161	0.058	-0.275	-0.046
		方2			-2.716	223.093	0.007	-0.161	0.059	-0.277	-0.044
	男	方1	6.783	0.010	-1.428	176	0.155	-0.103	0.072	-0.245	0.039
		方2			-1.393	121.313	0.166	-0.103	0.074	-0.250	0.043

续表

学校	性别	方差分析	方差齐性 Levene 检验		均值的 T 检验结果						
			F 值	显著性	T 值	自由度	显著性	均值差异	标准误差	95% 的置信区间	
										下界	上界
东北财经大学	女	方 1	5.654	0.018	−2.871	472	0.004	−0.131	0.046	−0.220	−0.041
		方 2			−2.871	471.883	0.004	−0.131	0.046	−0.2	−0.2
	男	方 1	4.933	0.027	−1.459	233	0.146	−0.095	0.065	−0.222	0.033
		方 2			−1.458	231.453	0.146	−0.095	0.065	−0.222	0.033
大连理工大学	女	方 1	11.960	0.001	−1.637	128	0.104	−0.140	0.086	−0.309	0.029
		方 2			−1.678	112.416	0.096	−0.140	0.083	−0.305	0.025
	男	方 1	1.835	0.178	−3.242	115	0.002	−0.324	0.100	−0.523	−0.126
		方 2			−3.363	87.498	0.001	−0.324	0.096	−0.516	−0.133
大连大学	女	方 1	7.630	0.006	−3.146	359	0.002	−0.189	0.060	−0.307	−0.071
		方 2			−3.061	131.705	0.003	−0.189	0.062	−0.311	−0.067
	男	方 1	13.780	0.000	1.623	245	0.106	0.111	0.068	−0.024	0.245
		方 2			1.741	106.597	0.085	0.111	0.063	−0.015	0.236

由表 8−3 可得，大连大学、东北财经大学和辽宁师范大学的女生及大连理工大学男生的样本均值在 1% 的水平上存在显著差异。就业意愿受父亲学历的影响是显著的，这一结果与假设 3 一致，即父亲是大专及以上学历的更倾向于出国或考研，而父亲是大专以下学历的更倾向于工作。

同样的检验方法，以"母亲学历"作为分组变量，按学校和性别将样本分成 8 组，对就业意愿进行独立样本 T 检验，检验结果表明，东北财经大学及辽宁师范大学的女生和大连理工大学及东北财经大学的男生样本均值存在显著差异，使假设 3 得到验证。在这些同学中，母亲是大专及以上学历的更倾向于考研或出国，而母亲是大专以下学历的相对倾向于工作。

（4）对假设 4 的实证检验。按学校和性别将样本分成 8 组，并使用"家庭年收入"变量作为分组变量，对就业意愿进行独立样本 T 检验，结果见表 8−4。

表 8 - 4   以"家庭收入"为分组变量的独立样本 T 检验

学校	性别	方差分析	方差齐性 Levene 检验		均值的 T 检验结果						
			F 值	显著性	T 值	自由度	显著性	均值差异	标准误差	95% 的置信区间	
										下界	上界
辽宁师范大学	女	方1	4.997	0.026	-1.131	257	0.259	-0.067	0.059	-0.183	0.050
		方2			-1.131	256.613	0.259	-0.067	0.059	-0.183	0.050
	男	方1	0.665	0.416	-0.403	173	0.688	-0.029	0.071	-0.170	0.112
		方2			-0.404	155.232	0.686	-0.029	0.071	-0.169	0.112
东北财经大学	女	方1	0.220	0.640	-3.456	464	0.001	-0.164	0.048	-0.258	-0.071
		方2			-3.452	350.818	0.001	-0.164	0.048	-0.253	-0.072
	男	方1	0.641	0.424	-0.391	225	0.696	-0.027	0.068	-0.160	0.107
		方2			-0.392	191.045	0.696	-0.027	0.068	-0.160	0.107
大连理工大学	女	方1	24.144	0.000	-2.870	120	0.005	-0.241	0.084	-0.407	-0.075
		方2			-2.862	115.041	0.005	-0.241	0.084	-0.408	-0.074
	男	方1	0.185	0.668	-0.959	115	0.340	-0.095	0.099	-0.290	0.101
		方2			-0.959	114.997	0.340	-0.095	0.099	-0.290	0.101
大连大学	女	方1	0.083	0.773	-0.145	353	0.885	-0.008	0.053	-0.111	0.096
		方2			-0.145	311.228	0.885	-0.008	0.053	-0.111	0.096
	男	方1	26.249	0.000	2.346	244	0.020	0.140	0.060	0.022	0.257
		方2			2.453	211.331	0.015	0.140	0.057	0.027	0.252

由表 8 - 4 可得，大连理工大学和东北财经大学的女生及大连大学男生的就业意愿因家庭年收入不同而存在显著差异，与假设 4 相一致。这些学生的家庭年收入在 5 万元以下的更倾向于工作，在 5 万元以上的则倾向于考研或出国。

（5）对假设 5 的实证检验。按学校和性别将样本分成 8 组，并使用"是否有亲属担任处级或经理级以上职位"变量作为分组变量，对就业意愿进行独立样本 T 检验，结果见表 8 - 5。

表8-5　　　　以"是否有亲属担任处级或经理以上职位"
为分组的独立样本 T 检验

学校	性别	方差分析	方差齐性 Levene 检验		均值的 T 检验结果						
			F 值	显著性	T 值	自由度	显著性	均值差异	标准误差	95% 的置信区间	
										下界	上界
辽宁师范大学	女	方1	3.972	0.047	1.202	262	0.230	0.088	0.073	-0.056	0.232
		方2			1.158	74.687	0.250	0.088	0.076	-0.063	0.239
	男	方1	3.484	0.064	1.200	176	0.232	0.116	0.097	-0.075	0.307
		方2			1.124	34.150	0.269	0.116	0.103	-0.094	0.326
东北财经大学	女	方1	74.801	0.000	3.174	472	0.002	0.200	0.063	0.076	0.324
		方2			3.355	105.201	0.001	0.200	0.060	0.081	0.312
	男	方1	0.691	0.407	0.755	229	0.451	0.065	0.087	-0.105	0.236
		方2			0.746	55.857	0.459	0.065	0.088	-0.110	0.241
大连理工大学	女	方1	11.128	0.001	1.244	123	0.216	0.152	0.122	-0.090	0.393
		方2			1.363	24.998	0.185	0.152	0.111	-0.078	0.381
	男	方1	8.089	0.005	2.006	113	0.047	0.323	0.161	0.004	0.642
		方2			2.293	14.838	0.037	0.323	0.141	0.022	0.623
大连大学	女	方1	1.856	0.174	0.815	358	0.415	0.054	0.067	-0.077	0.186
		方2			0.801	92.572	0.425	0.054	0.068	-0.081	0.190
	男	方1	8.924	0.003	2.058	246	0.041	0.161	0.078	0.007	0.314
		方2			1.892	51.356	0.064	0.161	0.085	-0.010	0.331

由表8-5可得，只有东北财经大学的女生就业意愿与是否有亲属担任处级或经理级以上职位有显著关系，显著水平为1%，与假设5相一致，这些学生中有亲属担任处级或经理级以上职位的更倾向于考研或出国。

三、小结

1. 假设结论

从上述实证分析中可以发现，"家庭因素"的大学生对就业意愿受家庭因素的影响较大。总体而言，拥有独生子女身份、父母的职业及学历、家庭年收入以及亲属的社会地位等家庭因素都较高的大学生相对于这5个家庭因素都较低的大学生来说，前者更倾向于考研或出国，后者更倾向于工作。

（1）关于假设1的结论：独立样本T检验表明，只有东北财经大学的学生就业意愿与"是否为独生子女"有关，独生子女更倾向于考研或出国，非独生子女相对更倾向于工作，而其他三所学校的学生就业意愿与"是否为独生子女"无关。

（2）关于假设2的结论：大连理工大学、东北财经大学和辽宁师范大学的女生就业意愿受父母职位的影响。在这三所高校的女生中，父母职位是政府工作人员或企业领导的更倾向于考研或出国，而父母是其他职位的更倾向于工作；东北财经大学和大连理工大学的男生就业意愿仅受母亲职位的影响，母亲职位是政府工作人员或企业领导的更倾向于考研或出国，而母亲是其他职位的更倾向于工作。

（3）关于假设3的结论：东北财经大学和辽宁师范大学的女生及大连理工大学的男生就业意愿受父母学历的影响，在这些学生中，父母亲是大专及以上学历的更倾向于出国或考研，而父母亲是大专以下学历的更倾向于工作。另外，大连理工大学的女生就业意愿仅受父亲学历的影响，父亲是大专及以上学历的更倾向于出国或考研，父亲是大专以下学历的更倾向于工作；东北财经大学的男生就业意愿仅受母亲学历的影响，母亲是大专及以上学历的更倾向于考研或出国，而母亲是大专以下学历的相对倾向于工作。

（4）关于假设4的结论：大连理工大学和东北财经大学的女生及大连理工大学的男生就业意愿因家庭年收入不同而存在显著差异，这些学生的家庭年收入在5万元以下更倾向于工作，在5万元以上倾向于考研或出国。

（5）关于假设5的结论：只有东北财经大学的女生就业意愿与是否有亲属担任处级或经理级以上职位有显著关系，显著水平为1%，与原假设相一致。这些学生中有亲属担任处级或经理级以上职位的女生更倾向于考研或出国。

2. 总结

在调查的四所高校中，东北财经大学的学生相对于其他三所高校的学生而言，就业意愿受家庭因素的影响最大。究其原因，这与东北财经大学的专业特点和就业行业特点息息相关。由于东财是一所以经济学、管理学为主的多科性教学研究型的财经类大学，专业多为会计、金融、财务管理等与经济社会发展有密切关系的热门专业，因此，该校大学生就业行业多为金融机构及相关行业。而中国的金融机构选择雇员的门槛除了学历之外，更多看重的是就业者是否能为其金融机构的发展注入更多有效的资源。据了解，东北财经大学学生的父母中，有相当比例的人是从事与金融、企业管理有关工作的。因此他们的职业状况、学历水平、人际关系网络、亲属社会地位等家庭因素会对其独生子女在就业时发挥非常重要的作用。在某种程度上讲，即使是受到性别歧视困扰时，这些具有丰富家庭资本的东北财经大学女生也能有效弥补性别歧视带给她们的就业障碍。因此，受家庭因素的影响，东北财经大学的大学生大多愿意从事金融相关行业的工作。

除东北财经大学的女生之外，其他三所高校的女生就业意愿也受到部分家庭因素的影响。这是因为女大学生始终未能摆脱就业弱势化的角色定位，导致女大学生的就业意愿容易受到家庭因素的影响。

中国社会的较长转型期与制度变迁使个人在经济社会中选择的不确定性不断上升，并深刻地影响着当代大学生特别是女大学生的就业意愿。不同类型高校的办学特色与就业对应的行业在劳动力市场中的受欢迎程度对高校女大学生的就业有较为重要的影响。然而，当就业机会和就业资源短缺时，人们会受中国传统文化和家庭观念的影响，在不确定因素不断增加的今天，家庭因素的差异重新嵌入个人社会生活的选择中，因此家庭因素对女大学生就业意愿起着不容忽视甚至是至关重要的决定作用。与经济社会发展越密切的行业对于人脉资源的依存度也越大，因此财经类院校女大学生的就业意愿更多地会受到来自家庭因素的影响。而以技术占优的理工科或会更多地受到市场对技术的客观需求的影响，较少受到来自家庭因素的影响。但无论何种类型的高校，家庭因素中父母的职业、受教育程度对女大学生就业意愿的影响都是显而易见的，较为有利的家庭因素都会比不利的家庭因素对女大学生的教育投入和就业帮助更能产生积极的影响。

第二节　学校声望对女大学生就业的影响

规模庞大的大学生就业群体，一直存在着巨大的就业压力，相对于有限增长的岗位需求，大学生供给群体的增加使就业供求失衡。面对如此庞大的大学毕业生群体，用人单位在选择大学毕业生时，往往以学校声望为信号进行筛选，进而选择毕业于声望较高学校的大学生，而将那些毕业于声望较低学校的大学生拒之门外。例如，在校园招聘会上有两个求职者，他们的受教育程度、实习经验、测试分数等信息完全一致，如果此时企业只能提供一个就业岗位，那么在这种情况下，企业通常会雇用拥有较高声望的那些重点大学的毕业生，因为企业认为毕业于重点大学的毕业生，其平均生产率水平要高于毕业于普通大学的毕业生。如此招聘，产生了大学毕业生招聘中的统计性歧视问题研究。根据学校声望来评判一个大学毕业生的能力，从而雇用那些从声望高的学校里毕业的学生，这造成了比较严重的就业歧视，并且，这种就业歧视在近些年有蔓延的趋势，很多企业直接进入高声望的学校进行招聘，并且把这种声望好的高校直接定为企业招聘的"目标学校"，即企业只去目标学校招聘，而不去那些普通大学招聘。在这种就业背景下，普通大学女大学生的就业形势就会更加严峻。因此，本节分别从学历和性别因素，对学校声望高低的大学生就业歧视进行实证分析，以证明学校声望高低带来的就业歧视的存在，以及学校声望高低对女大学生就业的影响。

近些年来针对大学生就业歧视问题的研究一直未曾间断过，尤其是最近几年的持续扩招及金融危机的影响，大学生就业难问题日益凸显。社会上的各类根据学校声望来进行筛选的雇用行为属于统计性歧视，国内外学术界对就业中的统计性歧视问题做了一些研究。本书课题组在调研和访谈过程中发现，大学毕业生在找工作过程中确实存在学校歧视，一些单位在招聘启事上明确表示，要求本科毕业于211或者985院校，或者即使不写明，也会在几轮面试中把非211或者非985院校的毕业生拒绝掉。学校声望作为一种信号和信息，企业在雇用活动中常以此来进行信息筛选，这种统计性歧视使毕业生与企业之间产生了信息不对称。如此，用人单位以学校为信号的就业筛选使毕业生感觉受到就业歧视，不同学校声望的毕业生在就业歧视上的感受度如何？本节以全国63所高校毕业生的调查数据为基础，分析学校声望对毕业生就业的影响（就业歧视），发现不同声望的院校毕业生表现出明显的差异性，并且毕业于不同声望院校的女大学生的就业同样存在差异性，那些毕业学校声望较低的大学生在求职过程中受到的歧视比学校声望较高的大学生遭遇的就业歧视要更严重。研究还进一步分析了这种差异性的原因、影响因素以及未来可能的解决对策。

一、问卷调查与数据处理

本次调查于 2010 年 10 月底至 2011 年 6 月末，在东北地区、华北地区、华东地区、华中地区、华南地区、西部地区和西南地区七大区域 22 个城市的 63 所大学进行，调查对象是全国重点院校、区域知名院校、其他普通院校的大学生。共发放问卷 6220 份，回收有效问卷 5694 份，有效回收率为 91%。调查问卷设计分为三大部分：一是大学生的人力资本情况，包括院校类型、性别、专业、生源地等变量；二是大学生工作搜寻情况的变量，包括获得就业信息渠道、对校园招聘会的满意度等变量；三是关于工作搜寻结果的变量，主要是指遭遇就业歧视。数据处理采用 SPSS16.0 进行分析处理，被调查大学生样本的基本特征见表 8-6。

表 8-6　　　　　　　　　调查样本基本内容

描述项		男		女	
		频数	百分比（%）	频数	百分比（%）
学历	本科生	2089	76.9	2330	78.2
	硕士生	574	21.1	622	20.9
	博士生	52	1.9	27	0.90
学校类型（学校声望）	全国重点院校	1596	58.8	1322	44.4
	区域知名院校	505	18.6	816	27.4
	其他普通院校	614	22.6	841	28.2
是否遭遇就业歧视	是	978	36.02	1732	58.14
	否	1737	63.98	1247	41.86

从表 8-6 可以看出，男女大学生样本差异性主要体现在三个方面。按照学历来看，在男大学生中，男大学本科生比例为 76.9%，低于女大学本科生 1.3 个百分点；在男大学生中，男硕士生比例为 21.1%，高于女大学生中的女硕士 0.25 个百分点；在男大学生中，男博士生比例为 1.9%，高于女大学生中的女博士生 1 个百分点。按照学校类型来看，在男大学生中，来自全国重点院校的比例为 58.8%，高于女大学生 14.4 个百分点；在男大学生中，来自区域知名院校的比例为 18.6%，低于女大学生 8.8 个百分

点；在男大学生中，来自其他普通院校的比例为 22.6%，低于女大学生 5.6 个百分点。有关是否遭遇就业歧视问题，在全部被调查的女大学生中，遭遇过就业歧视的比例为 58.14%，高于男大学生 22.12 个百分点。

二、基于 logistic 模型的不同学校声望的大学生就业差异分析

1. 不同学校声望的大学生就业歧视比较分析

在对本次调研数据进行初步分析的基础上，发现不同类型的受访者在"找工作过程中是否遭遇过就业歧视"的态度差异较大，受访者的性别、学校类型（学校声望）、学历层次对其就业态度与感受影响显著。采用 logistic 模型考察时需要进行赋值，设定性别、学校类型（学校声望）、学历作为影响就业的因素。按照自变量的类型分布并进行赋值，把学历分为硕士和非硕士，将硕士设为 1，否则为 0；性别分为女大学生和男大学生，将男性设置为 1，否则为 0；学校声望分为全国重点院校和非全国重点院校，将全国重点院校设置为 1，否则为 0；将遭遇过就业歧视设置为 1，否则为 0。以"是否受到就业歧视"为因变量，其他 3 个因素为自变量，采用 logistic 模型进行回归分析，见表 8 - 7。

表 8 - 7　　　　　　　　是否遭遇就业歧视保留变量

保留变量	回归系数	标准差	Wald 统计量	自由度	p 值	回归系数的自然指数
全国重点院校（X_1）	-0.216	0.061	12.355	1	0.000	0.806
性别（X_2）	-0.908	0.058	244.386	1	0.000	0.403
硕士毕业生（X_3）	0.407	0.074	30.496	1	0.000	1.502

由表 8 - 7 可以看出，在回归分析中，包含 3 个显著变量，即全国重点院校、性别、硕士毕业生，这 3 个变量对大学毕业生是否会在就业过程中遭遇就业歧视产生显著性影响。通过计算显示，全国重点院校的回归系数的自然指数为 0.806，由于自变量回归系数的自然指数小于 1，则说明事件（毕业生遭受就业歧视）发生概率会降低。由此可知，非全国重点院校毕业生比全国重点院校毕业生更容易遭受就业歧视。表 8 - 7 中硕士毕业生的

回归系数的自然指数为 1.502，表明硕士研究生比非硕士研究生更容易遭受就业歧视。

2. 不同学校声望的毕业生就业歧视比较分析

从表 8-8 中可以看出，对于学历为非硕士的女大学生而言，来自非全国重点院校比来自全国重点院校遭受的就业歧视概率高出 5.07 个百分点；对于学历为硕士的女大学生而言，来自非全国重点院校比来自全国重点院校遭受到的就业歧视概率高出 4.43 个百分点；对于学历为非硕士的男大学生而言，来自非全国重点院校比来自全国重点院校遭受到的就业歧视概率高出 5.16 个百分点；对于学历为硕士的男大学生而言，来自非全国重点院校比来自全国重点院校遭受到的就业歧视概率高出 5.39 个百分点。以上数据表明，无论是基于学历还是性别因素，来自非全国重点院校的毕业生均比来自全国重点院校的毕业生受到的就业歧视概率要大，用人单位以学校声望为信号进行筛选，使非全国重点院校的大学生感受到较强的就业歧视。

表 8-8　　　　不同学校声望的大学毕业生遭遇就业歧视的概率

院校类型 （学校声望）	性别	学历	不同类型受访者感受到 就业歧视的概率（%）	类型差距
非全国重点院校	女	非硕士	64.56	5.07
全国重点院校	女	非硕士	59.49	
非全国重点院校	女	硕士	73.24	4.43
全国重点院校	女	硕士	68.81	
非全国重点院校	男	非硕士	42.34	5.16
全国重点院校	男	非硕士	37.18	
非全国重点院校	男	硕士	52.45	5.39
全国重点院校	男	硕士	47.06	

3. 基于学校声望的大学生就业歧视的影响及原因分析

用人单位依据学校声望来筛选毕业生，这种统计性就业歧视造成了较为明显的就业影响。根据麦可思《中国大学毕业生就业报告（2010）》的统计数据显示，2009届"211"院校毕业生毕业半年后的非失业率（包括读研）约为91.2%，2009届非"211"本科院校毕业生毕业半年后的就业率为87.42%。可见，来自"211"院校的就业率要高于非"211"院校的就业率。2008届"211"本科毕业生年终就业率为90%，而非"211"院校本科毕业生年终就业率为87%，前者高于后者3个百分点。在就业待遇方面，2009届"211"院校本科毕业生就业半年后的平均月收入为2756元，而非"211"院校本科毕业生则为2241元，前者高于后者515元。2008届"211"院校本科毕业生就业半年后的平均月收入为2549元，而非"211"院校本科毕业生则为2030元，前者高于后者519元。可见，根据学校声望形成的大学毕业生就业率和就业收入存在较大的差异性。

统计性歧视的结果是，对于毕业生而言，那些学校声望较低的毕业生无法在就业中获得平等的竞争机会，导致具有较高素质的毕业生的人才流失和人才浪费。对于用人单位而言，在选择人才时，按照学校声望高低的标准来选拔，把人才的选拔局限在较小范围内，使企业无法发现那些声望较低学校中的优秀人才，导致人才不能尽其用，企业也没能招到最适合的人才。

依据学校声望造成的就业歧视有其深刻的原因，根据调研组从大学生和用人单位双方得到的信息，用人单位以学校声望为标准进行招聘的主要原因是：

第一，信息不对称和用人单位的偏见。这里的信息不对称是指在招聘会的现场或者在短暂的面试中，用人单位并不能很快了解并熟悉毕业生，无法了解到非重点大学的优秀毕业生拥有的特质与能力，而是仅以学校声望为理由拒绝。另外，用人单位存在对非重点大学毕业生的偏见。有部分企业认为，重点大学的教育水平和教育质量一定会比非重点大学高，相应的劳动生产率也会高，因此，愿意去重点大学招聘也就成了理所当然。由此，非重点大学毕业生丧失了很多平等就业竞争的机会。课题组在南方某重点大学门前遇到11位非重点大学前来求职的同学，其中一位同学向调研组倾诉他的英文很好，专业课程也很好，但是目前他本人有意向且中意的单位都不愿意聘用他，因为他的学校不是名牌大学。这种学校声望的就业歧视不是个案，在课题组后续的调查中，陆续接触到一些学校声望较低的大学毕业生，他们认为自己就业中遇到的最大困难就是学校歧视。

第二，当地的户籍制度问题。一些用人单位的人力资源经理表示，不愿意招聘非重点大学毕业生主要是当地的制度规定只给重点院校的毕业生解决户口，如果不能解决非重点院校毕业生的户口问题，那么即使招聘他们，日后也会因为户口问题而辞职或者跳槽，使企业遭受损失。根据课题组的调查结果发现，户籍制度对大学生毕业存在一定的影响，并且在全部的有效问卷中，男性大学生和女性大学生在此问题上的感受稍有差异。在全部被调查的有效的女大学生问卷中，认为户籍对就业影响很大的占21.9%，在全部被调查的有效的男大学生问卷中，认为户籍对就业影响很大的占19.2%，女大学生的比例高于男大学生2.7个百分点。并且，男大学生和女大学生都有近1/5的人认为自己在找寻工作时受到了户籍制度的影响。

第三，用人单位对非重点院校的女生有更深的偏见。在上述分析中可以看出，女生比男生在就业过程中遭遇就业歧视的比例和概率更高，并且非重点院校的女生比重点院校的女生遭遇就业歧视的概率要高，究其原因，主要是用人单位对非重点院校的女生具有更深的偏见，因此在这里表现为性别和学校声望两个方面综合的统计性歧视，甚至在某些用人单位眼中，非重点院校和女性的"出身"成为低劳动生产率的标签，从而使得贴上此种标签的女大学生们被拒之门外。

三、小结

重点大学在社会上声望普遍高于非重点大学的声望，课题组在全国调研访谈时更加确信了这一点。研究表明，非重点院校大学毕业生与重点院校大学毕业生相比，确实感受到了比较高的就业歧视，特别是非重点院校的女大学毕业生的就业歧视尤为明显。这种基于学校声望的就业歧视有很多原因，但是，制度原因及用人单位的偏好是主要原因。如何改善制度，改变用人单位的偏好，使非重点大学毕业生与重点大学毕业生在同一个平台进行平等的就业机会竞争，这是一个制度问题，更是一个全社会关注的问题，在女大学生就业难的今天，关注学校声望与女大学生就业尤其重要。

用人单位在各地招聘时，由于时间紧、任务重，往往希望招聘速战速决。课题组在南方进行考察时，一些企业为了招聘，几个人力资源部门的工作人员全国跑，一个地方只去一个大学，那么企业当然选择去那些重点大学，并且，在招聘接收简历的时候，企业不愿意接收一些非重点大学毕业生的简历，因为企业已经习惯了接收重点大学毕业生，并且在面试的时候对重点大学毕业生给予更多的青睐。这种"短、快"的招聘方式明显缺乏科学论证。建议用人单位改变偏好，非重点大学毕业生也不乏优秀人才，应给予那些非重点大学毕业生平等的就业机会，企业才能选拔出更适合、更优秀的人才。

一些大的城市为了限制外来人口涌入城市，实施了严格的户籍制度，针对每年大量毕业生希望留在城市的现实情况，当地政府部门要求，只给"985"或者"211"学校的优秀人才落户，而那些非重点大学毕业生落户则没有政策规定。因此，用人单位在无力解决户口问题时，便在招聘时要求只招聘重点大学毕业生。这种户籍制度的限制，使非重点大学的优秀人才流失，更使非重点大学毕业生受到制度上的就业歧视。打破这种与学校声望挂钩的户籍制度迫在眉睫。建议一些地方政府取消这种与学校声望挂钩的户籍制度，真正搭建客观公正的就业竞争平台，以科学的考核体系来招聘大学毕业生，从而选择优秀的生源留在本地就业，为本地创造更多的价值。

非重点院校的女性毕业生作为遭受就业歧视更为严重的群体，应认清现状，把握自己，在就业搜寻过程中，不断学习，不断提升就业能力。克服自卑，鼓励自信，积极发挥自己的长处，以乐观向上的精神去面对就业过程中的一切问题。另外，非重点院校的高等教育应该注重加强女大学生的就业能力，重点加强对她们在就业教育与职业教育方面的力度，并加强实习基地建设，使她们在未毕业前就能获得实习机会和锻炼机会。只有这样，女大学生在就业过程中才能够提高竞争力，以应对其在学校声望方面可能遭遇的就业歧视。

第三节　地域选择与女大学生就业

在大学生就业问题凸显的今天，地域选择问题引起了不少学者的注意。就业地域选择是指大学生对就业城市的选择，包括城市规模、所处位置、经济发展水平等。大学生在就业时，第一步选择的往往是地域，然后再选择行业、单位等。地域选择是否理性，直接影响大学生工作搜寻的难易程度。女大学生遭遇就业歧视的概率比男大学生要高，就业面临更大的压力，因此理性的地域选择对其尤为重要。对大学生就业地域问题的研究是分析大学生就业的一个重要途径，为研究大学生就业观念，进而解决女大学生就业难问题提供了一个独特的视角。本节选择东北地区 14 所大学的1890 名大学生为样本，通过构建 Logistic 模型和对调查数据的深度挖掘，来实证分析性别、学历、专业、生源地等因素对大学生就业地域选择的影响程度。旨在期望能进一步丰富大学生就业地域选择的实证研究，较为准确地了解影响大学生就业地域选择的具体原因以及影响程度的大小，把握大学生就业的一般规律，并为解决女大学生就业难问题提供建设性的对策建议。

一、地域选择的机理分析——基于劳动力市场分割的视角

本节尝试从三个角度对不同的劳动力市场分割类型对大学生就业地域选择的制约进行分析。

1. 二元分割的制约

一级劳动力市场单位主要集中在大城市和中型城市，广大的西部地区和农村则为二级劳动力市场。良好的工作条件、较高的福利保障和工作的稳定性使大学生在初次就业时往往选择一级劳动力市场，而工作条件相对较差、福利保障和稳定性不高的二级劳动力市场则无人问津。

一级劳动力市场和二级劳动力市场较高的工资差距，使大学生选择在一级劳动力市场就业。大学毕业生一旦进入二级劳动力市场就业，就和二级市场上的劳动者一样情愿或不情愿地接受二级劳动力市场的工资水平。二级劳动力市场是完全竞争的市场，劳动者的工资只够维持其最低的生活水平，而不能实现大学生人力资本高投资的回报，故二级劳动力市场不是大学生就业的意愿选择。以中国东北三省 2011 届高校毕业生为例，大学生的期望薪酬水平在 2500 ~ 3500 元[①]，而实际上，二级劳动力市场的平均薪酬远远低于这一水平。可见大学生的期望薪酬和二级劳动力市场上的实际

[①] 资料来源：东北财经大学张抗私教授主持的"女大学生就业难问题的成因及相关政策研究"课题组对全国 63 所高校大学生调查数据库子数据库之东北高校部分。

薪酬水平之间差异是巨大的。所以大学生的就业目标为一级劳动力市场——大城市。但是由于近些年来大城市的一级劳动力市场近于饱和，部分大学生的就业地从大城市的一级劳动力市场逐渐转向中小城市的一级劳动力市场。根据麦可思课题组发布的抽样调数据显示，在"北上广"就业的2007届大学毕业生中，三年之后有22.4%的大学生离开了"北上广"。①

由于劳动力市场就业选择的信号作用的存在，大学生宁愿在一级劳动力市场上失业也不愿意进入二级劳动力市场就业，其分析模型如下：

假设1：在劳动力市场上，有两种类型的劳动力 H 和 L，H 为高能力劳动者，L 为低能力劳动者，雇主付给 H 劳动者的工资为 2 万元，付给 L 劳动者的工资水平为 1 万元。

假设2：雇主在招聘时，只能根据劳动者的学历和工作经历等判断其能力，我们假定其他条件不变，雇主根据劳动者的工作经历给予其相应的工资，P 为劳动者的工作经历。雇主认为曾在 P 之类及其之上公司工作的员工为高能力劳动者，记为 H 类，支付其工资为 2 万元；雇主认为曾在 P 之类以下公司工作过的员工为低能力劳动者，记为 L 类，支付其工资水平为 1 万元。

假设3：不同能力的劳动者进入一级劳动力市场的成本也是不同的，H 类劳动者进入一级劳动力市场的成本为 C_H，L 类劳动者进入一级劳动力市场的成本为 C_L，其中 $C_H = 0.5P$，$C_L = P$。

如图 8 – 1 所示，H 类和 L 类劳动者都可以选择在二级劳动力市场上工作，也可以选择不工作。对 L 类劳动者来说，若其在一级劳动力市场就业，则其收益最大为 cd，若其在二级劳动力市场上就业，其收益最大为 ob，则显然 o 点为劳动力市场的最好的选择，即不工作。对 H 类劳动者来说，若进入一级劳动力市场工作，其收益为最大 ad，若其在二级劳动力市场工作，其收益最大为 ab，显然 ad 大于 ab，故进入一级劳动力市场是其最佳选择。

而雇主是根据劳动者的工作经历来判断劳动者的能力类型，雇主认为在二级劳动力市场上工作过的员工为低能力劳动者。假设一个 H 类劳动者在一级劳动力市场上失业，如果他去二级劳动力市场就业，则他获得的工资的最大值为 ob；如果他不去二级劳动力市场就业，他则可能获得的工资

---

① 麦可思课题组发布的《2010 年中国大学生就业报告》。

的最大值为 ad，显然他宁愿失业等待机会，也不愿意去二级劳动力市场就业。

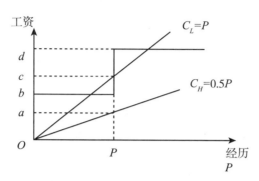

图 8 - 1 雇员经历信号示意

另外，在二级劳动力市场就业的沉淀成本过高也是大学生选择在一级劳动力市场就业的原因。这里的沉淀成本是指大学毕业生一旦在二级劳动力市场就业，就可能放弃了自己的专业优势，自己以往的人力资本投资不能充分发挥甚至不能够发挥，不能在"干中学"积累专业经验，使得自己人力资本投资中断。这样，一旦进入二级劳动力市场，即使跳出，也很难再满足一级劳动力市场的人才要求，无法回到一级劳动力市场就业。

总之，由于在一、二级劳动力市场上存在分割性收益，使得大学生愿意在一级劳动力市场失业，也不愿意在二级劳动力市场就业，宁愿在大、中城市待业，也不愿意在中小城市生存。

2. 制度性分割的制约

制度性劳动力市场分割是指在特定的历史条件和经济发展状况下，社会所制定的制度主观或者客观地将劳动力市场分割开来的现象。这种分割阻碍了劳动力市场的流动，它的产生，在某一阶段的收益也许会大于成本，但是随着时间的推移和发展，这种制度可能会不再有效，甚至会起到阻碍作用。但是这种制度一旦产生，它的实施便进入了一个特定的轨道，在自我增强机制的作用下，报酬递增现象普遍发生，既得利益集团会积极维持这种制度的存在。

中国在传统的、基于城乡分割的制度体系下，城乡差别异常巨大，一边是交通发达、繁荣富足的城市，一边是闭塞、萧条的农村。由于两种情况的巨大差别，自然而然的，城市劳动力不会流向农村，农村劳动力则积极向城市流动。中国自20世纪80年代开始出现了农民涌向城市的"打工潮"，"农民工"成为在中国特殊经济背景下的产物。同样，这种巨大的差异对大学生的择业地域选择的影响也是深刻的。

一方面，制度性劳动力市场分割阻碍了大学生向农村的流动。大学生若选择农村作为就业地域，则其人力资本投资是不能完全回收的，并且面临着继续投资中断的风险，更谈不上保值增值。即使是农村出来的学生，其选择农村作为就业地域的比例也是极低的。

另一方面，制度性劳动力市场分割阻碍了劳动力向城市的流动。由于传统的户籍制度之上附带了社保等各种利益，时至今日，户籍改革仍然步履维艰。大城市由于其良好的工业基础，能吸纳大量的劳动力就业，特别是对大学生的吸纳多。高校毕业生也乐于在大城市工作，但是由于城市的户籍政策及附着在其上的利益，大学生随着年龄的增长，其在大城市的生活成本也在增加，当收益大于成本时，他们就会离开大城市，这种人才中断导致了人力资源开发的中断，不利于大城市的发展。

3. 区域性分割的制约

区域性劳动力市场分割的存在，使劳动力在不同区域的流动成本增加，当流动的成本大于区域之间的收益差额时，劳动力流动停止，阻碍了劳动力资源的合理配置。同时，区域劳动力市场分割增加了雇主招聘的成本，阻碍了劳动力的需求。总之，不利于劳动力市场的供求达到均衡。具体的分析见图8-2。

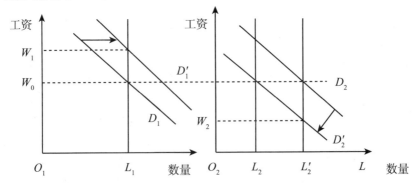

图8-2 区域劳动力市场分割示意

假设有 1、2 两个区域，两个市场上的劳动力供给恒定，在初始状态都能达到充分就业。区域 1 市场的就业量为 L_1，需求曲线为 D_1；区域 2 市场的就业量为 L_2，需求曲线为 D_2。现区域 1 由于政策和自身发展等因素的影响，使区域 1 市场生产产品需求增加，对劳动力的需求也在增加，需求曲线由 D_1 移动到 D_1'；而在区域 2，由于传统工业的衰退，劳动力的需求曲线由 D_2 移动到 D_2'。

若工资是刚性的，则在区域 1 工资由 W_0 上升到 W_1，在区域 2 工资由 W_0 降至 W_2。但事实上，工资并不是完全刚性的，工资在大多数情况下只升不降，那么在区域 2 则劳动力的就业量由 L_2 减少为 L_2'，将存在 $L_2 - L_2'$ 的失业量。

若两个劳动力市场是流动的，则区域 2 的剩余劳动力则会流向区域 1，但是由于信息的不对称和人为制造或者由于用工惯性等造成的劳动力分割、流动成本较高等因素的影响，区域 2 的剩余劳动力不能够流动到区域 1，则在区域 2 存在失业，而区域 1 人才匮乏。同样，对于高校毕业生来说，若其生源地在区域 2 或其就读高校在区域 2，由于区域性劳动力市场分割，其在区域 1 的就业成本要远远高于区域 1 劳动者，使得区域 2 劳动者在区域 1 缺乏竞争优势，当这种成本上升到一定程度，则阻滞了区域 2 劳动者向区域 1 的流动。

综上所述，劳动力市场的完全竞争性和统一性是古典经济学家对劳动力市场的完美假设，而工资的无限刚性就如万金油一样，使劳动力市场永远处于出清的状态，但这只不过是古典经济学家们的一厢情愿罢了，劳动力市场的实际运行并非如此。非竞争性是劳动力市场的又一性质，而劳动力市场分割是研究劳动力市场运行的一个独特视角。总之，不论是哪种类型的分割，只要有分割，就有分割性收益，就会阻碍劳动力的合理流动，大学生对就业地域的选择也是基于分割性收益的比较。

二、实证检验

1. 样本基本情况

本节采用国家社科基金"女大学生就业难的成因及相关对策研究"课题组于 2010 年 10 月至 2011 年 5 月对东北地区 14 所大学的 1890 名大学生

进行的实地调查数据。问卷发放采取学校方发放和招聘会发放相结合的方式，以确保问卷的数量和质量。

问卷内容主要包括下面几个方面：

（1）关于大学生人力资本的变量，主要有院校类型、性别、民族、专业、政治面貌、所获证书情况等。

（2）关于大学生社会资本的情况，包括大学生的生源地、父母的职业、实习情况及其他社会资本。

（3）大学生工作搜寻情况的变量，包括投递简历的次数、参加面试的次数、参加学校招聘和社会招聘的次数、期望的就业地和期望起薪等情况。

（4）大学生关于就业看法的变量，这部分主要以五点量表的形式考察大学生自身就业影响变量的影响程度的看法。

此外，本问卷还针对女大学生就业难的情况，设置了女大学生就业问题的选项，包括女大学生就业歧视在内的一系列问题。

就调查学校地域分布来看，东北地区包括大连高校 3 所、沈阳高校 4 所、长春高校 3 所、哈尔滨高校 3 所；就调查学校层次分布来看，"211"高校 4 所、普通高校 9 所。调查共发放问卷 1890 份，回收 1792 份，问卷回收率 94.8%，其中有效问卷 1590 份，回收问卷有效率为 88.7%，调查问卷有效率为 84.1%。在有效问卷的样本中，男性有效样本 651 份，占总样本数量的 40.9%；女性有效样本 939 份，占有效样本总量的 59.1%。从调查样本的学历层次来看，本科生样本量最多，为 1284 份，占样本总量的 80.8%；博士研究生样本量最少，为 10 份占 0.6%。一方面是因为博士生总体数量占高校学生的比例小，另一方面是因为博士生通过招聘会寻找工作的数量少。硕士研究生样本量 274 份，占总样本的 17.2%；专科生样本量 22 份，占总样本的 1.4%。从样本的专业分布来看，人文社科类 224 份，占 14.1%；经管类 287 份；占 18.1%；理工类 702 份，占 44.2%；艺术类 11 份，占 0.7%；农学类 8 份，占 0.5%；体育相关类 3 份，占 0.2%；医学类 194 份，占 12.2%；其他专业 161 份，占 10.1%（见图 8-3）。从样本的生源地分布来看，来自农村中小城市的学生样本量最多，为 767 份，占总样本量的 36.9%；来自农村的学生样本量为 587 份，占总样本量的 36.9%；来自省会以上城市的学生样本量为 236 人，占 24.8%。

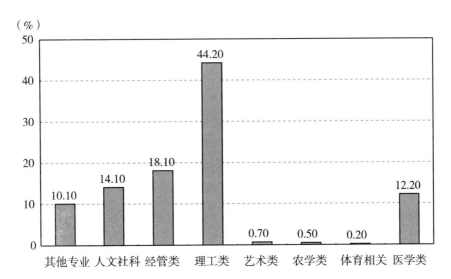

图 8 - 3　东北地区大学生样本专业分布

2. 相关研究概念界定

在查阅相关文献的基础上，本节根据研究需要，对所涉及的相关概念做如下界定：

大学生就业地域选择：是指大学生在面临就业时对就业城市规模的选择，我们对城市规模的限定为三类，即大城市、中小城市和农村。

大城市：根据 2010 年出版的《中小城市绿皮书》，人口为 100 万到 300 万人的城市为大城市，本节所指的大城市是指按行政划分的副省级、省会及以上城市。

中小城市：本节所指的中小城市是按行政划分的副省级及以下城市。

生源地：指大学毕业生的家庭所在地。

东北地区高校：是指学校所在地在中国的辽宁、吉林、黑龙江三省的高等专科学校及本科院校。

基层：是指中西部地区县以下党政机关及企事业单位。

3. 变量及模型设置

（1）因变量。本节研究大学生就业地域选择问题，因此把大学生的就业地域选择结果作为因变量。调查数据显示，就业意向地区为农村的有 55 人，仅占样本总量的 3.5%；意向就业地区为中小城市的 813 人，占样本总量的51.1%；意向就业地区为大城市的有722人，占样本总量的45.40%（见图8-4）。

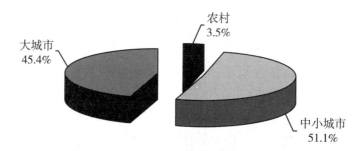

图8-4 大学生就业地域选择结果比较

把上述数据进行加工合并，把大学生就业地域选择分为农村—非农村、中小城市—非中小城市、大城市—非大城市三个类别，合并后的数据见表8-1。在分别做回归分析时，把选择意向就业地区为农村的赋值为1，非农村的赋值为0；选择中小城市的赋值为1，非中小城市的为0；选择大城市的赋值为1；非大城市的为0（见表8-9）。

表8-9 大学生就业地域选择赋值

类别	农村	非农村	中小城市	非中小城市	大城市	非大城市
数量	55	1535	813	777	722	868
比例（%）	3.50	96.50	51.10	48.90	45.40	54.60
回归赋值	1	0	1	0	1	0

（2）自变量。根据以往的研究，性别、学历、专业和生源地是影响大学生就业区域选择的重要因素，因此本节把它们作为研究的自变量。

第一，性别是影响大学生就业的重要因素之一。现有研究表明，在大学生就业地域的选择中，男生更倾向于选择在沿海大城市就业，女生则倾向于选择在内地省会城市就业，而在边远地区的就业选择上男生要明显多于女生。本节中以女生为基准变量，赋值为0，男性赋值为1。

第二，学历是影响大学生就业的又一重要因素。由于不同的就业地域，就业的机会和岗位的可获得性也不同，而不同学历的教育投资不同，期望的教育回报也不同，这就造成了不同的学历对就业区域的选择的不同。本节把学历分为四个层次，专科作为基准变量赋值为0，本科、硕士和博士依次赋值为 1、2、3。

第三，专业是大学生就业中十分重要的因素。大学生的专业学习是专用性人力资本投资的最初次的形式，这种专用性的人力资本投资形式必然影响大学生的就业行业选择以及地域选择。本节把专业分为八个大类：人文社科类、经管类、理工类、艺术类、农学类、体育类、医学类和其他类，以其他类为基准类赋值为 0，其余的专业按上述顺序依次赋值为 1~7。

第四，生源地在大学生就业区域选择中影响显著。现代劳动经济学表明，生源地就业不仅增加了大学生的社会资本，而且还减少了大学生的心理成本和流动成本。实证研究也表明，生源地是影响大学生就业的重要因素。本节把大学生的生源地分为三类，即农村、中小城市和大城市。来自农村的大学生其变量赋值为 0，来自中小城市的大学生其变量赋值为 1，来自大城市的大学生其变量赋值为 2。

此外，人力资本中的其他要素还有社会资本的一些要素也是影响大学生就业区域选择的重要因素，由于研究所限，本节暂不考虑。

（3）模型设置。本节所研究的因变量及自变量都为定性变量，因此采用 Logistic 回归模型，模型设置如下：

设因变量为二分类的定性变量，我们把这两类的取值分别为 0 和 1，自变量为 x，以简单线性回归模型为例：

$$y = \beta_0 + \beta_1 x + \xi \qquad (8.1)$$

所以因变量 y 的均值为：

$$E(y) = \beta_0 + \beta_1 x \qquad (8.2)$$

又由于 y 是 0-1 型贝努力随机变量，只取 0 和 1 两个值，因此：

$$P(y=1) = p, P(y=0) = 1 - p \qquad (8.3)$$

进而得到：

$$E(y) = P = \beta_0 + \beta_1 x + \xi \qquad (8.4)$$

由于 y 值为取值为 0 和 1 的离散变量，我们不能对其直接进行回归，故对式（8.4）进行 Logit 变换，则：

$$\ln(p/1-p) = \beta_0 + \beta_1 x + \xi \qquad (8.5)$$

同理，多元的线性模型如下：

$$\ln(p/1-p) = \beta_0 + \beta_1 x + \beta_2 x + \cdots + \beta_k x + \cdots + \xi \qquad (8.6)$$

对上述式（8-6）两边以 e 为底做对数变换得：

$$p/1-p = \exp(\beta_0 + \beta_1 x + \beta_2 x + \cdots + \beta_k x + \cdots + \xi) \qquad (8.7)$$

这就是二元 logistic 模型，$p/1-p$ 也称之为两个分类的发生比率，在其他变量保持不变时，则 $p/1-p = \exp(x_i)$，表示当 x_i 每变化一个单位，引起发生比率扩大 $\exp(x_i)$ 倍。而针对本节的研究模型为：

$$\ln(p/1-p) = \beta_0 + \beta_1 sex + \beta_2 edu + + \beta_3 prf + \beta_4 home + \xi \qquad (8.8)$$

其中，p 为选择某个就业区域的概率，$1-p$ 为不选择某个就业区域的概率，sex 表示性别变量，edu 表示教育程度，prf 表示专业，home 表示生源地。

4. 大学生就业区域选择的模型分析结果

根据所设模型，运用 spss16.0 采用所调研的数据，对就业地区选择为农村—非农村、中小城市—非中小城市、大城市—非大城市分别进行分析，得出回归结果（见表 8-10 和表 8-11）。

表 8-10　　　　　　　　大学生就业对农村地区选择的
Logistic Regression 分析

自变量名称	B	S. E.	Wald	Sig.	Exp（B）
性别	0.328	0.28	1.369	0.242	1.388
学历	-0.808	0.263	9.43	0.002	0.446
专业	0.014	0.078	0.032	0.859	1.014
生源地	-0.901	0.241	14.011	0.000	0.406
Constant	3.92	0.466	70.839	0.000	50.392

由表 8-10，可以看出：

第一，影响大学生把农村作为就业地区的因素中，性别变量和专业变量的 sig 值分别为 0.242 和 0.859，远远大于显著水平 5%；而学历变量和生源地变量的 sig 值为 0.002 和 0.000。说明性别变量和专业变量对大学生选择农村就业地区就业的影响不显著，学历变量和生源地变量对大学生选择农村地区就业具有显著的影响。

第二，由 Exp（B）值知道，首先，生源地变量的 Exp（B）值最大为

0.406，说明在其他变量保持不变的情况下，学生生源地每增加一个档次，学生选择农村作为就业区域的机会比率会变为原来的 0.406 倍，这可以由图 8 – 5 更为直观地看出来。来自农村的学生选择农村作为就业地区的比例最高为 6.1%，远远高于来自中小城市生源的 2% 和来自大城市生源的 1.7%。其次，学历变量的 Exp（B）值为 0.446，表明学历每增加一个档次，大学生去农村就业的机会发生比率变为原来的 0.446 倍。学历越高，其面对的户籍政策的限制就越少，在大城市就业的机会可能性就越高，其受到的制度性劳动力市场分割的影响也越小。因此，学历越高，选择农村就业的比例越低，选择大城市就业的比例就越高。

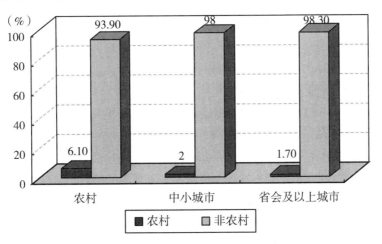

图 8 – 5　不同生源地大学生选择农村就业的比例比较

表 8 – 11　　　大学生就业选择为中小城市和大城市的
Logistic Regression 分析

PanelA：大学生就业对中小城市选择的 Logistic Regression 分析					
自变量名称	B	S. E.	Wald	Sig.	Exp（B）
性别	– 0.472	0.108	19.217	0.000	0.624
学历	0.320	0.124	6.624	0.01	1.377
专业	– 0.148	0.029	26.753	0.000	0.816
生源地	– 0.666	0.079	70.449	0.000	0.514
Constant	0.785	0.188	17.455	0.000	2.193

续表

PanelB:	大学生就业对大城市选择的 Logistic Regression 分析				
自变量名称	B	$S.E.$	$Wald$	$Sig.$	Exp（B）
性别	0.434	0.109	15.841	0.000	1.543
学历	0.491	0.129	14.472	0.000	1.633
专业	-0.151	0.029	27.526	0.000	0.86
生源地	0.791	0.081	95.393	0.000	2.206
$Constant$	0.831	0.192	18.717	0.000	2.296

由表 8 - 11 发现：

首先，性别、学历、专业和生源地对大学生在这两个就业地域的选择的影响都是显著的，它们的 sig 值都是远远小于 0.05 的。大学生对中小城市 - 非中小城市的就业选择的影响变量中，生源地的 Exp（B）值为 0.514，是 4 个变量中 Exp（B）值最小的；相反，对大城市—非大城市就业的影响变量中，生源地的 Exp（B）值为 2.206，远远大于其他三个变量的 Exp（B）值。说明生源地是影响大学生大城市—非大城市就业选择最重要的因素，但却是影响中小城市—非中小城市的 4 个因素中最不重要的因素。

其次，在 Panel A 中，性别变量的 Exp（B）值为 0.624，而在 Panel B 中，其为 1.543，表示男生在中小城市就业的机会发生比率为女生的 0.624 倍，而在大城市就业的发生比率为女生的 1.543 倍，说明男生较女生更倾向于在大城市就业，而女生较男生更喜欢在中小城市就业。学历的 Exp（B）值在对中小城市—非中小城市的选择中为 1.377，在对大城市—非大城市的选择中为 1.633，说明学历对大学生选择中小城市和大城市就业起着正向作用。

最后，在 Panel A 和 Panel B 中，专业变量的 Exp（B）值分别为 0.86 和 0.816，说明随着专业层次的变化，大学生对中小城市—非中小城市、大城市—非大城市的选择变化不大（见图 8 - 6）。这是因为大学生在就业地域选择时，首先考虑的是地域，其次是行业，最后是单位，因此专业对域选择的影响虽然是显著的，但是不大。

通过对表 8 - 9 和表 8 - 10 的分析，发现学历是影响大学生就业的重要因素，大学生的学历越高，其意向就业地区则越倾向于较为发达的城市；生源地也对大学生的就业选择起着重要影响，大学生倾向于在自己的生源地就业；专业对大学生就业区域选择基本上没有影响。

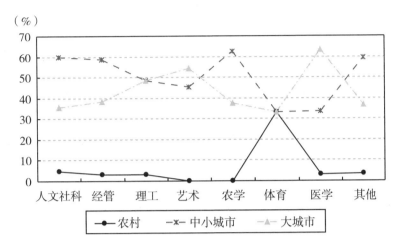

图 8-6 不同专业意向就业区域的比例比较

表 8-12   模型拟合数据情况及预测值情况

变量	Hosmer-Lemeshow 测试 P 值	预测值
农村	0.22	93.60%
中小城市	0.13	78.90%
大城市	0.19	75.70%

由表 8-12 可以看出，上述三个模型的 Hosmer-Lemeshow Test 的 P 值都是大 5% 的显著水平，表明模型在 5% 的可接受水平上很好地拟合了模型的数据。此外，三个回归方程的 Predicted 值都在 75% 以上，模型对结果的预测较好。

5. 大学生对于基层就业意愿的 Logistic 分析

为了进一步研究大学生就业的地域选择，我们在问卷中还设置了对大学生去基层就业态度的调查问题。问题设置为：如果有机会是否愿意到基层就业？其中，1000 人回答愿意去基层就业，占样本总量的 62.9%；590 人回答不愿意去基层就业，占样本总量的 37.10%。我们把是否去基层就业作为因变量，其赋值为 1 代表愿意去基层就业，赋值为 0 代表不愿意去基层就业；把性别、学历、专业、生源地作为自变量，同样运用 spss16.0 对数据进行 logistic 回归分析，回归结果（见表 8-13）。

表 8 – 13　　对大学生是否愿意去基层就业的 logistic regression 分析

变量	B	S. E.	Wald	Sig.	Exp（B）
性别	− 0.431	0.107	16.187	0.000	0.650
学历	− 0.406	0.123	10.886	0.001	0.666
专业	0.124	0.028	19.768	0.000	0.883
生源地	− 0.234	0.077	9.217	0.002	0.791
常量	1.723	0.194	78.88	0.000	5.603

由表 8 – 13 知，各个自变量的 sig 值都是显著的，说明性别、学历、专业和生源地对学生的基层就业意愿的影响是显著的。

首先，性别、学历、生源地与基层就业意愿是负相关的，随着性别、学历、生源地档次的增加，学生基层就业意愿是减少的。从性别来看，性别变量 Exp（B）值为 0.650，说明相对于女生来说，男生愿意去基层就业的发生比率为女生的 0.650 倍。这与我们的调查结果女生中有 67.5%、男生中有 56.2% 的人愿意去基层就业是相吻合的。从学历来看，学历每增加一个档次，愿意去基层就业的发生比率变为原来的 0.666 倍，这与前面对大学生选择去农村就业的分析结果是一致的。从生源地来看，生源地每增加一个档次，大学生基层就业意愿变为原来的 0.791 倍，说明基层就业意愿随生源地的不同而不同，从农村、中小城市到大城市，基层就业意愿是递减的（见图 8 – 7）。

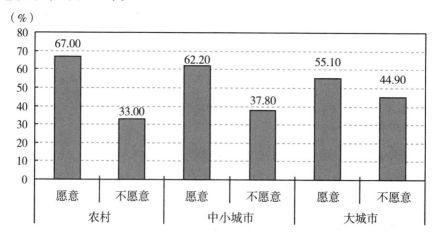

图 8 – 7　不同生源地对的基层就业意愿比例对照

其次，虽然由专业变量的 B 值为正、Exp（B）值为 0.883，但是在专业自变量的设置中，赋值的增加无法表示专业之间的档次关系，得不出具体的不同专业之间的就业意愿的发生比率关系，但由图 8 - 8 我们可以看出，愿意去基层就业的人员中，艺术类专业人员的基层就业意愿比例最高，其次是经管类，而基层就业意愿最低的为体育相关专业，这是由于不同专业就业的劳动力市场分割的不同造成的。

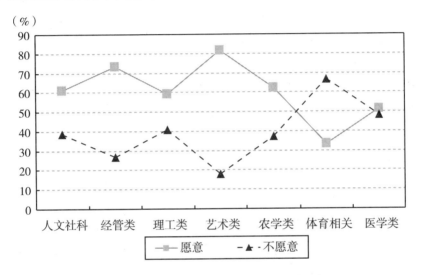

图 8 - 8　不同专业基层就业意愿比例对照

综上所述，本节构建了 Logistic 模型对东北高校 2011 年毕业生就业地域选择的影响因素进行了分析，主要得出以下结论：

第一，在大学生是否选择农村作为就业地域的影响因素中，学历和生源地变量的影响是显著的，而性别和专业变量是不显著的。在其他条件不变的情况下，学生生源地每增加一个档次，大学生选择农村作为就业地域的机会比率变为原来的 0.406 倍；学生的学历每增加一个档次，大学生把农村作为就业地域的机会发生比率为原来的 0.446 倍。

第二，在大学生对中小城市—非中小城市就业地域的选择中，性别、生源地、学历和专业对这种选择的影响都是显著的，其中生源地变量是这4 个变量中最不显著的变量。男生选择中小城市就业的发生比率为女生的0.624 倍，学历每增加一个档次，大学生选择中小城市作为就业地域的发生比率变为原来的 1.377 倍。

第三，在大学生对大城市—非大城市就业地域的选择中，性别、生源地、学历和专业对这种选择的影响都是显著的，其中生源地对大学生选择大城市就业的影响是最显著的。男生选择大城市就业的发生比率为女生的1.543倍，而学历每增加一个档次，大学生选择大城市作为就业地域的发生比率变为原来的1.633倍。

第四，在影响大学生是否选择基层就业的影响变量中，性别、学历和生源地与基层就业意愿是负相关的。学历越高基层就业意愿越低，农村的学生基层就业意愿最高，其次是来自中小城市的学生，来自大城市的大学生基层就业意愿最低，生源地每增加一个档次，选择基层就业的发生比率变为原来的0.791倍，女生比男生更愿意去基层就业，男生选择基层就业的发生比率为女生的0.650倍，学历增加一个档次愿意去基层就业的发生比率变为原来的0.666倍。

三、小结

本节从大学生就业地域选择四个影响因素的角度，即从性别、生源地、学历和专业的角度对本章的结论进行了分析和概括，并根据所得到的基本结论，对政府部门提出了相关的政策建议，并对女大学生就业的地域选择提出了具体的引导方向与补偿方法。

应用 Logistic 回归模型，选取了影响大学生就业地域选的主要的4个因素，即性别、生源地、学历和专业，对大学生在就业地域选择大城市—非大城市、中小城市—非中小城市、农村—非农村、基层—非基层的影响程度及其影响的作用机理进行了分析。得到的主要结论如下：第一，性别对大学生是否选择大城市、中小城市和基层的就业的影响是显著的，但对大学生是否选择去农村就业影响不显著。女生较男生更愿意去中小城市就业，去基层就业，而男生较女生更愿意去大城市就业。第二，生源地对大学生就业地域选择的影响是显著的，大学生更乐意去生源地所在的地域就业。第三，学历对大学生就业地域选择的影响是显著的，学历越高，就业地域选择的城市规模越大。第四，专业对大学生是否选择大城市、中小城市和基层就业的影响是显著的，但对大学生是否选择农村就业的影响是不显著的。第五，性别、生源地、学历和专业对大学生是否选择去基层就业的影响都是显著的。

因此，大学生在进行就业地域选择时，由于选择不同的地域，其变量的影响程度是不同的，因此针对不同的地域选择，不同的大学生群体，应该自由灵活地引导。对女大学生来说，她们比男生更愿意选择到中小城市就业，去基层就业，因此可以重点引导女大学生选择这些地域就业，以避免大城市的激烈竞争。只有这样才能更好地利用有限的资源，以达到最理想的效果，有利于解决女大学生就业难问题，并提高其就业率。

由于历史的原因，中国的农村和城市发展的差距是十分巨大的，农村的工作条件差，交通及基本的生活设施建设薄弱，无法享受到在城市的公共设施的便利，遭受了公共福利的损失，这部分损失必须用货币来补偿。因此，政府应对农村服务人员采取制度化、多元化的货币补偿，还可以采取设立服务农村基金计划，引进募捐机制等方式。并且政府可以在条件允许的情况下，对就业于农村和基层的女大学生在工作与生活条件等方面进行补偿，以吸引更多的女大学生选择在农村和基层就业。

由于劳动力市场分割的长期存在，在不同的劳动力市场类型中就业，所获得的利益是不同的，因此，大学生就业地域选择的问题归根结底是基于在不同劳动力市场就业的收益比较，大学生自然而然的选择去那些收益高的地区就业，从而使大城市的就业竞争更加激烈。因此，如果城乡不再存在差距，甚至农村条件高于城市，那么大学生在就业地域选择时，也会首先选择农村，同样也会使女大学生更愿意选择去农村就业，并有助于缓解女大学生就业难的问题。

第四节　产业结构升级对就业的影响

产业结构"质"的方面揭示了产业间技术经济发展的趋势，"量"的方面显现了不同产业间投入与产出的比例关系。在此期间，资本、劳动等要素在国民经济各部门中也形成了相应的数量比例和质量的配置，表现为资本结构和就业结构。国外经济学家佩蒂（1662）、克拉克（1940）和库兹涅茨（1955）等指出，伴随着经济发展和技术进步，不同产业的收益率出现差异，为了实现产业之间收益的平衡，资源和生产要素逐步由第一产业向第二、第三产业转移。相应地，劳动力资源也经历着从第一产业向第二、第三产业转移的过程，表现为就业结构的变动。产业结构与就业结构相互牵制，互为制约。因此，本节对我国产业结构、就业结构与城镇登记失业率的数据进行实证检验，以分析中国产业结构与就业结构互动关系中存在的问题。

当前，我国产业结构与就业结构的现状是：第一产业结构占比依然较大，从业人员数量居高不下，劳动生产率水平亟待提高；第三产业尽管加快了发展速度，但占比仍相对偏低。目前，发达国家第三产业在国民经济中的占比已经达到50%~65%，而我国第三产业的占比仅为43.4%，发达国家第三产业要素占比达到60%~75%，而我国仅为34.6%。那么，我国第二产业变化及该领域要素的数量、质量变动程度是怎样的？再进一步讲，目前我国整体产业结构与就业结构的互动现状、所反映的问题以及激励政策是怎样的？对这些问题的思考和研究变得尤为必要。国内外学者从多个角度论证了产业结构与就业结构之间的互动关系，然而，从产业结构对就业变动的离散程度这一视角的研究还十分少见。基于此，本节另辟蹊径，从较为鲜见的就业变动的离散程度——斯托克夫指数视角入手，实证检验我国产业结构与就业结构的离散程度，旨在诠释我国当前产业结构与就业结构交互作用中存在的问题，为相关产业政策的制定提供理论依据。

一、产业结构与就业关系的实证分析

1. 相关概念界定

产业结构有两个方面的含义："质"的方面动态揭示了产业间技术经济发展的趋势，"量"的方面静态显现了产业间投入与产出的比例关系。本节所涉及的研究是"量"方面的产业结构。相应的，产业结构变动指的就是三次产业在国民经济中构成比例的变化。产业结构升级，广义上指的是产业结构从低级形态（第一产业）向高级形态（第二、第三产业）转变的过程；狭义上是指某一产业内部从低生产率向高生产率、从低附加值向高附加值的发展过程。而产业转型指的是一个国家或地区根据国内外经济形势，通过市场、行政等手段对现存产业结构进行的直接或间接的调整，也指某一产业（行业）内，资本、劳动等要素的再配置。产业结构变动与产业结构升级的区别在于：前者指的是各产业在国民经济中构成比例的变化，是"量"上的变动；而后者侧重于产业间及产业内部"质"上的提高。产业结构变动与产业转型的区别在于：前者是产业间构成比例的客观反映，而后者更强调政府对各产业或要素的主动调整。

就业结构是指劳动力在国民经济各部门、各产业（行业）、各地区分配的比例关系。按照不同的标准，就业结构可以划分为不同的方面，例如：就业的城乡结构、就业的知识结构、就业的区域结构等。本节研究的就业结构是按照三次产业来划分的，指劳动力在三次产业中的数量比例关系。

2. 产业结构、就业结构与就业总量的关系

产业结构影响就业结构，同时，就业结构对产业结构也有推动作用。改革开放以来，伴随着我国经济的快速发展，产业结构和就业结构均有一定程度的发展变化。那么，它们之间是否存在互动关系？如果存在的话，二者之间的互动关系或者互动模式又是怎样的？为此，本节将对我国产业结构、就业结构和就业总量三个变量进行因果关系检验，选取的指标为就业总量（JY）、产业结构变化值（$CYJG$）以及就业结构变化值（$JYJG$）。其中，就业总量指标以《中国统计年鉴》中的"就业人员数"来代替，具体指的是 16 周岁（含）以上，从事一定社会劳动并取得劳动报酬或经营收入的人员，该指标反映了一定时期内全部劳动力资源的实际利用情况。三次产业产出结构变化值和就业结构变化值两个指标采用周振华（1995）在《现代经济增长中的结构效应》一书中给出的结构变化总值的度量公式，具体为：

$$S_t = \sum_{i=1}^{n} |q_{it} - q_{0t}| \tag{8.9}$$

其中，S_t 代表 t 时期的结构变化总值，q_{it} 代表 t 时期产业 i 的结构值，q_{0t} 代表基期产业 i 的结构值。

本节把 1978 年设为基期，按照式（8.9）计算出 1979~2010 年三次产业产出结构与就业结构的总变化值（见表 8-14）。

表 8 - 14 　　　　　　　　产业结构与就业结构的总变化值 　　　　单位：%

年份	产出结构变化值	就业结构变化值	年份	产出结构变化值	就业结构变化值
1979	6.1541	1.40	1995	17.9554	36.60
1980	4.6623	3.60	1996	17.6747	40.00
1981	7.3842	4.80	1997	20.4778	41.20
1982	10.4003	4.80	1998	24.5936	41.40
1983	9.9821	6.80	1999	27.5754	40.80
1984	9.5797	13.00	2000	30.1709	41.00
1985	9.9812	16.20	2001	33.1411	41.00
1986	10.3922	19.20	2002	35.0649	41.00
1987	11.4067	21.00	2003	34.5974	42.80
1988	13.1592	22.40	2004	32.8930	47.20
1989	16.2578	20.80	2005	33.1512	51.40
1990	15.2263	20.80	2006	34.1603	55.80
1991	19.5000	21.60	2007	35.9130	59.40
1992	21.6509	24.00	2008	35.6739	61.80
1993	19.5764	28.20	2009	38.8806	64.80
1994	19.3689	32.40	2010	38.4142	67.60

资料来源：由 1979 年至 2011 年《中国统计年鉴》数据整理得出。

表 8 - 14 说明，从总趋势来看，我国产业结构和就业结构的变化值都呈现出逐年增大的趋势，与基期 1978 年相比，2010 年产业结构和就业结构的变化值分别达到 38.41% 和 67.6%。其中，产业结构的变化值在 1980 年为最小值 4.66%，2009 年为最大值 38.88%。就业结构的变化值在 1979 年为最小值 1.40%，2010 年为最大值 67.60%。在 1979 年至 1983 年间产出结构变化值大于就业结构变化值，而在 1984 年至 2010 年间就业结构变化值又大于产出结构变化值。

导致产业结构与就业结构变化值不一致的原因有三点。（1）地方政府具有优先发展资本密集型产业的冲动，因为它短期内投资大、见效快，地方官员在政绩考核的压力下，优先选择了资本密集型产业。（2）随着技术的进步，资本替代劳动成为经济发展的必然。改革开放以来，为了迅速实现工业化，我们又加重了资本替代劳动的程度，这或许是就业结构与产业结构发展不匹配的根本原因。（3）三次产业之间收益率的差异促使劳动力从第一产业流向第二和第三产业，但我国典型的城乡二元结构存在多种阻碍劳动力自由流动的因素，突出表现为户籍政策，提高了劳动力的迁移成本，劳动力自由流动较为困难。

本节使用 EViews5.0 软件，检验就业总量（JY）、产业结构变化值（$CYJG$）和就业结构变化值（$JYJG$）两两之间是否存在因果关系。采用 Granger 因果检验方法，该方法解决了 x 是否引起了 y 的变动这一问题。检验结果见表 8 – 15。

表 8 – 15 各变量因果关系检验表

原假设	样本数	F 统计量	概率（p 值）
就业总量不是产业结构的原因	30	3.0745	0.0640*
产业结构不是就业总量的原因	30	0.5537	0.5817
就业结构不是产业结构的原因	30	5.9204	0.0079***
产业结构不是就业结构的原因	30	8.1039	0.0019***
就业结构不是就业总量的原因	30	2.3016	0.1209
就业总量不是就业结构的原因	30	1.7813	0.1891

注：***、**、* 分别表示在 1%、5%、10% 水平下显著。

由表 8 – 15 的检验结果可以看出：在 1% 的显著水平下，两个原假设"就业结构不是产业结构的原因"和"产业结构不是就业结构的原因"都被拒绝，说明产业结构是就业结构变化的原因，同时，就业结构也是产业结构变化的原因，即二者之间互为因果关系。进一步，在 10% 的显著水平下，原假设"就业总量不是产业结构的原因"遭到拒绝，说明就业总量是产业结构变化的原因。以上结论说明：改革开放以来，随着我国经济的快速发展，产业结构对就业结构有牵动作用，反过来就业结构也推动了产业结构的变化，它们之间相互影响，互为因果关系，印证了郭军（2006）、高波（2012）等人的结论。在 10% 的显著水平下，就业总量影响了产业结构的变化。但产业结构变动并不是就业总量变化的原因，即产业结构变动对就业总量没有显著影响。

总量方面，我国产业结构变动没有带来就业总量的增加。结构方面，学者采用就业弹性、灰色关联度、结构偏离度和偏离—份额等分析方法对产业结构和就业结构的关系进行了大量研究，但基于斯托克夫指数视角的研究还非常少见。该指数主要用于测度产业间就业变动的离散程度。如果产业之间相对的劳动需求未发生改变，则某一产业的就业增长率将等于所有产业加权平均就业增长率，这时斯托克夫指数也等于零。一个产业的就业份额占比越大，其就业有所变动时对整个就业的影响也就越大。本节以三次产业的就业比重为权数，得出三次产业整体的加权平均就业增长率，再分别与三次产业的就业增长率相比较，以此来了解就业变动的离散程度。如果产业间的劳动需求相对偏离程度越大，斯托克夫指数也就越大。

3. 测度产业间就业变动的离散程度

在实证检验了产业结构、就业结构与就业总量的因果关系后，本节引入斯托克夫指数来测度产业结构变动对就业结构的影响，其计算公式为：

$$SI_t = \sum_{i=1}^{n} |g_{it} - \bar{g}_t| \frac{N_{it}}{N_t} \tag{8.10}$$

式（8.10）中，SI_t 代表 t 时期 i 产业的斯托克夫指数，g_{it} 表示产业 i 在 t 期的就业增长率，$\bar{g}_t$ 表示 t 时期所有产业的加权平均就业增长率，N_{it} 表示 t 时期产业 i 的就业人数，N_t 表示所有产业在 t 期的就业总人数。根据 1978 年至 2011 年《中国统计年鉴》的相关数据，利用式（8.10）计算出 1979 年至 2010 年整体及三次产业的斯托克夫指数（见表 8-16）。

表 8-16　　　　　我国三次产业及整体的斯托克夫指数

年份	斯托克夫指数			
	第一产业	第二产业	第三产业	整体
1979	0.7568	0.2945	0.4623	1.5136
1980	1.1051	0.6408	0.4643	2.2103
1981	0.6815	0.1081	0.5733	1.3629
1982	0.0281	0.1276	0.1557	0.3114
1983	1.0991	0.2629	0.8362	2.1981
1984	3.3134	1.2393	2.0741	6.6268
1985	1.7153	0.9738	0.7415	3.4306

续表

年份	斯托克夫指数			
	第一产业	第二产业	第三产业	整体
1986	1.5402	1.1136	0.4266	3.0803
1987	0.9995	0.3491	0.6503	1.9990
1988	0.6573	0.1509	0.5064	1.3146
1989	0.6967	0.7161	0.0194	1.4323
1990	0.0563	0.2848	0.2285	0.5696
1991	0.4087	0.0021	0.4108	0.8216
1992	1.2295	0.2918	0.9377	2.4590
1993	2.1566	0.6852	1.4714	4.3131
1994	2.1708	0.2526	1.9182	4.3417
1995	2.1559	0.2548	1.9011	4.3117
1996	1.7293	0.4875	1.2419	3.4587
1997	0.6078	0.2009	0.4069	1.2156
1998	0.1044	0.2013	0.3057	0.6115
1999	0.2977	0.4977	0.2000	0.9955
2000	0.1119	0.5001	0.6120	1.2239
2001	0.0023	0.2007	0.2030	0.4060
2002	0.0330	0.8835	0.9165	1.8329
2003	0.9072	0.1954	0.7118	1.8144
2004	2.2072	0.8997	1.3075	4.4145
2005	2.1020	1.3373	0.7646	4.2039
2006	2.1911	1.4349	0.7562	4.3822
2007	1.8056	1.6618	0.1438	3.6112
2008	1.1927	0.3905	0.8022	2.3853
2009	1.4845	0.5893	0.8952	2.9690
2010	1.3852	0.9069	0.4782	2.7703

资料来源：根据 1978～2011 年《中国统计年鉴》数据，利用公式（8.10）计算得出。

从表 8 - 16 的计算结果可以看出，1979 ~ 2010 年，我国整体产业的斯托克夫指数介于 0.3114 ~ 6.6268。其中，1982 年整体产业的劳动力离散程度最小 (0.3114)，1984 年整体产业的劳动力离散程度最大 (6.6268)。第一产业的斯托克夫指数介于 0.0023 ~ 3.3134，2001 年和 1984 年分别为第一产业劳动力离散程度最小和最大的年份。第二产业的斯托克夫指数介于 0.0021 ~ 1.6618，1991 年和 2007 年分别为第二产业劳动力离散程度最小和最大的年份。第三产业的斯托克夫指数在 0.0194 ~ 2.0741，1989 年和 1984 年分别为第三产业劳动力离散程度最小和最大的年份。

就第一产业的就业情况来说，1978 年第一产业从业人数占到总就业人口的 70.5%，随后逐年下降，到 2010 年其比重降至 36.7%。表 8 - 16 也显示，第一产业的斯托克夫指数变动最大，说明我国第一产业劳动力离散程度最大，流动性较强。原因是第一产业的劳动生产率不断提高，使大批农民从农业生产中解放出来，其中一部分便从农村走向城市，成为"农民工"，转向第二产业（以建筑业、制造业为代表）和第三产业（以餐饮、家政服务为代表）就业。当经济景气时，第二和第三产业劳动力需求旺盛，劳动力从第一产业向第二和第三产业转移。当经济不景气时，第二、第三产业劳动力需求下降，他们又可以从第二、第三产业回流至第一产业。

第二产业的斯托克夫指数最小，即与第一、第三产业相比，第二产业劳动力的离散程度最小。原因在于自 1978 年以来，我国第二产业在国内生产总值中的比重始终介于 41.34% ~ 48.22% 这个较小的区间范围，第二产业的就业比重从 1978 年的 17.3%，缓慢上升至 2010 年的 28.7%，也是三次产业中最为稳定的。

第三产业的斯托克夫指数介于第一产业和第二产业之间。改革开放以来的市场经济建设使得第三产业产生了强大的发展活力，产业比重从 1978 年的 23.94%，增长至 2010 年的 43.14%；就业比重从 1978 年的 12.2%，上升至 2010 年的 34.6%。

4. 变量、模型与数据

由于我国经济具有典型的城乡二元特征，第一产业劳动力流动性较强，使得统计农民的就业情况十分困难，在此本节暂不考虑第一产业，主要考察第二和第三产业结构变动对就业的影响。指标选择上，以城镇登记失业率（RU_t）反映就业情况，以第二、第三产业的斯托克夫指数（SI_2、SI_3）代表产业结构。采用黄仁德、钟建屏（2008）在《台湾产业结构变动与失业率关系之探讨》一文中使用的经济计量模型：

$$RU_t = \alpha + \gamma SI_2 + w SI_3 + \varepsilon_t \tag{8.11}$$

其中，α 为常数项，γ、w 分别为第二和第三产业斯托克夫指数的系数，ε_t 为随机扰动项。

表 8 - 17 描述的是 RU、SI_2 和 SI_3 三个变量的统计特征。

表 8 - 17　　　　　　　　变量统计性描述

变量	均值	最大值	最小值	标准差
RU	3.2438	5.4000	1.8000	0.9460
SI_2	0.5667	1.6618	0.0021	0.4286
SI_3	0.7351	2.0741	0.0194	0.5192

资料来源：根据 1978 ~ 2011 年《中国统计年鉴》数据整理而得。

由表 8 - 17 可以看出，第二产业的斯托克夫指数的均值小于第三产业斯托克夫指数的均值，且前者的标准差也较小，再次印证了上述结论：第二产业的就业离散度小于第三产业，且稳定性也优于第三产业。

图 8 - 9 显示，1979 ~ 1985 年，我国城镇登记失业率是逐年递减的，

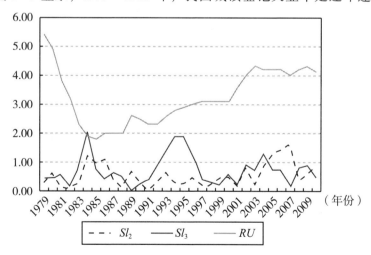

图 8 - 9　1979 ~ 2010 年中国城镇登记失业率、第二和
第三产业的斯托克夫指数

在 1985 年达到最低值 1.8%，与此同时，第三产业的斯托克夫指数达到最高值 2.07。1985 年之后，整体来看，城镇登记失业率表现为不断升高的趋势，而第二和第三产业斯托克夫指数则呈现出不同程度的波动，其中第三产业斯托克夫指数在 1994 年达到另一个极值（1.92），第二产业斯托克夫指数在 2007 年达到最高值（1.66）。

为了准确测度斯托克夫指数与城镇登记失业率之间的相互关系，需要对变量进行回归分析，而为了避免出现虚假回归现象，则需要先对变量进行平稳性检验。

5. 变量的平稳性检验

时间序列变量在建立回归模型时需要保证变量都是平稳的，它们的均值和方差等都不能随着时间的改变而变化，这些变量在每个时间点上的随机性服从一定的概率分布。然而实际上，大多数的经济时间序列都不是平稳的，它们的方差和均值都可能随着时间的变化而变化，对非平稳的时间序列进行直接回归，就容易导致虚假回归现象的发生，因此对变量进行平稳性的检验变得尤为必要。

检测序列平稳性的标准方法是单位根检验，本节利用 Eviews5.0 软件对变量进行 ADF 检验，滞后项 p 的选择按照 SC 准则或 AIC 准则，为了避免出现序列趋势平稳。在进行 ADF 检验的同时还进行 PP 检验，只有两个检验都通过的序列，才被认为是平稳的。三个变量的平稳性检验结果见表 8 - 18。

表 8 - 18　　　　　　　　变量平稳性检验结果

变量	(c、t、d)	ADF 统计量	临界值	PP 统计量	临界值	结果
RU	(c、t、0)	-5.0381	-4.2846 ***	-4.9144	-4.2846 ***	平稳
SI_2	(c、t、0)	-3.4775	-2.9604 **	-3.4775	-2.9604 **	平稳
SI_3	(c、0、0)	-4.2485	-3.699 **	-3.1241	-2.9604 **	平稳

注：c、t 分别表示常数项、趋势项，d = 0 表示水平数据，*** 、** 分别表示 1%、5% 临界值。

由表 8 - 18 可知，RU 的 ADF 和 PP 统计量均小于其 1% 临界值，说明 RU 在 1% 显著水平下是稳定的；SI_2 的 ADF 和 PP 统计量均小于其 5% 临界值，说明 SI_2 在 5% 显著水平下是稳定的。SI_3 的 ADF 和 PP 统计量也都小于其 5% 临界值，说明 SI_3 在 5% 的显著水平下也是稳定的。综上，在 5% 显著水平下，RU、SI_2 和 SI_3 都是稳定的，因此不需要进行协整分析，可以直接建立向量自回归模型。

6. 短期效应分析

向量自回归（VAR）是基于数据的统计特性来建立模型，VAR 模型把系统中每一个内生变量作为该系统中所有内生变量的滞后值的函数来建立模型，这样就把单变量自回归模型推广到由多元时间序列变量组成的"向量"自回归模型。在进行多个相关经济指标的分析或预测中，VAR 模型是最容易操作的模型之一，并且在一定的条件下，多元 MA 和 ARMA 模型也可转化成 VAR 模型。

利用 Eviews5.0 软件对 RU、SI_2、SI_3 建立的 VAR 模型进行参数估计和检验，具体结果见表 8 - 19。

表 8 - 19　　　　　　　　　Eviews5.0 检验结果

	RU	SI_2	SI_3
	1.4650	- 0.0466	0.0292
RU （ - 1）	（ - 0.1544）	（ - 0.2466）	（ - 0.2853）
	[9.49131]	[- 0.18901]	[0.10225]
	- 0.6074	0.1105	- 0.0421
RU （ - 2）	（ - 0.1425）	（ - 0.2276）	（ - 0.2634）
	[- 4.26273]	[0.48555]	[- 0.15972]
	0.0208	0.3538	- 0.2245
SI_2 （ - 1）	（ - 0.1320）	（ - 0.2108）	（ - 0.2440）
	[0.15739]	[1.67794]	[- 0.92019]
	0.1192	0.0362	0.0227
SI_2 （ - 2）	（ - 0.1317）	（ - 0.2104）	（ - 0.2435）
	[0.90480]	[0.17182]	[0.09327]
	0.1116	0.1248	0.5753
SI_3 （ - 1）	（ - 0.1131）	（ - 0.1807）	（ - 0.2091）
	[0.98691]	[0.69072]	[2.75170]

续表

	RU	SI_2	SI_3
SI_3（−2）	− 0. 0636	0. 0608	− 0. 1668
	（ − 0. 1141）	（ − 0. 1822）	（ − 0. 2108）
	[− 0. 55760]	[0. 33376]	[− 0. 79142]
C	0. 3286	0. 0096	0. 5998
	（ − 0. 2202）	（ − 0. 3518）	（ − 0. 4070）
	[1. 49224]	[0. 02725]	[1. 47348]
拟合优度	0. 9148	0. 2210	0. 2852
调整后拟合优度	0. 8926	0. 0178	0. 0988
F 统计量	41. 1682	1. 0876	1. 5297

注：（ ）中的数字为标准差，[ ]中的数字为 t 统计量。

根据表 8 − 19 的检验结果，可以得到以下三个方程：

$$RU = 0. 3286 + 1. 4650RU（−1）− 0. 6074RU（−2）+ 0. 0208SI_2（−1）+$$
$$0. 1192SI_2（−2）+ 0. 1116SI_3（−1）− 0. 0636SI_3（−2） \qquad (8. 12)$$

$$SI_2 = 0. 0096 − 0. 0466RU（−1）+ 0. 1105RU（−2）+ 0. 3538SI_2（−1）+$$
$$0. 0362SI_2（−2）+ 0. 1248SI_3（−1）+ 0. 0618SI_3（−2） \qquad (8. 13)$$

$$SI_3 = 0. 5998 + 0. 0292RU（−1）− 0. 0421RU（−2）− 0. 2245SI_2（−1）+$$
$$0. 0277SI_2（−2）+ 0. 5753SI_3（−1）− 0. 1668SI_3（−2） \qquad (8. 14)$$

但由于方程（8.13）和方程（8.14）调整后的拟合优度较小（0.0178 和 0.0988）故舍弃，仅得到方程（8.12）。

由于向量自回归是一种非理论性的模型，它一般不分析某一变量的变化对其他变量的影响情况，而是分析当一个误差项出现改变或模型受到某种冲击时对系统的动态影响，这就是脉冲响应函数方法，它可以相对清晰地分析自变量的短期冲击对因变量的影响。

利用 Eviews5.0 软件得出了第二和第三产业斯托克夫指数冲击对城镇登记失业率影响的脉冲响应图（见图 8 − 10）。图 8 − 10 中，中间的实线为 RU 应对 SI_2、SI_3 冲击的广义脉冲响应函数曲线，表示的短期内给第二产业斯托克夫指数和第三产业斯托克夫指数一个冲击后，城镇登记失业率的变化情况。实线上下的两条虚线表示偏离实线正负标准差的区间。从短期来看，给第二产业斯托克夫指数一个正的单位冲击，城镇登记失业率将逐步上升并在第三期达到峰值，持续到第六期后缓慢下降，第十期后恢复到常态。给第三产业斯托克夫指数一个正的单位冲击，城镇登记失业率也是逐步上升并在第三期达到最高，随后便缓慢下降，在第八期后恢复到常态。

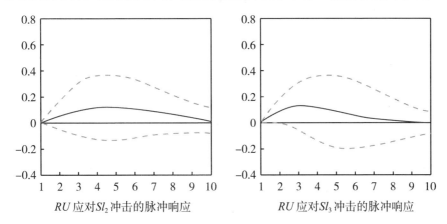

RU 应对 SI_2 冲击的脉冲响应　　　　RU 应对 SI_3 冲击的脉冲响应

图 8 - 10　RU 应对 SI_2、SI_3 冲击的脉冲响应

以上分析可以得出两个结论。

第一，第二产业和第三产业短期内的结构变动都会导致失业率的上升。我们认为其原因是我国劳动力市场化水平仍然偏低、阻碍劳动力自由流动的制度性壁垒依然存在。一是劳动力市场分割，形式包括城乡二元劳动力市场和体制内、体制外劳动力市场，且前者有逐步向后者演变的趋势。二是户籍政策还有上面附加的住房、医疗、教育等制度提高了劳动力的迁移成本，劳动力无法在产业、行业以及地域之间实现自由流动，产生了结构性失业，相应的，就业结构也难以发生改变。所以，必须根除我国劳动力市场中的各种壁垒。这一方面欧盟的做法值得我们借鉴。为了有效防范债务危机带来的经济衰退、努力解决高失业率问题，欧盟委员会于2012年4月18日公布了《促进就业及经济增长》的一揽子计划。决定各成员国共同努力推动劳动力市场改革，消除各个成员国之间的劳动力市场壁垒，建立统一的欧盟劳动力市场，允许所有成员方的公民在欧盟全境内搜寻工作，并建立欧盟统一的就业市场考评机制。

第二，与第二产业相比，第三产业结构的变动对城镇登记失业率冲击的时间较短。说明相比第二产业，第三产业的劳动力可以实现更为迅速和灵活的调整。其原因在于第二产业对专业技术人才需求较多，而短期内专业人才难以培养出来，产生结构性失业。而第三产业的就业形式灵活多样，因此可以实现较快的就业调整。

以上分析得出了第二、第三产业的斯托克夫指数对城镇登记失业率影响的短期脉冲响应曲线。那么，它们三者之间是否存在长期的均衡关系？为此，本节继续分析城镇登记失业率、第二和第三产业斯托克夫指数之间的长期对应关系。

7. 长期趋势分析

为了测度产业结构变动对就业的长期影响，进一步对计量模型进行回归，希望得到 RU、SI_2、SI_3 三者之间的长期均衡关系（见表 8 – 20）。

表 8 – 20　　　　城镇登记失业率、第二和第三产业斯托克夫指数的检验结果

变量	系数	标准差	t – 统计量	P 值
C	3.2567	0.3836	8.4887	0.0000
SI_2	0.2445	0.1168	2.0929	0.0471
SI_3	– 0.2701	0.0964	– 2.8011	0.0099
$AR（1）$	1.5706	0.1356	11.5821	0.0000
$AR（2）$	– 0.6886	0.1240	– 5.5540	0.0000
拟合优度	0.9296	调整后拟合优度		0.9179
对数似然值	3.0557	F – 统计量		79.2794
DW 值	2.1273	P 值		0.0000

由表 8 – 20 可以得到方程（8.15）：

$$RU = 3.2567 + 0.2444 SI_2 - 0.2701 SI_3 + 1.5706 AR(1) - 0.6886 AR(2)$$

$$(8.15)$$

由方程（8.15）得到，SI_2 的系数为 0.2444，第二产业的斯托克夫指数每提高 1 个百分点，城镇登记失业率将提高 0.2444 个百分点，第二产业的斯托克夫指数与城镇登记失业率的变动方向一致。说明第二产业结构占比上升将导致城镇登记失业率的提高。原因是随着技术的不断进步，第二产业劳动生产率水平得到快速提高，使得资本对劳动的替代效应超过了其

对劳动的创造效应，表现为第二产业的就业弹性为负值，对劳动力为净排出。

SI_3 的系数为 -0.2701，即第三产业的斯托克夫指数每提高 1 个百分点，城镇登记失业率将降低 0.2701 个百分点，说明第三产业结构占比的上升将带来城镇登记失业率的降低。并且第三产业斯托克夫指数系数的绝对值要大于第二产业斯托克夫指数系数的绝对值，即第二产业和第三产业同时增加 1 个百分点，城镇登记失业率仍然是降低的。原因在于第三产业对劳动力的吸纳能力超过了第二产业对劳动力的"挤出效应"。因此，为了有效解决我国日益严重的就业问题，降低失业率，应该优先发展第三产业，因为相比第二产业，第三产业的就业弹性大，劳动力吸纳能力强。

二、小结

本节采用结构变化值指标对产业结构、就业结构和就业总量三个变量进行了格兰杰因果关系检验，并引入斯托克夫指数来实际测度不同产业间就业变动的离散程度，构建了向量自回归（VAR）计量模型，对 1979 年到 2010 年我国产业结构与城镇登记失业率进行了短期脉冲响应和长期趋势分析，得到以下结论：

第一，产业结构与就业结构互为牵拉效应。改革开放以来，在经济快速增长的大背景下，我国产业结构与就业结构都有程度不同的明显变动。产业结构从 1978 年的 28∶48∶24 发展到 2010 年的 10∶47∶43，就业结构从 1978 年的 71∶17∶12 调整到 2010 年的 37∶29∶34。实证检验得知，产业结构对就业结构有牵引作用，与此同时，就业结构对产业结构也有推动作用，它们之间相互影响，互为牵动。

第二，产业结构变动对就业总量没有产生明显影响。数据检验表明，在 10% 的显著水平下，就业总量是产业结构变化的原因，但产业结构变动没有引起就业总量的变化。说明我国产业结构与就业总量二者之间的发展仍缺乏协调性，它们之间的非均衡发展削弱了创造新就业岗位的能力，导致了严峻的就业形势，影响了我国经济的持续稳定增长。

第三，第二和第三产业结构的变动在短期内从总量上抑制了城镇就业，也难以改变就业结构。研究表明，短期内如果给第二和第三产业结构一个正的单位冲击，结构性失业情况变遭，城镇登记失业率也开始上升。

这虽然与劳动力市场化水平比较低、存在户籍等很多制度性壁垒、劳动力流动成本过高等影响要素资源的配置效率有关，也说明产业结构正向变动对就业结构牵拉的作用有一定的局限。在这种情景下，加强产业结构正向变动激励的同时，弱化甚至消除一些劳动力市场中的制度性障碍对解决我国产业结构与就业结构的协调发展十分必要。

第四，第二产业中资本对劳动的替代效应大于其创造效应。第二产业斯托克夫指数每提高 1 个百分点，城镇登记失业率将会上升 0.2444 个百分点。并且第二产业的斯托克夫指数最小，即第二产业就业人数的离散程度最小。这说明，第二产业吸纳劳动力的能力已经非常有限。随着技术的进步，资本密集型第二产业的劳动力更多地被机器（资本）所代替。在长期，如果继续选择资本优先的发展路径，追求资本密集与技术密集的生产方式，那么，更多的劳动将被资本所替代，使得就业问题更加难以有效解决。

第五，在长期，第三产业对就业量的牵拉作用强于第二产业对其的抑制作用。第三产业结构占比与城镇登记失业率的相关系数为负，而第二产业结构占比与城镇登记失业率的相关系数为正，前者系数的绝对值要大于后者系数的绝对值，意味着第三产业对就业量的牵引作用强于第二产业对其的抑制作用。因此，激励第三产业发展具有重要的意义和地位。尽管第三产业在国民经济中的比重从 1978 年的 23.94% 发展到 2010 年的 43.14%，但与发达国家相比，这个数值依然不高。

基于上述研究结论，本节给出以下对策建议：

第一，调整第二产业技术进步路径，激励劳动密集型企业发展。自 1978 年以来，我国选择了以资本替代劳动的技术进步路径，对以制造业为核心的第二产业进行了大规模的投资，第二产业始终处于优先发展地位。客观上讲，这使得我国迅速发展成为世界制造业大国，但第二产业中资本对劳动的替代效应超过了其创造效应。因此，应该及时调整第二产业的技术进步路径，不能一味选择短期内投资大、见效快的资本或技术密集型企业。应结合我国要素资源的特点，充分考虑到我国劳动力丰富的比较优势，在自行研发和引进技术时更多地采用劳动密集的生产方式，积极鼓励劳动密集型企业的发展。

第二，优化第三产业结构，提高竞争力。第三产业作为缓解我国严峻就业形势的最有效途径，应该把其放在优先的发展地位，实现产业模式从

"二三一"向"三二一"的转变。目前,我国第三产业中吸纳劳动力最强的仍以传统服务业为主,但其对经济增长的贡献却较为有限。如果完全依靠传统服务业,将不利于从根本上解决经济发展带来的就业问题。所以,第三产业下一步的发展思路应该是优化结构和提高竞争力。具体手段包括:一是运用市场竞争方式,在餐饮、商贸等传统服务业企业中引入现代公司治理结构,提高经营效率,挖掘其就业潜力;二是积极引导信息产业、技术服务等新兴服务业和现代服务业的发展;三是放松对第三产业的管制,降低税率,加大融资支持,营造第三产业良好的外部环境。通过优势企业的兼并重组,逐步培育一批具有市场竞争力的大企业、大集团,进而扩大对就业的拉动作用。

第三,消除劳动力市场制度壁垒。改革开放以来,我国市场经济建设取得一定的成绩,资源配置手段由以计划为主逐步转向以市场为主。同样的,劳动力市场在劳动力资源配置中也发挥着越来越重要的作用。但不可否认,当前我国的劳动力市场还很不完善,存在许多制度性壁垒,提高了劳动力的迁移成本,降低了劳动力资源配置的效率。由此,建议政府加大举措切实改革户籍制度,弱化甚至尽可能取消附着在这项制度中的教育、医疗、住房等差别,激励要素的配置效率,使劳动力市场化得到纵深的发展。

参考文献

曾湘泉:《变革中的就业环境与中国大学生就业》,中国人民大学出版社 2004 年版。

第四篇　结论与政策建议

第九章

结论与政策建议

第一节　政策研究

一、中国法律法规对性别平等的规定

《中华人民共和国宪法》对男女平等有着原则性的规定，在第四十八条中明确规定：妇女在政治、经济、文化、社会和家庭生活等方面享有与男子平等的权利。

《中华人民共和国劳动法》也对性别歧视有着明确的规定，《劳动法》第十二条规定："劳动者就业不因民族、种族、性别、宗教信仰不同而受歧视。"第十三条规定："妇女享有与男子平等的就业权利。在录用职工时除国家规定的不适合妇女的工程或者岗位外，不得以性别为由拒绝录用妇女或者提高对妇女的录用标准。"此外，也规定了："对违反本规定侵害妇女职工劳动保护权益的单位负责人及其直接责任人员，其所在单位的主管部门，应根据情节轻重，给予行政处分，并责令该单位给予被害女职工合理的经济补偿。"

二、反对歧视女性就业政策的制度经济学分析

上述各项法律法规明确了男女在就业方面的平等，禁止对女性的就业歧视。

　　雇主或企业招聘员工是对员工的劳动力的购买，即员工把自己劳动力的使用权出让给了雇主或企业。新制度经济学家认为，产权不同于以前的观念是或有或无，而是一种中间的状态，即有但不可能被完全界定。

　　产权被完整界定时，产品信息一定可以不费代价地获得，有关的交易成本也一定为零（Barzd，1927）。然而一个经济物品，其产权并非都是清晰的，相反，其产权通常都是模糊的，而且不同的物品产权界定的模糊程度还是不同的。巴泽尔将产权的单位精细化到商品的属性。属性是多样的，人的认知是有限的，而存在交易费用，所以费用很高时产权不能被完全界定，界定的均衡点是边际收益等于边际成本处。边际收益和成本便是由属性的多样性和认知的有限性决定的交易费用决定。根据巴泽尔的理论，员工出让给雇主或企业的只是其劳动力产权的一部分（由于法定工作时间为8小时，员工在工作时间外在家或在外也进行劳动，这部分劳动力并没有出让），而同样在工作时间内，也会由于员工的努力程度不同导致雇主和企业得到的收益不同。在人力资本水平相当的前提下，由于先天禀赋差异以及后天自然社会分工对家庭和孩子方面的侧重，女性员工的劳动生产率要低于男性员工，雇主或企业从女性员工身上获得的收益要小于男性员工。另外，对于雇主或企业来说，给予女性员工的工资报酬应该与女性付出的努力程度相匹配，但是度量工作时间内的努力程度是需要监督成本或者度量成本的，这些监督成本或度量成本就是一种交易成本。那么雇主和企业面临两种选择：一是给予女性员工跟男性员工同样的工资报酬，而为了防止偷懒需要额外付出一定的监督成本；二是给予女性员工低于男性的工资报酬，但是由于法律法规的不允许，加之在衡量女性劳动力生产率时还有度量成本，所以第二种选择是施行不了的。从而理性的雇主或企业内在倾向于选择拒绝录用妇女或者提高对妇女的录用标准和降低女性员工的工资报酬。然而，《宪法》《劳动法》等法律法规的规定使得雇主和企业不能降低女性员工的就业机会与工资报酬，这些法律法规对于雇主和企业来说是一种外部不经济。

　　这些法律法规目的是保障男女平等就业，现实中也确实起到了积极作用，但是随着我国市场经济体制的不断完善和经济的迅猛发展，新的问题层出不穷。有些企业在招聘的过程中直接以各种隐性条款限制女性参与，这就剥夺了女性获得平等就业的机会。2009年城镇单位就业人员中，女性的比例是37.2%，远远低于男性。全国妇联和国家统计局联合展开的第三

期中国妇女社会地位调查数据显示：2010 年我国 18～64 岁女性就业率为
71.1%，比 10 年前下降了 15.9%。可见，中国社会仍普遍存在女性就业
困难的现象，这就说明这些法律法规出现了问题。

　　现有法律法规在保障男女就业权利方面缺乏明确性和针对性。例如，
《妇女权益保障法》第二十二条和《劳动法》第十三条都规定凡是适合女
性从事的工作和岗位，不得以性别为理由拒绝录用或者提高对女性的录用
标准，但又都没有明确规定出现了歧视妇女现象后应负的法律责任。因此
很多用人单位在招聘过程中都明确表示不愿雇用女性或者提高女性雇用标
准，例如，很多企业在合同中加入女性几年内不能生育的性别歧视条款。
法律责任不明确是造成这种就业不平等现象的一个重要原因。又如，《妇
女权益保障法》第五十条规定了对直接责任人的行政处分，这种法律责任
在国企或者集体企业还能有一定的作用，但对于私营企业、合资企业来说
根本不起作用。如果法律法规中界定的法律责任不合适，则很难保障女性
的平等就业权利，即使有明确的法律责任，有些侵权行为仍然没有受到法
律的制裁，原因在于没有明确的执法主体。《妇女权益保障法》中虽然写
明了要由"有关部门""所在单位的主管部门"来执行，但具体是什么部
门却没有明确的规定。

　　可见，为了促进性别平等，首先需要完善相关的法律法规，对于各种
违法行为应负的相关法律责任要有明确规定，并且对于不合适的法律责任
进行修改，使之与当前的形势相适应。其次，执法主体也要明确规定，这
其中还包括执法的权力范围、执法的程序以及未尽到执法责任应受的法律
制裁。

第二节　研究结论

一、调查结论

1. 有关大学生部分

　　（1）女大学生就业较为困难，遇到一定程度上的就业歧视。在相同条
件下，企业愿意选择男性而不是女性，偏向研究类、技术类的岗位上更是

如此。

（2）自身学校名气不足、就业困难时会希望通过考研来缓解就业压力。本科学校名气不足，就业困难，就会选择考研来寻求一所知名的院校并且能缓解目前的就业压力。

（3）专业好坏，是否适应市场需求对就业有着重要的影响。符合社会需求的专业学生如机械类、工程类、土木工程、机电等，就业较为容易，而一些通用型的专业如公共事业管理等，市场需求饱和，就业较为困难。并且实习经验对就业有着一定的影响，一些企业希望选择有实习经验的学生，一些学校会开设专门的工厂，留出专门的时间给学生实习，增强他们的就业能力。

（4）在校期间当班干部对于就业有一定的积极作用。可以积累一定的人际关系，接触不同事物的机会较多，获得较多经验，招聘企业会比较欣赏。

（5）学校歧视较为严重。有名气的大学（如"985""211"等）招聘会多，就业机会较多，有些企业只去"985""211"之类的院校招聘，其他学校的学生只能来这些学校应聘，并且企业不愿招收这些院校之外的学生。

（6）对于某些专业来说（如英语专业等），证书对于找工作的作用不容忽视。证书可以证明学习能力，同时也可以表明女大学生在大学期间的努力程度。

（7）女大学毕业生对选择就业企业呈现出一定特点。在企业选择上会选择一些公司规模大、发展前景广阔、有晋升机会的企业而不会选择公司规模小、没有发展前途的企业，即使工资要高一些。

（8）户籍对企业选择员工有影响，也对员工选择企业有影响。在企业招聘过程中会有一定的地域歧视，如果不是本地户籍，企业会担心签约不久就离职从而怀疑员工对企业的忠诚度。在东部发达地区（如上海等），户籍问题是影响就业的首要问题。

（9）在校期间是否扎实学习到知识是未来能否找到工作的重要筹码。有些同学大学期间沉迷于打游戏等，忽视了学习，从而给就业造成一定的困难。

（10）毕业生对工作地点的选择会有一些要求。很多同学希望留在省会城市或东部沿海发达城市，认为回到家乡没有在留在这些大城市的机会多，因而会对工作地点有要求。

（11）女大学毕业生希望选择专业对口的岗位。很多同学找工作时希望选择到与自己专业对口或相似的岗位。这在一定程度上加大了就业的难度。

（12）校友在企业选择中更具有认同感。有些企业的老总或高级管理人员是本校毕业的，这在一定程度上让毕业生具有一定的认同感，从而倾向于选择该企业。

（13）女大学生自身没有职业规划。很多毕业生或已找到工作的同学自身没有明确的职业规划，这不利于以后的职业发展。

2. 有关企业部分

（1）企业对学校的选择倾向于选择声望好的学校（如"985""211"），对学生的选择则倾向于选择能力好、专业知识好的学生。好的企业倾向于选择去声望好的学校招生，对于那些声望一般的学校一般不招聘。此外，能力好、专业知识好的学生则是企业的首选。企业虽然在招聘时没有表露出性别歧视，但是在随后的面试中会淘汰女大学生，就业的性别歧视仍然存在。

（2）民营企业进校园举行专场招聘会，专业、行业对口，很有针对性。

（3）民营企业对女大学生没有歧视，只要上进、符合岗位需求即可，不考虑性别问题。但有一些特殊行业依据性别自身的生理特点也会有所偏重。这与女大学生的调查结果不一样。但是课题组更倾向于女大学生的观点。

（4）民营企业认为此次调查如果通过电话访谈或者 E-mail 的方式，他们更愿意接受。民营企业业务繁忙，不愿意被打扰。企业认为找政府的劳动部门联系企业，再进行预约访谈，可能会更好。民营企业一般不会跨地区招聘。一般在本地区的高校招聘就可以满足企业的用工需求，所以他们一般不会跨地区招聘。

（5）企业进校园选择毕业生有自己的特点。企业进校园招聘是很好的方式，企业表示不存在企业经验歧视，要求学生要有良好的性格，外向，与人沟通能力要强，要有吃苦耐劳的精神。

（6）在同等能力下愿意招本科生而不愿招硕士生。由于企业给予硕士生的平均工资明显要高于本科生的平均工资，而一些硕士生可以干的活本科生也能做，所以同等能力下企业更愿意招收本科生，节约成本。

（7）国有企业或国有控股企业看重对员工的培养，平均每年会有3~4次的培训，以提高员工的业务能力、服务能力等。

（8）企业对大学生的建议。自己处于什么阶段就锻炼什么方面的能力，在校期间把专业课学好，多掌握知识，培养学习能力；进入社会后应加强社会实践能力，允许犯错误；针对应届毕业生缺乏经验的缺陷，应加强学习，开发潜能，在以后的工作中逐步提升，使学历与处事经验两方面相互协调，共同发展。

3. 有关政府部分

（1）政府机关部门招聘大学生有自己的特点。对招聘的大学生的要求是，要在本科以上，专业知识、综合知识、基础知识要扎实，计算机技能和英语能力要好；情商要高，学会待人处世；要不断学习，增加自己的实践经验；要有健康的身心，保持一个良好的心态。

（2）政府机关部门对于女性没有特别的性别歧视，但有些岗位对性别有特殊要求，如稽查部门对女性有限制。

（3）认为大学生就业主要问题在于择业观念和学校教育与社会脱节。很多大学生眼睛只盯着机关、事业单位，而这样的单位岗位有限，大学生需要转变就业观念。同时大学生的适应能力不足，学校所教的知识与社会需要的知识脱节。

（4）学校专业的设置跟不上社会的需求。有些大学的专业设置不合理造成了大学生就业困难，一些专业就业很好，但是招生人数很少，有些专业就业不好，但招生却很多，专业设置跟不上社会的需求。

（5）用人单位对于基本素质和实践能力比较看重。在很多政府机关，最为看重的就是实践能力。而大学生自身也要关注自身基本素质的养成，如基本生活能力和基本工作能力。

（6）经济环境对于大学生就业有深刻的影响。经济大环境的好坏决定了社会的需求，近两年经济环境有所好转，大学生就业也有所改善。

（7）政府对于创业、去基层工作有特殊的优惠照顾政策。很对地方对于去基层工作的大学生有扶持计划；对于创业的大学生，政府也会给予一定的财政补贴和免税政策以扶持其发展。

（8）政府对大学生就业投入非常乐观，起到了促进作用。中央、地方对高校毕业生投入呈几何级数急剧增加。包括自主创业免税，提供创业指导和创业培训等。同时政府引导企业加强对学生的关心和重视，给予见习生补助等。

4. 有关人才市场部分

（1）大多数人才市场的招聘企业为中小企业，对高学历者没有吸引力。针对名校企业也会直接进校园进行专场招聘。人才招聘市场应聘人员以专科和本科人数居多。

（2）人才市场有一定潜在的性别歧视，更偏向于男大学生。招收女生的职位以文员、会计、内勤为主。现在国家法律规定不得性别歧视，所以企业公示的招聘牌上并无要求，但在实际招聘中还是存在对男性的偏好，招聘的男生比女生要多得多。具体原因在于生育、假期等；认为大部分女生不会处事，不够圆滑，办事能力欠佳。

（3）人才市场以私企居多，少有国企、事业单位。国企、事业单位寥寥无几，且人才市场企业准入门槛低，什么类型、规模的单位都可以来招聘。这在一定程度上使大学生的权益无法保障。

（4）人才市场重视能力和工作经验。人才市场认为学历并无太大优势，但能力和工作经验却很重要，有工作经验者被录取机会更大。

（5）人才市场招聘季节变化明显。一般单位集中在春、秋季招聘，因为这两个季节人口流动性最大。一些人才市场对大学生就业采取了积极措施，设置专门的人才服务站，为本地生源提供免费的职业技能培训；为贫困大学生设置见习岗位，政府提供补助。

（6）人才市场对大学生提出的建议。学生对找工作比较茫然，缺乏一些基本的常识和意识，本科学生强于专科学生；学生只关注待遇，对职业需求不了解，盲目求职，院校培训少，没有定位，没有职业生涯规划；专业技术欠缺。

5. 有关高校就业指导部分

（1）各高校每年都会举办多场招聘会，依据学校能力，举办场次不同，一般声望较高的学校（如"985""211"）举办的招聘会场次较多，学校声望稍差一些的学校举办的招聘会场次较少。

（2）学校声望高的专业就业前景广阔。重点学校的好的专业就业率较好，在企业中非常抢手。

（3）国家对高校就业非常重视，特别是大学生就业投入非常充足（有些地区有所欠缺）。高校给学生创业提供一定的支持，国家也给予创业一定的补助，鼓励学生创业。

（4）用人单位对毕业生在校的学习情况比较看重。主要通过学生的各种证书体现，如毕业证书以及四、六级英语证书，计算机证书，奖学金，荣誉称号等。

（5）高校一般都有就业方面的课程和培训。有些学校在大一的时候就有职业规划，在大三的时候有就业课程，在大四下半学期的时候会预留出实习时间，且都为必修课程。

（6）从高校自身统计的数据来看，各高校就业率都较好。声望较高的学校与声望一般的学校就业率都比较高，例如，中国地质大学的平均就业率达到了90%；武汉理工大学华夏学院的就业率也到了90%。依据地域和学校不同，毕业生初始薪金不同。一般学校毕业生的薪金在2000元左右，但也有些声望较高学校的毕业生初始薪金较高。

（7）从高校角度来说，女大学生的就业歧视依然存在。总体来说，性别歧视是存在的，但在银行等个别行业女性是有优势的。女大学生就业难的原因：一是生理原因；二是个别工作强度大，不适合女性；三是偏重于家庭等原因。

（8）师范类院校就业面窄，竞争激烈。师范类院校毕业生一般去公立、私立学校或者专门的培训机构教书。但公立学校一般通过网上招聘和录用，就业面窄，竞争大。

（9）高校毕业生就业难易程度依次为文科生、理科生、工科生。依据社会发展的需要，应用型人才就业易于理论型人才的就业。

（10）认为高校毕业生就业素质有所欠缺。高校毕业生就业素质欠缺表现在礼仪不规范、对社会过于理想化、个人期望值高、沟通能力不足，以及对社会需求（企业需求）的意识不了解，不能适应企业环境。

（11）高校职业规划面临的问题。高校的职业规划呈现出专家少、学生不认可的特点。职业规划从国外兴起，近几年得到认可，但职业规划方面的专家较少，普适性差，并且学生也对职业规划的重要性不认可。

二、研究结论

1. 有关工作搜寻的研究

在工作搜寻的理论基础上，通过构建 Logistic 多元排序模型对全国 63 所大学的调研数据进行实证分析。研究发现，性别在女大学生就业搜寻过程中起着负面作用；工作搜寻理论没有在女大学生身上得到证实，而在男大学生身上得到证实。同时，男女生就业搜寻的影响因素差异很大。机遇、技能的掌握、吃苦进取、工作能力、观念文化和年龄等因素对女大学生就业搜寻起着正向作用；而影响男大学生就业搜寻的因素为学生干部、人际关系、实习经历、政治面貌和体貌特征。

2. 有关大学生就业评价指标的研究

以国际劳工组织、教育部、人力资源和社会保障部、国家统计局等权威机构典型观点的高频指标为基础，全面参考了国内外关于大学生就业质量、劳动力市场、国家就业政策、社会传统观念等的研究成果，以科学发展观、和谐社会为指导，构建了学校、市场、个人素质和意愿、家庭、政策和社会 6 个二级准则，共计 120 个指标项的女大学生就业质量全口径评价指标体系。得出以下结论：（1）影响女大学生就业质量高低的二级准则依次为：个人素质和意愿、学校、社会、市场、政策和家庭，它们的权重分别为：0.1872、0.1771、0.1743、0.1648、0.1537 和 0.1429。（2）个人素质和意愿是影响女大学生就业质量的最重要因素，特别是工作能力、人际关系、技能的掌握、实习经历和所学专业。（3）学校尤其是学校知名度在女大学生就业中起着重要作用。（4）性别、技能的掌握、求职技巧、长相因素对女大学生就业质量的影响大于对男大学生就业质量的影响。（5）社会传统观念对女大学生就业质量有负面作用。（6）家庭因素同样影响女大学生就业质量，但影响系数较个人素质和意愿、学校、市场等要小。

3. 有关产业结构和就业结构方面的研究

（1）产业结构与就业结构互为牵拉效应。改革开放以来，在经济快速增长的大背景下，我国产业结构与就业结构都有不同程度的明显变动。产业结构从 1978 年的 28：48：24 发展到 2010 年的 10：47：43，就业结构从 1978 年的 71：17：12 调整到 2010 年的 37：29：34。通过实证检验得知，产业结构对就业结构有牵引作用，与此同时，就业结构对产业结构也有推动作用，它们之间相互影响，互为牵动。

（2）产业结构变动对就业总量没有产生明显影响。数据检验表明，在 10% 的显著水平下，就业总量是产业结构变化的原因，但产业结构变动没有引起就业总量的变化。说明我国产业结构与就业总量二者之间的发展仍缺乏协调性，它们之间的非均衡发展削弱了创造新就业岗位的能力，导致了严峻的就业形势，影响了我国经济的持续稳定增长。

（3）第二和第三产业结构的变动在短期内从总量上抑制了城镇就业，也难以改变就业结构。研究表明，短期内如果给第二和第三产业结构一个正的单位冲击，结构性失业情况变遭，城镇登记失业率也开始上升。这虽然与劳动力市场化水平比较低、存在户籍等很多制度性壁垒、劳动力流动成本过高等影响要素资源的配置效率有关，也说明产业结构正向变动对就业结构牵拉的作用有一定的局限。在这种情况下，加强产业结构正向变动激励的同时，弱化甚至消除一些劳动力市场中的制度性障碍对解决我国产业结构与就业结构的协调发展十分必要。

（4）第二产业中资本对劳动的替代效应大于其创造效应。第二产业斯托克夫指数每提高 1 个百分点，城镇登记失业率将会上升 0.2444 个百分点。并且第二产业的斯托克夫指数最小，即第二产业就业人数的离散程度最小。说明第二产业吸纳劳动力的能力已经非常有限。随着技术的进步，资本密集型第二产业的劳动力更多地被机器（资本）所代替。在长期，如果继续选择资本优先的发展路径，追求资本密集与技术密集的生产方式，那么更多的劳动将被资本所替代，使得就业问题更加难以有效解决。

（5）在长期，第三产业对就业量的牵拉作用强于第二产业对其的抑制作用。第三产业结构占比与城镇登记失业率的相关系数为负，而第二产业结构占比与城镇登记失业率的相关系数为正，前者系数的绝对值要大于后者系数的绝对值，意味着第三产业对就业量的牵引作用强于第二产业对其的抑制作用。因此，激励第三产业发展具有重要的意义和地位。尽管第三产业在国民经济中的比重从 1978 年的 23.94% 发展到 2010 年的 43.14%，但与发达国家相比，这个数值依然不高。

4. 有关大学生就业的性别差异研究

通过对全国 63 所大学的调查发现，就业性别差异明显存在。同等条件下，女大学生总是比男大学生更容易遭受就业歧视，其受到歧视的概率高于同类男生 20% 以上。不同类型的女大学生也面临不同的就业歧视，她们的基层就业意愿、自我评价也有差异。

5. 有关学校声望与女大学生就业的研究

根据 logistic 数据回归分析和访谈结果发现，无论是基于学历还是性别因素，来自非全国重点院校的毕业生均比来自全国重点院校的毕业生感受到就业歧视的概率要大，用人单位以学校声望为信号进行筛选，使非全国重点院校的毕业生感受到更多的就业歧视。

6. 有关女大学生就业的影响因素研究（基于辽宁地区的高校）

从调查中可以看出，超过半数的女大学生认为户籍会影响自己的就业。约有九成的女大学生不了解就业支持措施，并且没有受到合理的就业指导。在被调查的女大学生中，生育问题会是女大学生影响其选择就业方向的衡量指标之一。约九成以上的女大学生认为实习对就业的重要性不言而喻，即便没有实习也仍会认为实习有着很大的帮助。从调查结果中可以看出，对自己不满意的或者不太自信的占少数，说明女大学生自信的普遍提高，这与我国提倡男女平等的宣传有关。大多数女大学生认为学校提供的就业指导服务较为一般。超过半数的女大学生对校园招聘的态度感觉一般。超过半数的女大学生对社会招聘会的求职效果满意程度感觉一般或者不满意。

7. 有关大学生就业的影响因素研究（基于大连地区的高校）

根据访谈了解到，一些企业的人力资源经理或者是企业的管理人员在现场招聘时，直接列出所要求的专业，专业对口者优先考虑，尤其是那些理工科的专业，很受企业欢迎。而那些人文社科类的专业，由于企业用工规模比较小，因此需求量不大。从调查结果来看，大学生对于本校提供的就业服务反映一般，这也从侧面反映出高校的就业服务仍然没有形成常态，一些高校的就业指导中心人员少，提供的就业信息少，信息发布不及时，就业服务的形式较少。校园招聘会的次数少，提供的就业岗位少，是大学生们普遍反映的问题。相对于南方很多高校天天有校园招聘会，大连地区高校的校园招聘会相对较少。从访谈的结果来看，在大学期间有过实习经历对于找工作非常重要，有的企业在招聘时往往最看重的就是大学生的实习经历和是否具有过工作经验，那些有实习经历的学生更具备就业优势。根据调查数据来看，有八成的大学生认为户籍制度对就业有影响，访谈的实际情况也证明了这一点，很多用人单位不愿意解决户口和住宿问题，纷纷表示愿意招聘本地户籍的大学生。很多男大学生认为很多岗位确实不适合女大学生，而且，几乎访谈过的女大学生都认为男大学生好找工作，女大学生受到性别歧视很普遍。在当前大学生就业难的形势下，大学生的家庭因素对大学生的就业有非常重要的影响，尤其是对女性大学生就业也产生了一定的影响。访谈中，一些女大学生认为应该寻找相对稳定的工作岗位，甚至有一些女大学生认为"学得好不如嫁得好"，还有一些女大学生完全按照父母的意愿来选择就业，听从父母的安排。总体看来，绝大部分毕业生认为相貌及体态特征对找寻工作有影响，根据访谈，一些女大学生提及一些银行在招聘时，往往更注重那些形象气质佳、身材高挑的女大学生。一些学生表示，一些理科专业的学生可以在实验室或者学校举办的创业中心里进行创业实习和实践，而那些文科类的学生却没有太多的创业实践机会。

8. 有关家庭因素与大学生就业

根据实证研究的结果可以发现，大学生的就业意愿受家庭因素的影响较大。总体而言，拥有"独生子女"身份、父母的职业、学历、家庭年收入以及亲属的社会地位这七个家庭因素都较高的大学生相对于这七个家庭因素都较低的大学生来说，前者更倾向于考研或出国，后者更倾向于工作。

9. 有关大学生就业的因素因子分析

从普遍意义上来说，影响大学生就业因素程度最高的是自致因素，其次是先赋因素（家庭因素），影响程度最低的是社会因素。这个实证研究的结论表明，大学生的先赋因素是影响大学生就业的重要因素，但却不是根本性因素。

10. 高效扩招与女大学生就业

我们运用制度经济学的方法分析了扩招政策对个体的行为模式和组织效率的激励导向，认为招生规模不宜大幅度扩增或缩减，改革也应当循序渐进。同时，开放高等教育的多元化选择路径，优化对代理人的监督和激励机制，保持高等教育稳定发展。

11. 计划生育政策与女大学生就业

在当前劳动力市场中，计划生育政策有利于提升女性的人力资本投资，在一定程度上改变了家庭对子女性别的偏好。劳动力市场上，计划生育政策降低了女性生育决策的不确定性，同时降低了交易成本，改变了雇主对女性就业的预期，削弱了劳动力市场上的性别歧视，从而有利于提高女性劳动参与率，增加女性劳动力资源的供给。但是，计划生育政策也产生了负效应，人们的机会主义行为及政策条款的城乡差异提高了性别比例，使更多的男性与女性在劳动力市场上竞争，造成了挤出效应，不利于女性就业，也扩大了城乡女性的就业差距。此外，计划生育政策也产生了一系列混合或相反的作用结果。

第三节 解决女大学生就业问题的对策建议

女大学生就业难并不是由单一的影响因素来决定的，它往往由众多影响因素共同决定。根据调查结果，大学生就业问题的影响因素总体上可以概括为就业观念的影响、学校的就业服务影响以及政府政策影响，因此，应从这三个方面来采取措施进而改进大学生就业难状况。

一、有关女大学生自身

1. 女大学生应该转变就业观念

本次调查选择的影响就业观念的因素包括意向起薪、创业、意向地区、基层就业意愿和就业意向单位，以上这些方面对就业是否成功起到了非常重要的作用。根据目前的就业形势，大学生在毕业时，未必一定要求高工资和高待遇，先就业、后择业也未尝是一件坏事。同时，建议一部分有创业能力和创业想法的大学生积极创业。2011 年 10 月 12 日以来，国务院推出了支持小微企业发展的九条财税、金融政策，之后又出台了对小微企业免征 22 项行政事业性收费，积极鼓励创业进而带动就业。因此，大学生可以利用这一契机，积极创业去实现自己的理想。另外，鼓励大学生去三线城市、农村地区、基层地区就业。目前，三线城市的发展也加快了步伐，地方政府在发展本地区的产业方面加大了力度，在引进人才方面也有更多的优厚条件。建议女大学生不要全部聚集在一线和二线城市形成就业的拥挤，三线城市更需要人才去发展地区经济，那些农村地区和基层就业岗位，更需要有一定知识含量的人才加入。最后，建议大学生转变观念，积极去中小企业就业，尽管很多的中小企业是私人企业，但私人企业用工比较灵活，而且私人企业提供的岗位比较多，可以选择的余地也比较大。随着我国《劳动合同法》实施步伐的加快，私人企业的用工制度也更加完善，工资福利待遇等也逐步提高，建议大学生更多地去中小企业就业。

2. 非重点院校女大学毕业生应认清现状，提升就业能力

就业歧视是现实存在，认清现状，把握自己，在就业搜寻过程中，毕业生应该不断学习，不断提升就业能力。克服自卑，鼓励自信，积极发挥自己的长处，并能充满乐观向上的精神去面对就业过程中的一切问题。另外，非重点院校的高等教育应该注重加强大学生就业能力的培养，改革教育环节，加大就业教育与职业教育的力度。尤其在入学之初，就应该加强就业教育方面的宣传与指导，配备专门的职业教育导师和就业指导教师，加强实习基地建设，使学生在毕业前就能获得实习机会和锻炼机会，或者是获得一技之长，只有这样，大学生在就业过程中才能够具有竞争优势。非重点大学还应该加强校友联系，发挥校友就业的优势和作用。

二、有关高校及教育制度

1. 教育制度

高等教育必须为社会提供"合格产品"，高等教育在提供教育服务的

同时，必须承担就业服务的职能。根据调查结果来看，大学生所学专业、学校的就业服务及校园招聘会和女性的就业观念问题，是高等教育必须为大学生就业服务所要特别关注的地方。根据对部分企业的访谈，企业在招聘人才时，更多的是精打细算并且招工人数有限，企业更愿意招聘专业对口的大学生，那些专业不对口的大学生在投递简历时就被直接拒绝。根据目前的形势来看，理工科类的大学生找工作相对容易，文科类的大学生在求职时往往找不到专业对口的岗位。因此，高等教育应该适时进行专业调整和改革，根据社会发展、企业需要，每几年进行一次调整。大学生就业难的其中一个原因就是就业信息渠道不顺畅，因此，学校的就业服务包括校园招聘会就起到了很重要的作用。但是一些学校并没有把就业服务形成常态，只是举行几场专场的招聘会，而且为就业服务的教师和人员非常少，往往满足不了大学生就业服务的需求。大学生就业难，往往是女大学生就业难，针对这一现象，建议高校在教学课程上开设一些女性课程，针对女性自身特点和性别特征，引导女大学生培养兴趣和爱好，鼓励女大学生自强自立，正确面对和正视就业中的男女差别，对女性专门的职业生涯规划和引导非常必要。特别要指出的是，大学生实习经历有非常重要的影响，甚至是决定性的影响，建议高等学校继续完善实习制度，除了建立实习基地，配备实习教师，完善实习项目，还要延长实习时间，实习期至少要半年以上或者至一年，才能熟悉一个行业并完全掌握本行业的基本职业技能和所需基本知识。

2. 创业教育

在创业上，继续完善创业制度，加大创业培育体系、创业扶持，使更多的大学毕业生走上创业之路，进而带动更多的人就业。从深层次来看，创业教育本质上是为了培养具有创新能力的人才，为社会经济、文化等方面发展提供人才。从浅层次来看，一方面，国外的经济增长的引擎使得创业教育功不可没；另一方面，创业教育起源于国民的教育提升，更是就业形势的一种促进，它是高级的就业形式。近20年来，创业已经成为各国经济增长的重要动力，创业教育越来越成为学者研究的重点领域。国外在创业教育方面的理念随着社会的进步不断更新，在实践上不断创新创业教育的方法和手段。在未来，创业教育将是各国国民教育体系中非常重要的教育制度。借鉴国外的经验，我国更应该顺应世界的潮流，不断发展和创新创业教育，提升国民素质，为提高国民的就业能力而努力。

三、有关政府政策

1. 打破户籍制度

政府的制度和政策对女大学生就业会起到一定的引导作用，甚至可以说，就业市场中的一些不规范行为，政府的制度需要对其进行矫正以促使顺畅就业和维持就业公平。根据调查显示，户籍制度、性别歧视、女性就业政策、创业等方面都需要政府制度的进一步改革和完善。政府应进行户籍制度改革，解决外地生源的户口问题，并设立反户籍歧视的相关法律法规。改革户籍制度，打破学校声望限制。建议一些地方政府取消与学校声望挂钩的户籍制度，真正搭建客观公正的就业竞争平台，以科学的考核体系来招聘大学毕业生，从而选择优秀的生源留在本地就业，为本地创造更多的价值。

2. 反对性别歧视，提高歧视成本

出台地方规定，对存在就业性别歧视的用人单位，政府有关劳动部门要时时实施就业监督，必要时给予一定的惩罚措施，以减少因性别歧视而产生的不公平就业。建议全社会为女性开创更多的发展机会，政府积极组织各类女性发展项目，并在政策上给予支持，包括税收减免、低息贷款等。政府在制定各项政策时，需要有效引导企业实施性别平等措施。强烈建议政府制定反歧视的专门法律，对性别歧视的定义、种类、判断标准、抗辩事由等事项做出详细规定，明确不同违法行为的具体法律责任。对违反"反歧视法"者严惩不贷，并对造成的损害给予补偿，同时还要明确对被歧视者的援助措施。建议政府建立如平等就业委员会之类的专门机构，并赋予其监督、仲裁和执行等功能，加强罚款和民事赔偿的惩罚力度。政府这种积极的干预，将大大提高歧视的成本，做到使那些持有性别偏见者望而却步。

3. 提高女性劳动者资源禀赋

建议建立由政府组织成立，民间团体、企业或个人均可以加入的各类

女生教育基金、女员工职业培训基金、女性健康保健基金等，为培育女性劳动者的能力、规避市场性别歧视和社会性别排斥作出实质性的努力。建议建立由政府积极筹办的各类女性发展基金，帮助女性就业和创业，为女性劳动者开创更多的发展机会。同时，积极组织各类女性发展项目，并在政策上适当给予优惠或支持。建议各级政府在制定相应的财政、金融、工商及税收等方面的经济政策时，鼓励在招聘、晋升等方面性别平等政策落实好的企业。

4. 加大文化建设

建议政府逐渐引导建立以两性全面、和谐发展为目标的先进性别文化，在全社会树立尊重妇女的进步观念。要为家庭生活和妇女就业提供大量的资金与服务，创造宽松的就业环境，营造了两性平等的就业文化氛围。除此而外，转变观念还需要女性自身的努力，建议女性劳动者积极强化自身的素质和能力，逐渐磨炼坚强的心理和顽强的意志，增加竞争和市场意识，积极主动地寻求发展机会，依靠自己的勤奋及成就改变社会的评价。

5. 公共政策性别意识建设

以实现社会公平为目标的政府，需要特别关心女性劳动者的生存状况，通过就业及社会保障制度的改革与创新，从根本上营造公平的经济、社会和法律的制度环境，保障并实现女性劳动者的基本权益。制定统一的生育保险条例，确立统一的社会统筹生育保险模式，将女性生育"负担"社会化分担。建立非正规就业中的女性养老保障体系，取消诸如退休年龄两性差别性对待的政策条款。反对性别歧视，建立新的伦理关怀，实现市场与社会的成长和成熟是十分必要的。

四、有关企业招聘与就业扶持

在女性就业扶持政策上，继续鼓励企业多聘用女大学生，对于那些聘用女大学生比较多的服务行业，给予一定的税收优惠和财政扶持。建议用人单位改变偏好，解决信息不对称问题。建议用人单位改变偏好，非重点大学毕业生也不乏优秀人才，给予那些非重点大学毕业生平等的就业机会，企业才能选拔出更适合、更优秀的人才。

附录一   大学生就业问题调查问卷

亲爱的同学，您好！

当前大学生就业形势严峻，为深入了解和研究大学生就业难问题，特开展此次专项调查活动。请根据您的实际情况，在您认为合适的选项后（如 A、B、C、D）画"√"。本次调查采取不记名方式，所有回答只用于统计分析、学术研究。问卷约占用您 6 分钟时间，真诚感谢您的参与和支持！

---

1. 您的性别是：

A. 男　　B. 女

2. 您的民族是：

A. 汉族　　B. 蒙古族　　C. 回族　　D. 维吾尔族　　E. 苗族

F. 满族　　G. 其他（请填写：＿＿）

3. 您在读的学历为：

A. 本科生　　B. 硕士研究生　　C. 博士研究生

4. 您所学专业类别为：

A. 人文社科　　C. 经管　　D. 理工科　　F. 医科　　G. 农学

I. 体育　　J. 艺术　　K. 其他＿＿

5. 您来自以下哪类城市：

A. 一线城市　　B. 二线城市　　C. 三线城市

6. 您已经有意向的单位属于：

A. 机关、事业单位　　B. 国企　　C. 合资企业（外商主要控股）

D. 合资企业（中方主要控股）　　E. 独资　　F. 民企

G. 私企　　H. 基层单位（如社区、农村）　　I. 部队

7. 您的意向月起薪是（单位：元）：

A. 1500 以下　　B. 1500～2000　　C. 2001～3000

D. 3001～4000　　E. 4000 以上

8. 在找寻工作过程中，您是否遭遇过就业歧视？

A. 是　　B. 否

9. 如果您遭遇过就业歧视，请选择遭遇过哪些歧视（可多选）：

A. 性别歧视　　B. 户籍歧视　　C. 地域歧视　　D. 经验歧视

E. 学校歧视　　F. 相貌歧视　　G. 身高歧视　　H. 其他歧视

10. 您所学的专业与意向单位的工作性质要求的对口程度是：

A. 对口　　B. 比较对口　　C. 一定程度上相关　　D. 不对口

11. 如果您还没有意向单位，您的毕业去向是：

A. 待业　　B. 考研　　C. 自主创业　　D. 积极找工作

E. 出国　　F. 其他

12. 您意向选择的就业地区是：

A. 一线城市　　B. 二线城市　　C. 三线城市

13. 如果有工作机会，您是否愿意到基层就业？

A. 愿意　　B. 不愿意

14. 您认为户籍对就业影响程度：

A. 很大　　B. 一般　　C. 没有　　D. 不清楚

15. 您对学校提供的就业指导与服务满意程度是：

A. 非常满意　　B. 比较满意　　C. 一般　　D. 不满意

E. 非常不满意

16. 您的就业信息获取主要渠道是：

A. 学校就业部门提供（如校园招聘会）　　B. 老师推荐

C. 政府公共就业服务机构（如政府网站）　　D. 亲友提供

E. 社会营利性中介机构（如私营人才网站）　　F. 其他

17. 您对校园招聘会的求职效果满意程度是：

A. 非常满意　　B. 比较满意　　C. 一般　　D. 不满意

E. 非常不满意

18. 您对社会招聘会的求职效果满意程度是：

A. 非常满意　　B. 比较满意　　C. 一般　　D. 不满意

E. 非常不满意

19. 您认为政府公共就业服务机构（人才交流中心）在提供就业服务方面应怎样完善（可多选）：

A. 提供更多更加有效的招聘信息　　B. 应免收招聘会门票费用

C. 降低人事代理和户档托管收费　　D. 提供职业技能、创业培训

E. 加强政策宣传和就业指导

20. 您认为影响大学生创业的主要因素是（可多选）：

A. 创业政策扶持不足　　B. 创业教育和培训不足

C. 创业实习基地少　　D. 小额贷款难

E. 创办企业的流程太烦琐　　F. 缺乏创业场所

21. 您最想进入的工作单位是：

A. 外企　　B. 国企　　C. 政府公共部门　　D. 私企

E. 自己创业

22. 您毕业前是否参加过实习？您认为实习对就业选择有帮助吗？

A. 是，有帮助　　B. 否，有帮助　　C. 是，没帮助

D. 否，没帮助

23. 您得到的就业、创业帮助主要来自于哪些渠道（可多选）？

A. 学校就业指导部门　　B. 社会公共服务机构

C. 父母与长辈亲属　　D. 同学和朋友

24. 您认为与男生相比女大学生的劳动生产率：

A. 强　　B. 弱　　C. 一般　　D. 与男生无差别

25. 您是否了解对女大学生就业的支持措施？

A. 不了解　　B. 了解（指：　　　　）

26. 如果您是女大学生，您是否担心婚恋对就业有影响？

A. 担心　　B. 不担心　　C. 实际上不很清楚

27. 父母及丈夫的社会地位对女大学生的就业是否有影响？

A. 有　　B. 没有

28. 您认为专业对女大学生就业及发展有否影响？

A. 有　　B. 没有

29. 您认为女生的学位越高越好吗？

A. 当然　　B. 不一定　　C. 没关系

D. 其实"学得好不如嫁得好"

30. 您认为女大学生就业难是否是社会观念和社会习俗的影响作用？

A. 是　　B. 不是　　C. 有一些

31. 找工作过程中，您遭遇过劳动力市场的性别歧视吗？

A. 有　　B. 没有　　C. 听说过（例：　　）　　D. 看见过（例：　　）

32. 您认为相貌及体态特征对女大学生就业有影响吗？

A. 有   B. 没有   C. 或许有一些

33. 作为女大学生、您如果被录用，是因为：

A. 规章制度要求   B. 政府政策要求   C. 比男生优秀

D. 不比男生差   E. 工作需要，与性别无关

34. 作为女大学生，您是否担心因生育而影响就业或未来的工作？

A. 是   B. 不是   C. 有那么一点

35. 作为女大学生，您对自己的评价是：

A. 满意   B. 不满   C. 还行   D. 不太自信

36. 您认为就业性别差异是因为：

A. 性别劳动生产率差别   B. 观念   C. 法制不健全

D. 统计性的歧视的结果

37. 您在意向工作确定之前投递简历的次数：

A. 3～10次   B. 10～20次   C. 20～30次   D. 30～40次

E. 40～50次

38. 您找工作过程中面试的次数：

A. 1～3次   B. 3～5次   C. 5～10次   D. 10～15次

E. 15～20次

39. 您找工作过程中得益于____的帮助（可多选）：

A. 学习成绩   B. 专业   C. 各种证书   D. 高学位

E. 亲属友忙   F. 相貌

40. 您找工作过程中最大的感慨（可多选）：

A. 性别歧视   B. 没有亲友帮助   C. 自信心不足   D. 相貌

41. 您考研，是因为：

A. 当前找工作难   B. 偏好读书   C. 想未来有更好的工作

D. 精神追求

42. 您有否创业的想法？

A. 有   B. 没有   C. 或许未来会有

43. 您是否有异地就业（劳动力流动）意识？

A. 有   B. 没有   C. 或许未来会有   D. 逼到分上再说

44. 您是否有出国留学或工作的意愿？

A. 有   B. 没有   C. 不确定   D. 有好机会再说

45. 您对劳动力市场性别歧视抱有怎样的心态？

A. 接受　　B. 不接受　　C. 不理睬　　D. 积极反抗

46. 您对影响大学生就业的综合因素评价（在您认为合适的选项后面画"√"）。

影响因素 ＼ 影响程度	很有影响	有影响	说不清楚	基本没有影响	完全没有影响
性别					
年龄					
民族					
学习成绩					
各种证书					
实习经历					
大学生个人期望值					
劳动合同					
工作能力					
人际关系					
共产党员的政治面貌					
担任过学生干部					
身高					
长相					
个性特征					
家庭背景					
毕业院校的知名度					
所学专业					
社会实践经验					
机遇					
求职技巧					
实用性技能的掌握					

续表

影响程度　影响因素	很有影响	有影响	说不清楚	基本没有影响	完全没有影响
观念、习俗、文化					
父母的意愿					
收入和待遇					
性格特征					
理想抱负					
吃苦精神，进取意识					
执行力					
聪明伶俐，有主见					

问卷到此结束，再次感谢您的支持！祝您健康、愉快！

附录二 政府问卷

尊敬的先生/女士，您好！

　　大学生就业是我国当前经济与社会发展的重要问题，为了认识和解决这一问题，我们组织了本次问卷调查，本次调查采取不记名方式，所有回答只用于统计分析、学术研究。请根据贵单位的实际情况，对每个问题在您认为合适的选项后（如 A、B、C、D）画"√"。本调查问卷约占用您6 分钟时间，由衷地感谢您的合作和支持！

---

1. 贵单位近三年有否录用应届高校毕业生？

A. 有　　B. 没有

2. 贵单位录用的高校毕业生主要来源于：

A. 211 院校　　B. 一般本科院校　　C. 高职或专科院校　　D. 其他

3. 贵单位录用的高校毕业生的专业以：

A. 理工类居多　　B. 人文类居多　　C. 经管类居多　　D. 其他

4. 贵单位在录用大学生时对于专业是否对口的看法是：

A. 很注重　　B. 比较注重　　C. 一般　　D. 不注重

5. 贵单位录用的高校毕业生的主要学历层次为：

A. 硕士及以上　　B. 本科　　C. 专科及以下

6. 贵单位对刚录用的高校毕业生的能力是否满意？

A. 满意　　B. 不满意　　C. 一般　　D. 非常不满意

7. 贵单位新录用的高校毕业生的地区多为：

A. 农村　　B. 中小城市　　C. 省会及大城市　　D. 不确定

8. 贵单位录用高校毕业生时对性别的选择：

A. 有　　B. 没有　　C. 不一定

9. 贵单位在新录用的高校毕业生中一般男生所占的比例为：

A. 30% 以下　　B. 30%～50%　　C. 51%～70%　　D. 70% 以上

10. 贵单位在未来三年内是否会增加应届大学生的录用？

A. 可能小幅增加　　　B. 可能大幅增加　　　C. 可能不增加

D. 不清楚

11. 贵单位对录用大学生采取了哪些措施（可多选）？

A. 户籍管理政策，取消对接收高校毕业生的落户限制，减少就业障碍等

B. 加强毕业生就业指导工作，如高校要开设毕业生就业指导课等

C. 财政补助政策，如对毕业后去基层工作者给予补贴、奖金等

D. 鼓励大学生自主创业的政策，如贷款担保政策、税费减免政策等

E. 其他政策

12. 贵单位是否对未就业大学生提供某些公共服务等公益性岗位？

A. 是　　　B. 否

13. 贵单位对女大学生的劳动生产率的评价是：

A. 强　　　B. 弱　　　C. 一般　　　D. 与男生无差别

14. 贵单位是否有对女大学生就业的支持措施？

A. 有　　　B. 没有

15. 贵单位认为录用女大学生她们的婚恋对工作是否有影响？

A. 有　　　B. 没有

16. 您认为父母及丈夫的社会地位对女大学生的就业是否有影响？

A. 有　　　B. 没有

17. 您认为专业对女大学生就业及发展是否有影响？

A. 有　　　B. 没有

18. 贵单位在录用女大学生时认为她们的学位越高越好吗？

A. 当然　　　B. 不一定　　　C. 没关系　　　D. 其实"女子无才便是德"

19. 您认为女大学生就业难是观念和社会习俗的影响吗？

A. 是　　　B. 不是　　　C. 或许有一些

20. 您认劳动力市场是否有性别歧视的存在？

A. 有　　　B. 没有　　　C. 听说过（例：　　　）　　　D. 看见过（例：　　　）

21. 您认为相貌及体态特征对女大学生就业有影响吗？

A. 有　　　B. 没有　　　C. 或许有一些

22. 贵单位如果选择录用女大学，一般的原因是：

A. 规章制度的要求　　　B. 政府政策的要求　　　C. 比男生优秀

D. 不比男生差　　　E. 工作需要，与性别无关

23. 政府针对女性员工的保障、保护性政策必要且能够得到贯彻执行：

A. 是，能够　　B. 不，不能　　C. 是，很难　　D. 无所谓

24. 您是否担心女大学生因生育而影响工作？

A. 是　　B. 不是　　C. 有那么一点　　D. 无所谓

25. 您认为就业性别差异是因为：

A. 由性别带来的劳动生产率差别　　B. 由观念带来的差别

C. 由法制不健全带来的差别　　D. 由统计性的歧视带来的差别

26. 您对女大学生的评价：

A. 满意　　B. 不满　　C. 还行　　D. 不特别关心

27. 贵单位是否与女大学生在合同、工作管理、晋升、待遇等方面有劳动纠纷？

A. 有（注明问题：　　　　　）　　B. 没有

28. 贵单位对女大学生有什么要求？

A. 能力、努力和工作成绩与男生无差别

B. 能力、努力和工作成绩与男生可以有些差别

29. 贵单位对影响大学生就业的综合因素如何评价（在您认为合适的选项后面画"√"）？

影响因素 ＼ 影响程度	很有影响	有影响	说不清楚	基本没有影响	完全没有影响
性别					
年龄					
民族					
学习成绩					
各种证书					
实习经历					
大学生个人期望值					
劳动合同					
工作能力					
人际关系					
共产党员的政治面貌					

续表

影响因素＼影响程度	很有影响	有影响	说不清楚	基本没有影响	完全没有影响
担任过学生干部					
身高					
长相					
个性特征					
家庭背景					
毕业院校的知名度					
所学专业					
社会实践经验					
机遇					
求职技巧					
实用性技能的掌握					
观念、习俗、文化					
父母的意愿					
收入和待遇					
性格特征					
理想抱负					
吃苦精神，进取意识					
执行力					
聪明伶俐，有主见					

问卷到此结束，再次感谢您的支持！祝您健康、愉快！

附录三　人才市场问卷

尊敬的先生/女士，您好！

我们正在进行大学生就业的市场问卷调查，本次调查采取不记名的方式，所有回答只用于统计分析、学术研究。请根据贵单位的实际情况，在您认为合适的选项后（如 A、B、C、D）画"√"。本调查问卷约占用您 6 分钟时间，由衷地感谢您的合作和支持！

1. 您单位每年为大学生举办多少场招聘会？

A. 3～5 次　　　B. 5～10 次　　　C. 10～20 次　　　D. 20 次以上

2. 您单位组织的招聘会每次约有多少家招聘单位参与？

A. 50 家以下　　　B. 50～100 家　　　C. 100～200 家

D. 200 家以上

3. 您单位举办网络招聘活动的效果如何？

A. 非常有效　　　B. 效果一般　　　C. 效果甚微

4. 贵单位登记的大学毕业生每年的就业率是多少？

A. 20% 以下　　　B. 20%～40%　　　C. 40%～60%

D. 60%～80%　　　E. 80% 以上

5. 您单位登记的高校毕业生流动情况：

A. 流入率 > 流出率　　　B. 流入率 < 流出率

C. 流入率基本等于流出率

6. 近几年何种专业的学生就业率最高？

A. 社会科学类　　　B. 理工类　　　C. 医学类　　　D. 艺术类

E. 农学类　　　F. 师范类　　　G. 其他

7. 据您了解，当前劳动力市场上存在哪些招聘问题（可多选）？

A. 虚假招聘　　　B. 性别歧视　　　C. "黑"中介和非法中介

D. 高额培训费用

8. 据您单位统计，每年有多少比例的学生从事非本专业的工作？

A. 10% 以下　　　B. 10%～20%　　　C. 20%～30%　　　D. 30% 以上

E. 未统计

9. 往年招聘的学生中女生所占比例多还是男生多?

A. 女生多　　B. 男生多　　C. 男女生一样多

10. 您单位登记的毕业生主要来源于哪些高校?

A. "211"或者"985"高校　　B. 一般本科院校

C. 高职或专科学校　　D. 各类学校都有

11. 您单位是否为未就业大学生提供免费就业培训?

A. 有免费培训　　B. 有偿培训　　C. 不提供培训

D. 负责培训，政府埋单

12. 您单位是否建立了专门的就业服务站?

A. 是　　B. 否

13. 毕业生自主创业能得到的优惠政策有哪些?

A. 自主创业扶持基金　　B. 小额贷款贴息扶持金

C. 免费提供商铺　　D. 一定期限内免税

14. 您认为目前当地的人才政策对大学生就业有什么作用?

A. 对大学生个人很有帮助　　B. 对学校有帮助

C. 对用人企业和城市发展有帮助　　D. 比较笼统，缺乏实际措施

15. 贵单位对女大学生的劳动生产率的评价:

A. 强　　B. 弱　　C. 一般　　D. 与男生无差别

16. 贵单位是否有对女大学生就业的支持措施?

A. 有　　B. 没有

17. 贵单位认为企业录用女大学生，她们的婚恋对工作是否有影响?

A. 有　　B. 没有

18. 贵单位认为父母及丈夫的社会地位对女大学生的就业是否有影响?

A. 有　　B. 没有

19. 贵单位认为专业对女大学生就业及发展是否有影响?

A. 有　　B. 没有

20. 贵单位认为在录用女大学生时她们的学位越高越好吗?

A. 当然　　B. 不一定　　C. 没关系　　D. 其实"女子无才便是德"

21. 贵单位认为女大学生就业难是否是观念和社会习俗的影响?

A. 是　　B. 不是　　C. 或许有一些

22. 贵单位是否认为劳动力市场确实存在性别歧视?

A. 存在　　B. 不存在　　C. 听说过（例：　　　）

D. 看见过（例：　　　）

23. 您认为相貌及体态特征对女大学生就业有影响吗？

A. 有　　B. 没有　　C. 或许有一些

24. 贵单位如果选择录用女大学，一般的原因是：

A. 规章制度的要求　　B. 政府政策的要求　　C. 比男生优秀

D. 不比男生差　　E. 工作需要，与性别无关

25. 您认为政府针对女性员工的保障、保护性政策能否得到贯彻？

A. 可以　　B. 没有特别的必要

26. 贵单位认为企业会担心女大学生因生育而影响工作吗？

A. 是　　B. 不是　　C. 有那么一些　　D. 十分担忧

27. 贵单位对女大学生的评价是什么？

A. 满意　　B. 不满　　C. 还行　　D. 不特别关心

28. 贵单位认为就业性别差异是因为：

A. 由性别带来的劳动生产率差别　　B. 由观念带来的差别

C. 由法制不健全带来的差别　　D. 由统计性的歧视带来的差别

29. 贵单位是否与女大学生在合同、工作管理、晋升、待遇等方面有劳动纠纷？

A. 有（注明问题：　　　　　）　　B. 没有

30. 贵单位对女大学生有什么要求？

A. 能力、努力和工作成绩与男生无差别

B. 能力、努力和工作成绩与男生可以有些差别

31. 贵单位对影响大学生就业综合因素评价（在您认为合适的选项后画"√"）

影响程度　　影响因素	很有影响	有影响	说不清楚	基本没有影响	完全没有影响
性别					
年龄					
民族					
学习成绩					

续表

影响程度 影响因素	很有 影响	有影响	说不清楚	基本没有 影响	完全没有 影响
各种证书					
实习经历					
大学生个人期望值					
劳动合同					
工作能力					
人际关系					
共产党员的政治身份					
担任过学生干部					
身高					
长相					
个性特征					
家庭背景					
毕业院校的知名度					
所学专业					
社会实践经验					
机遇					
求职技巧					
实用性技能的掌握					
观念、习俗、文化					
父母的意愿					
收入和待遇					
性格特征					
理想抱负					
吃苦精神，进取意识					
执行力					
聪明伶俐，有主见					

问卷到此结束，再次感谢您的支持！祝您健康、愉快！

附录四　企业问卷

尊敬的先生/女士：您好！

我们正在进行"企业对大学生就业的影响"的问卷调查，本次调查采取不记名的方式，所有回答只用于统计分析、学术研究。请根据贵企业的实际情况，本调查问卷约占用您6分钟时间，在您认为合适的选项后（如A、B、C、D）画"√"或者用有颜色字体标出。由衷地感谢您的合作和支持！

---

1. 贵企业的性质：

A. 国有企业　　　B. 民营企业　　　C. 私人企业

D. 中外合资企业（外商主要控股）

E. 中外合资企业（中方主要控股）　　　F. 外商独资企业

G. 其他，请写明（　　）

2. 贵企业的员工总数：

A. 50 人以下　　　B. 50～100 人　　　C. 101～150 人

D. 151～200 人　　　E. 200 人以上　　　F. ＿＿＿人

3. 贵企业录用大学生主要通过什么方式？

A. 职业中介机构　　　B. 人才市场招聘会　　　C. 校园录用

D. 猎头　　　E. 人才网　　　F. 员工推荐　　　G. 公司网站发布

H. 其他方式（请写明：　　）

4. 贵企业是否每年都录用大学生？

A. 是　　　B. 否

5. 贵企业录用大学生对性别有要求吗？

A. 有　　　B. 没有

6. 贵企业录用的高校毕业生主要来源于：

A. "211" 院校　　　B. 一般本科院校　　　C. 高职或专科院校

D. 其他，请写明（　　）

7. 贵企业录用的高校毕业生的专业以哪类居多？

A. 理工类　　　B. 人文类　　　C. 经管类　　　D. 工科类

E. 其他，请写明（　　）

8. 贵企业在新录用的高校毕业生中男性所占的比例一般为：

A. 30% 以下　　B. 30%~50%　　　C. 51%~70%　　　D. 70% 以上

E. 其他，请写明（　　）

9. 贵企业录用大学毕业生的学历要求（可多选）：

A. 大专　　B. 本科　　　C. 硕士研究生　　　D. 博士研究生

E. 其他，请写明（　　）

10. 贵企业在录用大学生时对于专业是否对口的态度：

A. 很注重　　B. 比较注重　　　C. 一般　　　D. 不注重

E. 其他，请写明（　　）

11. 贵企业是否有录用实习大学生的意愿？

A. 有　　　B. 没有

12. 如果贵企业接收实习大学生，愿意支付的月实习津贴额度是：

A. 无津贴　　B. 500 元以下　　　C. 500~1000 元

D. 1000~1500 元　　　E. 1500 元以上

F. 其他，请写明（　　　）

13. 贵企业如果招收大学实习生，一般会使用多长时间？

A. 临时（短期项目）　　　B. 1 个月以下　　　C. 1~2 个月

D. 2 个月以上　　　E. 其他，请写明（　　）

14. 贵企业对女大学生劳动生产率的评价：

A. 强　　B. 弱　　　C. 一般　　　D. 与男生无差别

E. 其他，请写明（　　）

15. 贵企业对女大学生的录用，是否认为女生成本高于男生，而未来的收益小于男生？

A. 是　　B. 不是　　　C. 不确定　　　D. 说不准，反正女生不如男生

E. 其他，请写明（　　）

16. 贵企业在考虑晋升因素时，更多地愿意考虑：

A. 女生　　B. 男生　　　C. 不确定　　　D. 适合或优秀的人

E. 其他，请写明（　　　）

17. 贵企业认为女生最适合做的工作是：

A. 程序性的　　　B. 技术性的　　　C. 管理性的　　　D. 服务性的

E. 其他，请写明（　　）

18. 贵企业认为男生最适合做的工作是：

A. 程序性的　　　B. 技术性的　　　C. 管理性的　　　D. 服务性的

E. 其他，请写明（　　）

19. 贵企业认为女性"35 岁玻璃天花板"现象存在吗？

A. 存在　　B. 不存在　　　C. 不确定　　　D. 其他，请写明（　　）

20. 贵企业愿意和女大学生签订劳动合同的时期为：

A. 1 年　　B. 2 年　　C. 3 年　　D. 4 年　　E. 5 年

F. 其他，请写明（　　）

21. 贵企业愿意和男大学生签订劳动合同的时期为：

A. 1 年　　B. 2 年　　C. 3 年　　D. 4 年　　E. 5 年

F. 其他，请写明（　　）

22. 贵企业希望女大学生来企业以后多长时间结婚最好：

A. 2 年以后　　　B. 3 年以后　　　C. 5 年以后　　　D. 无所谓

E. 其他，请写明（　　）

23. 贵企业希望女大学生来企业以后多长时间生育最好：

A. 2 年以后　　　B. 3 年以后　　　C. 5 年以后　　　D. 无所谓

E. 其他，请写明（　　）

24. 贵企业认为有必要建立女大学生"企业—政府—市场"三方生育保险机制吗？

A. 有必要　　　B. 没有必要　　　C. 无所谓　　　D. 其他，请写明（　　）

25. 贵企业是否有对女大学生就业的支持措施？

A. 有　　　B. 没有

26. 贵企业认为录用女大学生她们的婚恋对工作是否有影响？

A. 有　　　B. 没有

27. 贵企业认为父母及丈夫的社会地位对女大学生的就业是否有影响？

A. 有　　　B. 没有

28. 贵企业认为专业对女大学生就业及发展是否有影响？

A. 有　　　B. 没有

29. 贵企业在录用女大学生时认为她们的学位越高越好吗？

A. 当然　　　B. 不一定　　　C. 没关系　　　D. 其实"女子无才便是德"

E. 其他，请写明（　　）

30. 贵企业认为女大学生就业难是否是由于观念和社会习俗的影响？

A. 是　　B. 不是　　C. 或许有一些　　D. 其他，请写明（　　）

31. 贵企业认为劳动力市场确实有性别歧视的存在吗？

A. 存在，听说过　　B. 不存在　　C. 其他，请写明（　　）

32. 贵企业认为相貌及体态特征对女大学生就业有影响吗？

A. 有　　B. 没有　　C. 或许有一些　　D. 其他，请写明（　　）

33. 贵企业如果选择录用女大学生，一般的原因是：

A. 规章制度的要求　　B. 政府政策的要求　　C. 比男生优秀

D. 不比男生差　　E. 工作需要、与性别无关

F. 其他，请写明（　　）

34. 贵企业是否担心女大学生因生育而影响未来的工作？

A. 是　　B. 不是　　C. 有那么一点　　D. 十分担忧

E. 其他，请写明（　　）

35. 贵企业针对女性员工的保障、保护性政策是否有必要且能够得到贯彻？

A. 是，能够　　B. 不，不能　　C. 是，很难

D. 没有特别的必要也无所谓贯彻　　E. 其他，请写明（　　）

36. 贵企业对女大学生的评价是什么？

A. 满意　　B. 不满意　　C. 还行　　D. 不特别关心

E. 其他，请写明（　　）

37. 贵企业是否与女大学生在合同、工作管理、晋升、待遇等方面有劳动纠纷？

A. 有（注明问题：　　　　　　　　）　　B. 没有

38. 贵企业认为就业性别差异是因为：

A. 由性别带来的劳动生产率差别　　B. 由观念带来的差别

C. 由法制不健全带来的差别　　D. 由统计性的歧视带来的差别

E. 其他，请写明（　　）

39. 贵企业对女大学生有什么要求？

A. 能力、努力和工作成绩与男生无差别

B. 能力、努力和工作成绩与男生可以有些差别

C. 其他，请写明（　　）

40. 贵企业对影响大学生就业综合因素评价（在您认为合适的选项后画"√"）

影响因素　　　　影响程度	很有影响	有影响	说不清楚	基本没有影响	完全没有影响
性别					
年龄					
民族					
学习成绩					
各种证书					
实习经历					
大学生个人期望值					
劳动合同					
工作能力					
人际关系					
共产党员的政治身份					
担任过学生干部					
身高					
长相					
个性特征					
家庭背景					
毕业院校的知名度					
所学专业					
社会实践经验					
机遇					
求职技巧					
实用性技能的掌握					
观念、习俗、文化					
父母的意愿					
收入和待遇					

影响程度 影响因素	很有 影响	有影响	说不清楚	基本没有 影响	完全没有 影响
性格特征					
理想抱负					
吃苦精神，进取意识					
执行力					
聪明伶俐，有主见					

问卷到此结束，再次感谢您的支持！祝您健康、愉快！

后　记

　　一本书并不能扭转女大学生就业难的局面，但是通过本书您可以了解女大学生在就业中面临的问题，为自己、家人及朋友求职提供客观、准确的建议。

　　通过调研与实证研究，我们发现女大学生在求职中可能遇到的问题主要有：工作搜寻及应聘过程中的性别歧视、学校知名程度以及专业是否符合企业的招聘意愿、在校期间各项能力的培养是否符合岗位的要求、户籍以及就业地点对于工作稳定性的影响以及自身职业规划与定位是否清晰。

　　从选择人才的角度看，企业更倾向于去较好的学校招聘，选择有针对性的学校能提高企业的招聘效率，企业参与校园招聘更看重学生吃苦耐劳的品格以及与人沟通等基本技能，用人单位对毕业生在校学习情况比较看重，如英语、计算机等基本技能以及奖学金、获奖证书等。同等条件下，企业更青睐工资较低的本科生而非硕士生。对于民营企业多选择本地招聘，同时其在招聘中的歧视行为较少，更多关注求职者的能力和专业知识；而国有企业或国有控股企业则非常重视对员工的培养，一般每年会组织三到四次培训以提高员工的能力。政府机关招聘一般有学历或者专业的要求，看重较好的人际协调与沟通技能，除特殊岗位外，政府机关一般对性别没有特别要求。

　　目前的人才市场，其招聘多以中小民营企业为主，少有国企、事业单位。对学历要求不高，多为大专以上，但是更重视能力和工作经验，同时表现出对男大学生的性别偏好。此外，人才市场招聘有明显的季节性，一般单位集中在人口流动较大的春、秋季节。部分人才市场设置了专门的人才服务站，为本地生源提供免费的职业技能培训；为贫困大学生设置见习岗位，政府提供补助。

　　所有高校都很重视大学生的就业情况，一般每年都会举办多场招聘会，尤其是声望较好的学校（如"985"、"211"大学）。此外，高校一般都有就业方面的课程和培训，并在大四下半学期的时候会预留出实习时间。从高校就业情况统计来看，女大学生的就业歧视依然存在。对于创业的学生高校及国家会给予一定的支持和补助。总体来说，高校毕业生就业难易程度依次为工科生、理科生、文科生。依据社会发展的需要，应用型人才就业易于理论性人才的就业。

在调研的过程中，不论企业还是人才市场甚至政府机构都指出了一些大学生就业时存在的弊端，如在就业过程中出现的礼仪不规范、对社会过于理想化、个人期望值高、沟通能力不足，不能适应企业环境等特点，缺少职业规划与定位、在校所学的知识与企业应用之间出现偏离等。

鉴于以上的调研及实证研究结果，我们给女大学生的建议：提升自身就业能力，夯实专业知识，掌握人际沟通技能，多参与社会实践，学以致用；改变就业观念，了解当前的就业形式，合理规划自身的职业发展。此外，我们也呼吁高校除提供高等教育这一基础产品外，也应承担就业服务与指导职能，同时促进教育与实践的结合，实现教学相长。学校应提供创业培训及辅导的课程，为那些有创业想法的学生提供服务支持，实现他们的梦想。最后呼吁政府和企业，打破户籍制度壁垒，公平对待男女大学生就业，招聘以德才兼备为基准，忽视性别差异，在实现效率的基础上承担起政府和企业的社会责任。

最后也祝愿所有的大学生都能够在适合自己的行业中砥砺前行，思考并确定职业规划、在职业道路上不断完善自我、超越自我，去享受职业生涯带给你们的成就感与获得感，去探寻更精彩的人生旅程。

路漫漫其修远兮，吾将上下而求索。

我们应当努力奋斗，有所作为。这样，我们就可以说，我们没有虚度年华，并有可能在时间的沙滩上留下我们的足迹。

——拿破仑一世

图书在版编目（CIP）数据

市场与观念的考验：女大学生就业实况调查／张抗私，丁述磊著．—北京：经济科学出版社，2018.8

ISBN 978 - 7 - 5141 - 9558 - 3

Ⅰ．①市…　Ⅱ．①张…②丁…　Ⅲ．①女大学生 – 就业 – 研究 – 中国　Ⅳ．①G647.38

中国版本图书馆 CIP 数据核字（2018）第 163652 号

责任编辑：赵　蕾
责任校对：隗立娜
技术编辑：李　鹏

市场与观念的考验
——女大学生就业实况调查
张抗私　丁述磊著
经济科学出版社出版、发行　新华书店经销
社址：北京市海淀区阜成路甲 28 号　邮编：100142
总编部电话：010 - 88191217　发行部电话：010 - 88191540
网址：www. esp. com. cn
电子邮件：esp@ esp. com. cn
天猫网店：经济科学出版社旗舰店
网址：http://jjkxcbs. tmall. com
北京季蜂印刷有限公司印装
710 × 1000　16 开　15.5 印张　250000 字
2018 年 10 月第 1 版　2018 年 10 月第 1 次印刷
ISBN 978 - 7 - 5141 - 9558 - 3　定价：46.00 元
（图书出现印装问题，本社负责调换。电话：010 - 88191502）
（版权所有　翻印必究　举报电话：010 - 88191586
电子邮箱：dbts@ esp. com. cn）